EINSICHTEN

Diktatur und Widerstand in der DDR

Reclam Leipzig

EINSICHTEN
Diktatur und Widerstand in der DDR

Stiftung Haus der Geschichte der Bundesrepublik Deutschland

Zeitgeschichtliches Forum Leipzig (Hg.)

INHALT

Hermann Schäfer

Eine neue Ausstellung für ein neues Land

»Für eine Übergangszeit …« bis zur Wiedervereinigung des geteilten Deutschland bestimmte 1949 der Parlamentarische Rat die Gültigkeit des Grundgesetzes der Bundesrepublik Deutschland. Knapp vierzig Jahre später plante das Haus der Geschichte in Bonn unter eben diesem Titel die Jubiläumsausstellung zum Geburtstag der Republik. Denn ich war der festen Überzeugung, dass wir am anschaulichsten zeigen könnten, was in vierzig Jahren deutscher Geschichte und deutscher Teilung geschehen war, wenn wir unsere Besucher unter dem Motto »Erlebnis Geschichte« in das Gründungsjahr der Bundesrepublik ebenso wie der DDR zurückführten. Zu meiner allergrößten Überraschung mussten wir leider diesen Titel aufgeben, weil ein Stiftungsgremium in seinen Beratungen grundsätzliche Bedenken äußerte: Wohl weniger weil die Hoffnungen auf die Wiedervereinigung über die Jahrzehnte geschwunden waren, sondern viel mehr weil eine Mehrheit befürchtete, eine solche Formulierung würde andeuten, dass die Bundesrepublik Deutschland nicht ein auf Dauer eingerichtetes Staatswesen sei.

Wie anders war die Einschätzung ein Jahr später, am 3. Oktober 1989, dem Tag der Eröffnung dieser vierten von sechs Werkstattausstellungen des Hauses der Geschichte, als sich bereits abzeichnete, dass die Teilung Deutschlands ihrem Ende entgegenging. Unsere Ausstellung stand – ein Jahr nach den entscheidenden Diskussionen – unter dem langweiligen Titel »1949 – Gründungsjahr der Bundesrepublik Deutschland«. Welche Sensation, wenn sich unser ursprünglicher Titelwunsch durchgesetzt hätte; wir wären in der Phase des Mauerfalls so aktuell wie keine andere Ausstellung gewesen. Nicht, dass wir den Fall der Mauer vorausgesehen hätten, allerdings hegten wir die Hoffnung auf eine Realisierung dieses Traumes, den viele über die Jahre verloren hatten.

Mit dem Fall der Mauer am 9. November 1989 eröffneten sich deutschlandpolitische Perspektiven, von denen wir wenige Wochen zuvor in der Tat nur geträumt hatten. Der eiserne Griff des Kalten Krieges lockerte sich. Eine neue »Übergangszeit« begann, in der Ausstellungen durchaus eine wichtige Rolle spielten. Anfang Dezember 1989 konnten wir endlich die Organisatoren der großen Demonstration vom 4. November 1989 auf dem Alexanderplatz in Ost-Berlin erreichen. Weitsichtig hatten sie nämlich, kaum dass die Demonstration beendet war, Plakate, Spruchbänder und Transparente eingesammelt – nicht für die nächste Demonstration, sondern für Ausstellungszwecke. Im Frühjahr 1990 organisierten wir unter dem Titel »TschüSSED« gemeinsam eine Ausstellung, die zuerst im Museum für deutsche Geschichte in Ost-Berlin präsentiert wurde. Am Jahrestag des Mauerbaus, am 13. August 1990, eröffneten wir die Ausstellung »4.11.89 – TschüSSED« auch in Bonn.

Unterdessen hatte ich im Mai 1990 während einer Tagung der Evangelischen Akademie Loccum gelernt, dass die Aufbereitung von DDR-Geschichte in Ausstellungen und Museen in den kommenden Jahren in hohem Maße auch »therapeutische Funktion« haben werde. Diese Therapie hatte vielerorts in der DDR bereits mit dem Aufbewahren und den allerersten zaghaften Präsentationsversuchen der Demonstrationsplakate und -transparente begonnen. Selten gab es einen schlagenderen Beweis für Hermann Lübbes These, dass mit beschleunigtem Veränderungstempo der Gegenwart der Wunsch der Menschen zunimmt, sich mit Hilfe aufbewahrungswürdiger Exponate der Vergangenheit zu vergewissern. Die Aufbewahrung geschichtlicher Zeugnisse ist Quellen- und Spurensicherung; sie führt zur Reflexion über die Ereignisse, über den Mut derjenigen, die sich 1989 erfolgreich erhoben und seitdem die Geschichte, die sie selbst mitgeschrieben haben, im rasenden Vorbeiflug erleben. Wer damals noch zögerte oder unsicher war, ob diese Überreste der Geschichte »museumsreif« – im besten Sinne des Wortes – seien, konnte sich von einer Besucherin unserer Ausstellung »TschüSSED« überzeugen lassen, die 1990 im Besucherbuch anmerkte: Es sei gut, wo so viel über die Entwicklung in der DDR »gemeckert« werde, daran zu erinnern, wie alles losging: »Soll man denn 30 Jahre warten, um alles zu zeigen?«

Entstehungsgeschichte

Die Chance für die Entstehung des Zeitgeschichtlichen Forums Leipzig kam im Jahr 1992. Die Unabhängige Föderalismuskommission wurde auf Beschluss des Deutschen Bundestages vom 20. Juni 1991 gegründet. Als Gremium aller Verfassungsorgane, der Obersten Bundesbehörden und von unabhängigen Persönlichkeiten hatte sie den Auftrag, »Vorschläge zur Verteilung nationaler und internationaler Institutionen zu erarbeiten, die der Stärkung des Föderalismus in Deutschland auch dadurch dienen sollen, dass insbesondere die neuen Bundesländer Berücksichtigung finden mit dem Ziel, dass in jedem der neuen Bundesländer Institutionen des Bundes ihren Standort finden«.

Die damalige Parlamentarische Geschäftsführerin der SPD-Bundestagsfraktion, Gerlinde Hämmerle, inzwischen Regierungspräsidentin in Karlsruhe, hatte – angelehnt an die Rastatter Erinnerungsstätte des Bundesarchivs – angeregt, in Leipzig ein »Archiv zur deutschen Einheit« als Außenstelle des Bundesarchivs zu gründen. Diese Idee und ihre Realisierungsmöglichkeiten erörterten die Leiter des Bundesarchivs, des Deutschen Historischen Museums, der Bundeszentrale für politische Bildung und des Hauses der Geschichte der Bundesrepublik Deutschland erstmals am 21. Dezember 1992 im zuständigen Bundesministerium des Innern. Im Verlauf dieser Diskussion schlug ich vor, statt eines Archivs ein Ausstellungs-, Dokumentations- und Informationszentrum zu errichten. Unter Zustimmung aller Anwesenden wurde – so das Protokoll vom 22. Dezember 1992 – festgehalten: »Leiter Haus der Geschichte erarbeitet ein Konzept für die Einrichtung«. Die konzeptionellen Überlegungen zur Errichtung eines »Ausstellungs-, Dokumentations- und Informationszentrums zur deutschen Einheit (Leipzig) (Arbeitstitel)« wurden Ende Januar 1993 vorgelegt. Die darin formulierten Zielsetzungen und Aufgaben haben bis heute Gültigkeit:

»Eine Institution zur deutschen Einheit muss Erinnerung umfassend wach halten: an Gemeinsames und Trennendes in der Geschichte, an Annäherung und Entfremdung, an bewusste Spaltung und ungeahnte Bindung. Eine solche Erinnerung muss historisch nicht nur weit zurückreichen, bis in die Zeit vor der Gründung beider Staaten, sie muss auch das Zusammenwachsen der beiden Staaten begleiten und vor allem dazu ihren besonderen Beitrag leisten. Eine Institution dieser Art ist mehr als ein Archiv, mehr als eine Gedenkstätte, mehr als ein Diskussionsforum. Am ehesten lässt sich ihre umfassende Zielsetzung definieren als ›Ausstellungs-, Dokumentations- und Informationszentrum‹. Nach der Überwindung politischer, wirtschaftlicher und sozialer Probleme der Einigung Deutschlands wird eine gemeinsame deutsche Geschichtserinnerung Realität werden. Die heute in den neuen Bundesländern noch lebhafte Erinnerung an die DDR und die Beweggründe und Leistungen der Oppositionsbewegung wird dann möglicherweise verblassen. Vornehmliche Aufgabe der Institution muss es darum sein, durch gezielte Sammlung, Erschließung und Nutzbarmachung von Dokumenten, Stellungnahmen und Objekten der Oppositions- und Bürgerbewegungen ein ›Ort lebendigen Gedächtnisses‹ zu werden. Der Zielsetzung entsprechend muss das Arbeitsgebiet des Ausstellungs-, Informations- und Dokumentationszentrums weit gefasst sein. Insbesondere auf dem Gebiet der DDR-Alltagskultur erscheint eine Sammlungs- und Dokumentationstätigkeit unverzichtbar. Nur so wird neben dem notwendigen gesellschaftlichen Hintergrund der Oppositionsbewegungen auch die zentrale Ebene des Vergleiches mit der Bundesrepublik sichtbar, die wiederum wichtig war für die Haltung der Bevölkerung zur Frage der deutschen Einheit. Die Institution nimmt die Zeugnisse der Opposition durch ihre Dokumentationstätigkeit auf. Zugleich tritt sie durch vielfältige Aktivitäten – Ausstellungen, Vortragsveranstaltungen, Tagungen, Symposien, Diskussionen etc. – an die Öffentlichkeit und schafft somit die Möglichkeit einer aktiven Auseinandersetzung mit der deutschen Einheit, ihren Voraussetzungen und Folgen als historischem Ereignis. Damit widmet die Institution sich wesentlich dem Zusammenwachsen der Menschen in Ost- und Westdeutschland.«

Das Kuratorium der Stiftung Haus der Geschichte der Bundesrepublik Deutschland nahm erstmals in seiner Sitzung am 24. Mai 1993 diese neue Entwicklung und die Ausweitung des Aufgabenbereiches des Museums zustimmend zur Kenntnis. In Leipzig wurde die Idee für diese Einrichtung mit Vertretern der Bürgerbewegungen am 29. September 1993 diskutiert. Die Anregung zu einer ersten Ausstellung stammt aus dieser Besprechung. Sie trug zunächst den Arbeitstitel »Fünf Jahre danach« und sollte dementsprechend im Herbst 1994 eröffnet werden. Im Januar 1994 konstituierte sich die »Projektgruppe Herbst '89« des Hauses der Geschichte der Bundesrepublik Deutschland, die sodann in den Aufbaustab für das Zeitgeschichtliche Forum Leipzig überging. Haushaltmittel einschließlich Stellenplan werden seit 1994 im Wirtschaftsplan des Hauses der Geschichte veranschlagt. Die Stadt Leipzig stellte im Grassi-Museum bis zum Einzug in den Zentral-Messepalast im April 1998 kostenlos Büroräume zur Verfügung.

Selten wurde eine Ausstellung von dieser Bedeutung in so kurzer Zeit realisiert. Die Projektgruppe stand unter äußerstem Termindruck und nahm die Arbeit mit Unterstützung des Hauses der Geschichte in Bonn beherzt in Angriff. Archive der Bürgerbewegungen, regionale Museen und Einzelpersonen unterstützten das Ausstellungsprojekt. Unter dem Titel »Zum Herbst '89: Demokratische Bewegung in der DDR« wurde die Ausstellung ein Erfolg. In Leipzig vom 25. September bis zum 9. November 1994 und anschließend in Berlin und Bremen sahen über 90000 Besucher diese Ausstellung.

Ein wichtiger Anfang für das größere Projekt war gemacht, der Countdown konnte beginnen. Freilich wurde bereits damals klar, dass trotz der Dichte des präsentierten Materials manches Ereignis und viele der Beteiligten ungenannt bleiben mussten. Alles zeigen zu wollen, würde den gegebenen Rahmen sprengen. Wir handelten getreu der Maxime von Max Frisch, der mit Bezug auf Voltaire einmal sagte: »Wer einem Leser alles sagt, sagt ihm nichts. Nur der mittlere Wissenschaftler tut das. Sein Ziel ist nicht das Wesentliche, sondern das Vollständige, und die Langeweile … hält er bereits für ein Zeichen der Wahrheit.«

Subjektive Erfahrungen und persönliche Betroffenheit spielen bei der Betrachtung zeithistorischer Ausstellungen eine große Rolle. Jede Präsentation von Ereignissen, die noch so gegenwärtig sind, muss subjektiv bleiben – darin liegt jedoch gerade eine ihrer Stärken. Die im Zeitgeschichtlichen Forum Leipzig präsentierten Jahre sind für die

Besucher – entsprechend ihrem Alter – erlebte Zeit. Zeitgeschichte ist die »Epoche der Mitlebenden« (Hans Rothfels). Dies macht uns befangen, auch betroffener und gibt uns zugleich tiefere Verpflichtung und Verantwortung. Ausstellungen sind auch historisches Gewissen: »Wir müssen die Generation unserer Kinder und Enkel mit den Wurzeln unserer freiheitlichen Demokratie vertraut machen. Zugleich muss die Erinnerung an Unrecht und Terror in der SED-Diktatur wach gehalten werden. Das Vergessen zu verhindern, ist ein wichtiger Beitrag dieses Museums, um das Bewusstsein einer breiten Öffentlichkeit für die Lehren der Geschichte, für den Wert eines Lebens in Frieden und Freiheit zu schaffen«, so Bundeskanzler Helmut Kohl am 14. Juni 1994 aus Anlass der Eröffnung in Bonn zu den Aufgaben des Hauses der Geschichte.

»Zehn Jahre nach dem Herbst 1989 soll nicht nur des Mutes gedacht werden, der die Menschen in der DDR und in den Nachbarstaaten des Warschauer Paktes gegen Diktatur und Alleinherrschaft aufstehen ließ. Im Zeitgeschichtlichen Forum wird auch eindrucksvoll daran erinnert, dass es während der gesamten 40 Jahre SED-Diktatur immer wieder Männer und Frauen gegeben hat, die sich dem allumfassenden Machtanspruch der SED widersetzten. Das Zeitgeschichtliche Forum kann so einen wichtigen Beitrag für das Geschichtsverständnis der Deutschen leisten«, so Bundeskanzler Gerhard Schröder am 9. Oktober 1999 bei der Eröffnung des Zeitgeschichtlichen Forums Leipzig.

Die Aufbauarbeit in Leipzig profitierte selbstverständlich von den Erfahrungen des Hauses der Geschichte in Bonn. Die Zusammenarbeit innerhalb der Stiftung – zwischen Bonn und Leipzig – war von der gemeinsamen Zielsetzung geprägt, im Osten Deutschlands ein Museum für Zeitgeschichte aufzubauen, das genauso erfolgreich sein würde wie das Haus der Geschichte. Nur unter Anspannung aller Kräfte konnte es gelingen, in derart kurzer Zeit das Museum erfolgreich zu eröffnen. Es ist mir eine angenehme Pflicht, mich für das Engagement, die Kreativität und die zielgerichtete Zusammenarbeit der Mitarbeiterinnen und Mitarbeiter in Leipzig und Bonn zu bedanken; nicht ohne Stolz sprechen wir seitdem von unserem kleinen »Laboratorium Deutsche Einheit«.

Von immensem Vorteil war auch die eingespielte Kooperation zwischen den Stiftungsgremien: Kuratorium, Wissenschaftlicher Beirat und Arbeitskreis gesellschaftlicher Gruppen. Nur die vertrauensvolle Zusammenarbeit und die Erkenntnis, dass die Stiftung in Bonn bereits ein sehr erfolgreiches Museum für Zeitgeschichte aufgebaut hatte, ermöglichten es überhaupt, das Ausstellungs-, Dokumentations- und Informationszentrum zu errichten. Die Stiftungsgremien begleiteten die gesamte Aufbauphase. Das Konzept der Dauerausstellung – vor allem im Wissenschaftlichen Beirat intensiv diskutiert – wurde zustimmend zur Kenntnis genommen. Die Wahl des endgültigen Standortes des Museums wurde nach ausführlichen Diskussionen und intensiver Ortsbesichtigung des Kuratoriums in Leipzig zur großen Zufriedenheit der Stiftung getroffen. Mitten im Herzen der Innenstadt und mit Blick auf die Orte der friedlichen Revolution im Herbst '89 ist das Zeitgeschichtliche Forum Leipzig schon jetzt zu einer attraktiven Einrichtung geworden, die aus dem gesellschaftlichen und politischen Leben der Stadt, der Region und darüber hinaus nicht mehr wegzudenken ist.

Dauerausstellung

Die Flut historischer Informationen und zahlreiche Exponate werden in Ausstellungsszenen gebündelt, die sich auch dem eiligen Besucher erschließen sollen. Die konkrete Umsetzung vollzieht sich in drei Schritten: Strukturierung des Raumes, Gliederung der Ausstellungseinheiten und Zusammenstellung der Objektensembles. Jeder Zeitab-

schnitt erhält im Rahmen des Gesamtkonzeptes sein eigenständiges architektonisches Gefüge, das in seiner Ausgestaltung – in Formen, Materialien und Farben – ein Grundgefühl des Themas beziehungsweise der jeweiligen Epoche vermitteln soll.

Ein Hörtunnel führt in die Ausstellung und signalisiert den Beginn einer »Zeitreise«. In einem abgedunkelten Gang werden die markantesten Zitate deutscher Geschichte seit 1945 eingespielt, die in Verbindung mit Projektionen berühmter Bilder die Besucher auf ihren Weg durch die Zeitgeschichte einstimmen. Der Rundgang beginnt in der unmittelbaren Nachkriegszeit. Eine Collage von Fotos aus dem Deutschland des Jahres 1945 lässt das Ausmaß der physischen aber auch moralischen Zerstörungen des durch Adolf Hitler entfesselten Krieges erkennen. Bewusst weisen Beispiele aus den unterschiedlichen Besatzungszonen auf den gesamtdeutschen Aspekt der Katastrophe und auf die ähnlichen Ausgangsbedingungen in Ost und West hin.

Drei Informationsebenen gliedern die konzeptionell-narrative Fülle der Dauerausstellung. Diese Dreiteilung spiegelt sich sowohl im Medien- als auch im Textkonzept der Ausstellung wider. Leitobjekte ziehen Besucher in ihren Bann. Mit den Worten des amerikanischen Evaluationsexperten Harris Shettel gesprochen: Sie ziehen die Aufmerksamkeit der Besucher an, schaffen es, diesen Spannungsbogen über einen gewissen Zeitraum aufrechtzuerhalten, und regen durch das Zusammenwirken dieser Faktoren zur Kommunikation an. Besucher treten auf diese Weise in einen »Dialog« mit den Exponaten der thematischen Szenen.

Eine sowjetische Divisionskanone »steht« zum Beispiel als zentrales Objekt im Rahmen der thematischen Szene über den Aufstand des 17. Juni 1953 und die Niederschlagung durch die Rote Armee. Die Besucher werden von diesem bedrohlich wirkenden Objekt in diesen Teil der Ausstellung gleichsam »hineingezogen«. Ein Thementext erläutert die Zusammenhänge. Ein Raumton, der sowohl Tumulte als auch das Rumpeln und Knarren sowjetischer Panzerketten auf dem Asphalt aufgreift, wirkt zusätzlich »einstimmend« und wie ein Magnet. Auf einer zweiten Informationsebene vermitteln Exponate und Objekttexte vertiefende Einblicke. Interaktive Elemente (Flip-charts, Dreh- und Blätterelemente sowie Touch-Screens) bieten dem interessierten Besucher auf einer dritten Informationsebene Detailinformationen.

Die Konzentration vor allem auf die Geschichte von Widerstand und Diktatur, von persönlichem Mut gegen staatliche Willkür muss biografische und persönliche Schwer-punkte setzen: Das Schicksal des Einzelnen oder einer Gruppe steht Pars pro toto. Die Auseinandersetzung mit diesen oft schicksalhaften Lebenszusammenhängen kann zur positiven und negativen Identifizierung führen. In jedem Fall fordert sie Emotionen heraus und regt die Diskussion über unterschiedliche Lebensentwürfe an. Eine Abfolge von Biografien verleiht dem narrativen Konzept der Dauerausstellung zusätzliche emotionalisierende Dimensionen.

Widerstand und Opposition sind in allen Diktaturen mit dem Leben von Menschen verbunden, die sich gegen die staatliche Allmacht auflehnen. In allen Diktaturen dieser Welt ist es stets eine geringe Minderheit, die diese Risiken bewusst auf sich nimmt. Als wir die Dauerausstellung erarbeiteten, war uns bewusst, dass wir im Zeitgeschicht-lichen Forum Leipzig die Geschichte einer Minderheit erzählen würden. Die Ausstel-lung erhebt sich jedoch an keiner Stelle zum Richter über die Mehrzahl der Menschen, die sich in der SBZ/DDR »eingerichtet« und ihr so verstandenes »normales Leben« geführt haben. An vielen Stellen wird deutlich, dass der Weg in die Opposition und in den Widerstand sehr unterschiedlich ausfallen konnte, doch eines war allen Oppositio-nellen und Widerständlern gemein: das persönliche Risiko und die Gefährdung nicht nur des eigenen Lebens, sondern auch von Familien und Freunden. Persönliches Leben und Lebensumfeld von Menschen wird nicht dadurch abgewertet, dass es sich in einer Diktatur abspielte.

Der persönliche Zugang eignet sich für das Medium Ausstellung zusätzlich, weil es den Besuchern ermöglicht, gleichsam in die Rolle unterschiedlicher Personen zu schlüp-fen, und die Chance eröffnet, Besucher aus ihrer alltäglichen Lebenswelt herauszu-reißen. Sie werden sensibilisiert und entwickeln ein Gefühl für das persönliche Erle-ben. Wenn es uns auf diese Weise gelingt, dass Besucher auch die Frage nach Motiven und Beweggründen stellen und sich selbst an der einen oder anderen Stelle danach fragen, wie sie in dieser konkreten Situation gehandelt hätten, dann haben wir viel

erreicht. Dies erscheint zur Zeit als ein viel versprechender Weg aus der von Demoskopen diagnostizierten Schweigespirale – zwischen Ost und West, aber auch zwischen den Generationen.

Besucherecho

Zukunft liegt nicht am Wegesrand, eher am Horizont, am Ende des Weges. Es ist die Aufgabe der Menschen in Ost und West, den Weg zur inneren Einheit Deutschlands gemeinsam zu gestalten und zu gehen. Der Blick zurück auf die jüngste Vergangenheit ist die eine Seite, das Verstehen der Geschichte und das gegenseitige Kennenlernen die andere Seite derselben Medaille »Ausstellung«. Ausstellungen wenden sich – richtig angepackt und wohlverstanden – an ein breites Publikum, kommen ihm entgegen, ja stellen sich ihm auch in den Weg. Unter den Medien, die wesentlich zur Auseinandersetzung mit der Geschichte beitragen, kommt Ausstellungen eine besonders wichtige Rolle zu. Wenn die Literatur als »langsames Medium« – anders als Presse, Radio und Fernsehen – sich nicht für tagespolitische Schnellschüsse eignet, so sind Ausstellungen im Vergleich gewiss ein schnelleres und zugleich aktuelleres Medium. Darüber hinaus sind sie eine kommunikative Herausforderung: Denn »Ausstellen« hat stets vor allem mit »Herausstellen« zu tun: Zusammenfassungen, Abstraktionen und Zuspitzungen sind unverzichtbar. Besonders in einer ereignisreichen Zeit können sie als Medium dienen, um zu informieren, Anregungen zu geben und Diskussionen anzustoßen. Wohlverstanden werden sie so zu (Zwischen-)Stationen der Besinnung.

Wie erleben die Besucher die seit Oktober 1999 eröffnete Ausstellung? So unterschiedlich die Reaktionen auf die verschiedenen Exponate und Themen sind, so ein-

heitlich ist das Echo auf die Ausstellung insgesamt. Erste repräsentative Erhebungen machen deutlich, dass die Dauerausstellung des Zeitgeschichtlichen Forums Leipzig sehr positiv von den Besuchern aufgenommen wird. Auf die Frage »Wie hat Ihnen das Museum gefallen?« antworteten 97 Prozent der Besucher mit »sehr gut« (55 Prozent) und mit »gut« (42 Prozent); lediglich drei Prozent gaben an, dass ihnen die Ausstellung »weniger« gefallen habe. Die unterste Kategorie für die Einschätzung des Besuchs (»gar nicht«) ist in dieser repräsentativen Umfrage von keinem Besucher des Zeitgeschichtlichen Forums Leipzig gewählt worden. Dies sind überaus erfreuliche Ergebnisse, die durch die Tatsache noch unterstrichen werden, dass sich die hohe Gesamtbeurteilung durch alle Alters-, Berufs- und Bildungsgruppen zieht. Ebenso überragende Werte werden in der Kategorie »Weiterempfehlung« – dem eigentlichen Lackmustest jeder Besucherbefragung – erzielt: Nahezu neun von zehn Besuchern (87 Prozent) gaben an, dass sie den Besuch im Zeitgeschichtlichen Forum Leipzig »unbedingt« weiterempfehlen werden; nur 12 Prozent wollten dies »mit Einschränkung« tun und lediglich 0,2 Prozent unserer Besucher erklärten, dass sie den Besuch »nicht weiterempfehlen« werden. Damit schneidet das Zeitgeschichtliche Forum Leipzig noch besser ab als unsere Bonner Dauerausstellung. In Bonn waren es nahezu drei Viertel (74 Prozent) mit »unbedingter« und 25 Prozent mit »eingeschränkter« Weiterempfehlung, während sich ein Prozent gegen jede Weiterempfehlung aussprach.

Auch die anderen bereits evaluierten Aspekte der Museumsarbeit zeigen ein äußerst positives Bild, das den eingeschlagenen Weg eindrucksvoll bestätigt. Unseren Besuchern hat es nicht nur im Zeitgeschichtlichen Forum Leipzig gefallen, sondern auch der thematische Schwerpunkt der Dauerausstellung – Diktatur und Widerstand in der SBZ/DDR vor dem Hintergrund der deutschen Teilung – ist vom überwiegenden Teil der Besucher verstanden worden: Lediglich 3,9 Prozent der Befragten gaben an, dass ihnen diese Schwerpunktsetzung »nicht deutlich« geworden sei. Ein großer Erfolg, der deutlich für die kommunikative Kraft der Dauerausstellung spricht.

Ausblick

Wer die Gegenwart verstehen will, muss sie aus ihrer Entstehungsgeschichte begreifen. Umstritten ist, ob die Menschen aus ihrer Geschichte lernen. Unumstritten ist, dass sie generell aus Erfahrungen lernen, dass die Beschäftigung mit der Vergangenheit unerlässlich ist, um Erfahrungen für die Gegenwart zu sammeln. Der Blick in die Geschichte ist eine wichtige Quelle zur Orientierung in unserer sich stetig beschleunigenden Zeit. Ein Museum für Zeitgeschichte muss in besonderem Maße die Auseinandersetzung mit der jüngsten Vergangenheit und mit der unmittelbaren Gegenwart fördern. Es kann schreckliche Augenblicke der Geschichte ebenso wenig ausblenden, wie es Erfolge nicht unterschlagen darf. Geschichte lebendig zu vermitteln, ihre grundsätzliche Offenheit aufzuzeigen, historische Fakten, ihre Bedeutung und Verknüpfung zu erläutern und die Zusammenhänge für Gegenwart und Zukunft zu erklären, sind herausragende Zielsetzungen des Zeitgeschichtlichen Forums Leipzig.

Unsere neue Ausstellung für ein neues Land will neue Besucher gewinnen: Menschen an die Geschichte heranführen und zur Auseinandersetzung mit der Vergangenheit und Gegenwart anregen. Das Zeitgeschichtliche Forum Leipzig wirkt dem Verschweigen entgegen und fördert somit die Verantwortung für die Zukunft im Handeln der Gegenwart.

Rainer Eckert

Repression und Widerstand in der zweiten deutschen Diktatur

Ein neues Museum zur deutschen Zeitgeschichte

Das Zeitgeschichtliche Forum Leipzig der Stiftung Haus der Geschichte der Bundesrepublik Deutschland ist ein Ort lebendigen Erinnerns. Das neue Museum im Zentral-Messepalast in der Leipziger Innenstadt widmet sich der Geschichte von Diktatur, Widerstand und Opposition in der sowjetischen Besatzungszone (SBZ) und in der DDR vor dem Hintergrund der deutschen Teilung. Zentrales Anliegen ist die Würdigung der Zivilcourage unter den Bedingungen der Diktatur. In das Gedächtnis zurückgerufen werden Vorgeschichte und Verlauf der friedlichen Revolution von 1989. Damals gingen die Menschen mit der Forderung nach Freiheit, nach demokratischen Rechten und nach einem einigen Vaterland auf die Straßen. Der Begriff »Wende« für die Ereignisse des Herbstes 1989 deutet dies revolutionäre Aufbegehren um und verharmlost es gleichzeitig.

Das Zeitgeschichtliche Forum zeigt sowohl Widerstand als auch Repression unter der Herrschaft der SED. Dabei war es besonders wichtig, die Verklammerung beider Phänomene darzustellen und gleichzeitig deutlich zu machen, dass sie sich von 1945 bis zur friedlichen Revolution ständig änderten. Das war nur dadurch möglich, dass das mit Konzeption und Aufbau der Dauerausstellung betraute Team die aktuellen Ergebnisse der Erforschung der Geschichte der DDR ständig berücksichtigte. Gleichzeitig erbrachte die Arbeit aber auch Erkenntnisfortschritte. Besonders deutlich wird dies bei der in diesem Umfang erstmaligen Ermittlung der unterschiedlichen revolutionären Aktionen des Herbstes 1989, die in der Dauerausstellung in einer audiovisuellen Station abrufbar sind. Gleichzeitig war immer klar, dass in einer Ausstellung immer nur besonders wichtige und eindrucksvolle Beispiele widerständigen Verhaltens und repressiver Maßnahmen gezeigt werden können. Darüber hinaus gibt es besonders bei der Erforschung des Widerstandes in den fünfziger Jahren und in den Regionen erhebliche Forschungslücken. Anderes ist bekannt und beschrieben, lässt sich jedoch wegen fehlender Objekte nicht in einer Ausstellung zeigen. So legten wir zwar besonderen Wert auf einen biographischen Zugang, es war jedoch immer klar, dass die Einzelbeispiele tapferer Zivilcourage in der Diktatur stellvertretend für hunderttausende andere widerständige Ostdeutsche stehen.

Repression, Widerstand und Opposition in der zweiten deutschen Diktatur

Unmittelbar nach dem Zusammenbruch des »Dritten Reiches« – für einen Teil der Deutschen eine Befreiung, für die Mehrheit eine Niederlage – existierten in der sowjetischen Besatzungszone weder Widerstand noch Opposition. Gefühle der Lähmung und der Schuld dominierten, es gab aber auch das Gefühl der Befreiung und die Hoffnung auf einen antifaschistischen Neubeginn. Sehr bald jedoch erkannten viele Menschen, dass die Politik der Besatzungsmacht nicht auf eine Demokratisierung, sondern auf die Etablierung einer neuen Diktatur zielte. Das Verhältnis zu den sowjetischen Militärbehörden war außerdem bestimmt durch die Erfahrung zahlloser gewalttätiger Übergriffe auf die deutsche Bevölkerung durch Soldaten der Roten Armee. Direkte Aktionen gegen die Besatzungstruppen waren gleichwohl eine seltene Ausnahme.

Die Besatzungsmacht in der SBZ verfolgte von Anfang an nicht nur die »Nazi- und Kriegsverbrecher«, sondern alle Gegner der Kommunisten. Sie internierte diese neben den Nationalsozialisten und vielen willkürlich Verhafteten in Speziallagern, die sich wie in Sachsenhausen und Buchenwald auch auf dem Boden ehemaliger nationalsozialistischer Konzentrationslager befanden. Die Lebensbedingungen in diesen Lagern zeigen in der Leipziger Dauerausstellung Alltagsgegenstände der Häftlinge und über einen Touchscreen-Monitor sind exemplarische Lebensgeschichten von Inhaftierten abzurufen. Gleichzeitig kann der Besucher als Raumton das die kommunistische Ideologie wie kaum ein anderer Text spiegelnde Lied »Die Partei, die Partei, die hat immer Recht« hören.

Als unter dem Deckmantel der Entnazifizierung im Spätsommer und Herbst 1945 Besatzungsmacht und deutsche Kommunisten einen grundsätzlichen Umbruch in Staat und Gesellschaft einleiteten, gab es erste zaghafte Kritik an diesen Maßnahmen. Protest wie der des CDU-Vorsitzenden Andreas Hermes und seines Stellvertreters Ernst Lemmer richtete sich gegen die entschädigungslosen Enteignungen im Zuge der Bodenreform und der Industriereform. Einen qualitativen und quantitativen Sprung bedeutete der Widerstand vieler Sozialdemokraten gegen die Vereinigung ihrer Partei mit der KPD zur SED, die das Besatzungsregime und die deutschen Kommunisten nach ihren Vorstellungen durchsetzten. Auch nach der erzwungenen Vereinigung, die die Propaganda in SBZ und DDR als Sieg der sozialistischen Arbeiterbewegung pries, bildeten tausende Sozialdemokraten illegale Zirkel. Etwa 6 000 bezahlten dies mit langjähriger Haft in Zwangsarbeitslagern und Zuchthäusern.

In der SBZ und in den frühen Jahren der DDR spielten darüber hinaus der um die Hochschulgruppen von CDU und LDP konzentrierte studentische Widerstand und widerständiges Verhalten von Mitgliedern der Jungen Gemeinden eine herausgehobene Rolle. Der Rostocker Student Arno Esch, Hochschul- und Landesjugendreferent der LDP, musste für seinen Protest gegen die Sowjetisierung der Universitäten mit seinem Leben bezahlen. Seinen Leipziger Kommilitonen Wolfgang Natonek verurteilte ein sowjetisches Gericht wegen des gleichen »Vergehens« zu 25 Jahren Haft. In dieser Situation politischer Unterdrückung war für viele Ostdeutsche die Flucht in den Westen die Möglichkeit, ihr Leben in Freiheit zu gestalten.

Mit der Gründung der DDR 1949 erreichte der Widerstand eine neue Qualität. Beispielhaft zeigte sich dies bei der Abschaffung der freien und geheimen Wahlen anlässlich der Volkskammerwahl vom 15. Oktober 1950. Jetzt tauchten vermehrt antikommunistische Flugblätter und freiheitliche Parolen auf. Eine nächste Stufe des Widerstandes brachte der auf der 2. Parteikonferenz der SED 1952 verkündete »planmäßige Aufbau des Sozialismus«, der für die Kommunisten mit einer »Verschärfung des Klassenkampfes« verbunden war. Dieser Kurs führte zum Aufstand vom 17. Juni 1953, der ersten antistalinistischen Erhebung in einem Land im sowjetischen Machtbereich. Die Dauerausstellung des Zeitgeschichtlichen Forums zeigt, dass Hunderttausende damals das Ende des SED-Regimes, Freiheit, Rechtsstaatlichkeit und die Wiedervereinigung Deutschlands forderten. Die Machthaber in der DDR konnten nur durch den Einsatz von Panzern und Geschützen der Roten Armee ihre Herrschaft behaupten.

In den auf den Aufstand folgenden Monaten reorganisierte die SED ihren Macht- und Disziplinierungsapparat mit dem Ziel, ihre Herrschaft aus eigener Kraft zu sichern. So band sie das Ministerium für Staatssicherheit enger an die Partei, baute die Betriebskampfgruppen aus und bildete Bezirks- und Kreiseinsatzleitungen. Aber alle diese Maßnahmen konnten nur notdürftig verbergen, was die Niederschlagung des Aufstandes deutlich gezeigt hatte: Das stalinistische Herrschaftssystem in der DDR ließ sich nur auf den Bajonetten der sowjetischen Truppen aufrechterhalten. So wirkte die Erfahrung des 17. Juni bei Herrschenden und Beherrschten bis zur friedlichen Revolution traumatisch weiter. Bereits 1953 war deutlich geworden, dass ein freiheitlicher Sozialismus nicht mit Waffengewalt aufgebaut werden kann.

Der Widerstand der vierziger und fünfziger Jahre verlor seine gesamtdeutsche Basis und Orientierung, als mit dem Bau der Berliner Mauer – in der Ausstellung an zahlreichen Objekten wie Mauersteinen, Panzersperren und einem verschweißten Gulli-Deckel sowie an Bildern und Filmen von gefährlichen Fluchtaktionen gezeigt – die Hoffnung auf ein nur kurzfristiges Bestehen der DDR und die Chance einer baldigen deutschen Wiedervereinigung geschwunden waren. Allerdings hörte der auf den Sturz des Regimes und die Wiedervereinigung zielende Widerstand auch nach 1961 nicht

vollständig auf, stellte aber infolge der Unterdrückungsmaßnahmen, von Isolation und Abschiebung bzw. Ausreise in den Westen keine Gefahr für das Regime mehr dar. So war die Zeit zwischen dem Mauerbau und der durch die militärische Niederschlagung der Reformbemühungen der tschechoslowakischen Kommunisten 1968 ausgelösten Protestaktionen gekennzeichnet durch eine grundsätzliche Veränderung widerständigen Verhaltens. Die Erschütterung, die die Aggression gegen die ČSSR in der DDR auslöste, ist heute kaum noch im Bewusstsein. Tausende Ostdeutsche verfolgten damals über westliche Medien jede Aktion des Widerstandes der Tschechen und Slowaken. Immer wieder stellten sie sich die Frage, was sie selbst tun könnten. Nicht wenige entschlossen sich zu offenem Protest wie zu Versammlungen auf Plätzen verschiedener ostdeutscher Städte, sie brachten Wandlosungen an und verteilten in der Nacht Flugblätter. Auch das Fotografieren der Invasoren und das heimliche Aufbewahren dieser Bilder war nicht ungefährlich. Und für viele Schüler und Studenten bedeutete schon ein unvorsichtiges kritisches Wort das Ende ihrer Ausbildung.

Für viele kritisch denkende Menschen war mit dem Jahr 1968 die Hoffnung auf eine Reform im sowjetischen Imperium endgültig vorbei. Die Flucht aus der DDR erschien nicht wenigen die Möglichkeit zu sein, für sie unerträglichen Lebensbedingungen zu entkommen. Wie schon seit dem Bau der Mauer gruben Ostdeutsche immer wieder unter Lebensgefahr unterirdische Tunnel, sie konstruierten wacklige Fluggeräte zur Flucht durch die Luft oder rüsteten kleine Boote und Surfbretter zur Überquerung der Ostsee um. Das unter den Augen der ostdeutschen Grenzsoldaten und ihrer Bereitschaft zum Einsatz von Schusswaffen lebensgefährliche Durchschwimmen von Wasserläufen war jetzt genauso Zeichen des Protestes wie später die Beantragung der Ausreise in die Bundesrepublik.

Der Weg des politischen Protestes führte vom Widerstand zur Bürgerbewegung der siebziger und achtziger Jahre, von der Hoffnung auf die Einheit Deutschlands zur Hoffnung auf eine Reform des »Realsozialismus«. Grundsätzliche Absagen an das System wurden jetzt immer weniger formuliert, dafür maßen die Oppositionellen die DDR vermehrt an ihren eigenen Ansprüchen. Die sechziger Jahre waren eine Phase der Umorientierung, in der sich neue Formen widerständigen Verhaltens, neue Trägerschichten der Opposition und veränderte Artikulationsformen herausbildeten. Wichtig für diese Entwicklung war, dass nach der Einführung der Wehrpflicht im Januar 1962 bereits im Frühjahr des Jahres 1966 aus ehemaligen Bausoldaten, die während ihrer Dienstzeit an der Achselklappe mit dem silbernen Spaten zu erkennen waren, eine Arbeitsgruppe und ein Mitarbeiterkreis entstanden, aus denen die regionalen Friedensseminare und die Facharbeitskreise »Friedensdienste« als Vorform der späteren Bürgerbewegung hervorgingen.

Nach der Niederschlagung des »Prager Frühlings« hatte es in der DDR vielfältigen Protest von Einzelpersonen und kleinen Gruppen gegeben. Die SED reagierte mit harten Repressionen, auch die Kirchensprengungen dieser Jahre konnten als Drohung gegen unabhängiges Denken verstanden werden. Trotzdem war im Grunde das Jahr 1968 das Geburtsjahr der DDR-Bürgerrechtsbewegung, die sich vom Anfang der siebziger Jahre an verstärkt aus Mitarbeitern der evangelischen Kirche, aus Intellektuellen, Künstlern und Angehörigen marginalisierter Jugendgruppen rekrutierte.

Die auf Beschluss des Politbüros der SED am 16. November 1976 erfolgte Ausbürgerung Wolf Biermanns nach dessen Konzert in Köln verstärkte diese »neue Oppositionsbewegung«. War die heimtückische Verdrängung des Liedermachers, dessen Gitarre und Schreibmaschine in der Ausstellung zu sehen sind und dessen Lieder einen der DDR-Opposition der siebziger Jahre gewidmeten Raum akustisch füllen, von der SED-

Führung als »Befreiungsschlag« geplant worden, so entstand doch keine Friedhofs-ruhe an der »ideologischen Front«. Ganz im Gegenteil: jetzt kündigten Teile der bisher staatstragenden Intelligenz den Konsens auf, es begann zum einen ein Exodus kritischer Persönlichkeiten, zum anderen orientierten sich im Lande bleibende Oppositionelle verstärkt an der von der DDR in Helsinki auf der Konferenz für Europäische Sicherheit an-erkannten Garantie der Menschenrechte. Aber auch viele – oft bis heute unbekannte – Menschen wagten den Protest. Sie gaben den Mitschnitt des Kölner Konzertes von Hand zu Hand weiter, schlugen Protestresolutionen an die »Schwarzen Bretter« ihrer Institute und Betriebe und brachten mit kritischen Nachfragen die Funktionäre von SED und Blockparteien in arge Argumentationsnot.

Die weitere Entwicklung oppositionellen Denkens und Handelns prägten ganz unterschiedliche Ereignisse. Der evangelische Pfarrer Oskar Brüsewitz aus Rippicha protestierte mit einem Kreuz aus Neonröhren auf seiner Kirche gegen die Herrschaft der SED und die kommunistische Jugendpolitik. Er suchte den Märtyrertod und ver-brannte sich öffentlich auf dem Marktplatz von Zeitz in Sachsen-Anhalt. Rudolf Bahro ließ sein Buch über die Reform des Realsozialismus »Die Alternative« im Westen er-scheinen und büßte dies mit einer mehrjährigen Haft, während die SED-Führung den Altkommunisten Robert Havemann wegen seiner regimekritischen Schriften in Grün-heide bei Berlin unter die Quarantäne eines Hausarrestes stellte. Trotzdem keimte immer wieder Hoffnung auf Veränderung auf, die nicht zuletzt in der seit 1980 in Polen arbeitenden unabhängigen Gewerkschaftsbewegung »Solidarnosc« Nahrung fand.

Die SED war wiederum nur in der Lage, repressiv zu reagieren, aber sie veränder-te die Form der Unterdrückung. An die Stelle offenen und verdeckten Terrors trat die »flächendeckende Überwachung« mit Hilfe hunderttausender inoffizieller Mitarbeiter (IM) der Geheimpolizei. Diese Zuträger der Geheimpolizei hatten die Opposition zu überwachen und zu »zersetzen«, galt diese doch als »politisch-ideologische Diversion«, die weiterhin aus dem Westen gesteuert werde. Zur Ausübung totalitärer bürokrati-scher Macht gehörten die dunklen Zellen im anonymen Gefangenentransportwagen, die Überwachungskameras vor Kirchen und in Büros sowie die Geruchsproben zum Aufspüren von Oppositionellen durch Suchhunde.

Aber selbst in dieser Situation und ungeachtet der Erfahrungen von 1968 waren große Teile der Bürgerbewegung der achtziger Jahre vom Traum eines »Sozialismus mit menschlichem Antlitz« geprägt. Sie stellten nicht die Machtfrage, sondern forder-ten Partizipation. Forderungen nach einer solidarischen Gesellschaft, einem Rechts-staat, nach Gewaltenteilung, Bürgerrechten und Meinungsfreiheit scheiterten jedoch an der Verweigerung jeglichen Dialogs durch die SED. Immer mehr Menschen verban-den ihre Erwartungen mit der Suche nach Formen eines alternativen Zusammen-lebens. Christliche Ethik, Abrüstungsengagement und Sorgen über die Gefährdung der Existenz der Menschheit waren wichtige verbindende Elemente der Opposition. Letzt-lich sprachen die Bürgerrechtler der DDR ab, die Verwirklichung eines sozialistischen Gesellschaftsmodells zu sein. Diese Kritik war in der Regel mit der Ablehnung des west-lichen »Industriekapitalismus« verbunden. Gleichzeitig entwickelten sich alternative Lebenswelten und die kulturelle Szene der DDR belebten autonom gestaltete Ausstel-lungen, Lesungen und Theateraufführungen.

Auf dieser geistigen Grundlage arbeiteten in den achtziger Jahren zahlreiche Friedens-, Umwelt-, Dritte-Welt-, Frauen- und Menschenrechtsgruppen. Für die ab Anfang der achtziger Jahre zunehmende Vernetzung dieser Kreise waren die Friedensdeka-den der evangelischen Kirche mit dem Symbol »Schwerter zu Pflugscharen«, die Arbeit der »Frauen für den Frieden« etwa mit der Eingabe Ulrike Poppes und Bärbel

Bohleys gegen die Wehrpflicht, die Seminare »Frieden konkret«, die Umweltbibliothek an der Ostberliner Zionskirche, das »Grün-ökologische Netzwerk Arche«, der »Arbeitskreis Solidarische Kirche« und der »Freundeskreis Wehrdiensttotalverweigerer« wichtig. Die Dauerausstellung des Zeitgeschichtlichen Forums zeigt die – insgesamt geringe – Unterstützung der Bürgerbewegung aus dem Westen an einem in den Osten geschmuggelten Geigerzähler und an Chemikalien, die die Umweltbewegung zur Feststellung der ökologischen Katastrophe im Raum um Bitterfeld nutzte. Darüber hinaus wird die Friedensbewegung eindrucksvoll durch das Schwert dokumentiert, das der Wittenberger Pfarrer Friedrich Schorlemmer 1983 auf einem Kirchentag in seiner Heimatstadt zu einer Pflugschar umschmieden ließ. Der Parka des späteren DDR-Außenministers Markus Meckel zeigt das gleiche Symbol. Und über die Ständige Vertretung der Bundesrepublik in Ost-Berlin schmuggelte Georg Girardet das Material, aus dem Pfarrer Rainer Eppelmann Nachbildungen einer vor dem UNO-Gebäude in New York stehenden Skulptur mit dem gleichen Motiv gießen ließ.

Mit dem Amtsantritt von Michail Gorbatschow im März 1985 als Generalsekretär der KPdSU stieg die Hoffnung auf eine von Moskau ausgehende Reform; die Angst vor einer sowjetischen Intervention in der DDR schwand. Für die Kräfte in der SED, die eine vorsichtige Reform unter bestimmten Umständen akzeptierten, war es demoralisierend, dass die Parteiführung erneut nur negativ und repressiv reagierte und beispielsweise die Aufführung sowjetischer Spielfilme in der DDR und die Verbreitung der Zeitschrift »Sputnik« im November 1988 verbot. Dies löste ebenso Proteste aus wie der brutale Angriff der Staatssicherheit auf die Druckerei der Ost-Berliner Umweltbibliothek. Aber auch durch dieses Vorgehen konnte die Geheimpolizei der SED das Drucken und Verbreiten von Untergrundpublikationen nicht verhindern.

Besonders mobilisierend auf die oppositionellen Gruppen wirkten der Wahlbetrug der SED vom Mai 1989, gezeigt durch die Dokumentation »Wahlfall '89«, die Proteste gegen den Einsatz von Panzern gegen die chinesische Demokratiebewegung und die

Unterhöhlung des Systems der DDR durch die Massenflucht vom Sommer 1989. Hatten bis zu diesem Zeitpunkt keine verbindlichen organisatorischen Strukturen bestanden und die Gruppen sich nicht inhaltlich festgelegt, so änderte sich dies jetzt. Viele Bürgerrechtler verließen den kirchlichen Schutzraum und sprengten die Selbstisolation in privaten Räumen. Der entscheidende Schritt war getan, die Diktatur taumelte von Tag zu Tag schneller ihrem Untergang entgegen.

Die ostdeutschen Bürgerrechtler sammelten sich zwischen Ende Juli und September 1989 schließlich in Parteien und Bewegungen, die politisch handlungsfähig waren. Dieser Prozess einer raschen Selbstorganisation begann – immer noch unter permanenter Gewaltandrohung und Beobachtung durch die Geheimpolizei – mit dem Aufruf zur Bildung einer »Initiativgruppe zur Gründung einer ostdeutschen Sozialdemokratie«; andere Oppositionelle gründeten den »Demokratischen Aufbruch«, veröffentlichten den Gründungsaufruf des »Neuen Forums« und konstituierten öffentlich »Demokratie Jetzt« als Bürgerbewegung. In einer zweiten Gründungswelle zwischen Oktober 1989 und Januar 1990 schufen Bürgerrechtler die »Grüne Partei«, die »Initiative für eine unabhängige Gewerkschaftsbewegung«, den »Unabhängigen Frauenverband« und die »Vereinigte Linke«.

Jetzt begann der Kampf um die Öffentlichkeit und gegen das Informationsmonopol der SED. Die Dauerausstellung zeigt dies mit dem ersten Adressenstempel des »Neuen Forum Leipzig«, mit dessen Hilfe die Anschriften derjenigen verbreitet wurden, die bereit waren, sich zu ihrem oppositionellen Engagement offen zu bekennen. Dazu gehörte bei einem vollkommen intakten Spitzelnetz der Geheimpolizei genauso viel Mut wie zur Herstellung der ersten revolutionären Aufrufe, Zeitungen und Druckschriften. Die dazu verwendete Technik war oft veraltet, ein Computer die große Ausnahme. So war es schon ein Glücksfall, dass die ostdeutschen Sozialdemokraten den über die Bruderhilfe der evangelischen Kirche besorgten Computer ihres Mitbegründers Martin Gutzeit benutzen konnten, während Ehrhart Neubert die ersten Papiere des »Demokratischen Aufbruchs« noch auf einer Schreibmaschine in seiner Wohnung schrieb.

Insgesamt hatten die Oppositionellen des Herbstes 1989 die Möglichkeit einer revolutionären Umgestaltung des verkrusteten Machtsystems der SED erst sehr spät erkannt und sehr lange auf die Reform des Realsozialismus gesetzt. So waren sie in einem gewissen Sinne Revolutionäre wider Willen, trotzdem waren sie es, die der Entwicklung demokratischer Strukturen einen politischen Organisationsrahmen gaben. Sie erarbeiteten als Schrittmacher des revolutionären Aufbruchs Konzeptionen, bauten handlungsfähige Strukturen auf, organisierten den demokratischen Meinungsstreit, sorgten für schnelle Kommunikation und drängten in die Medien. Die revolutionäre Bewegung hätte sich ohne ihre Courage und ihr Engagement so schnell nicht Bahn brechen können, die SED hätte ihre Macht länger und erbitterter verteidigt und darüber hinaus freie Wahlen und die Wiedervereinigung herauszögern können.

Jürgen Reiche

Halt! Nicht wegwerfen!

1990, im Jahr der Währungsunion und Wiedervereinigung, produzierten Ostdeutsche 19,1 Millionen Tonnen Müll. Pro Kopf waren das 1,2 Tonnen, fast ein Dreifaches dessen, was im gleichen Jahr im Westen anfiel. Offensichtlich, die DDR wurde auf den Müll geworfen. Viele ihrer Bewohner verabschiedeten sich von der Vergangenheit, auch – so ist zu vermuten – von ihrer eigenen Geschichte.

Halt! Nicht wegwerfen, möchte man da zurufen. Aber kann man sich überhaupt von der Geschichte lösen? Und gibt es nicht genügend Gründe sich zu erinnern? Sicher, Vergangenheit ist vergangen und Geschichte isoliert für sich genommen möglicherweise wenig ergiebig. Aber in der Konfrontation dessen, was wir von und wie wir Geschichte begreifen, wird sie zum Leben erweckt. Geschichte lebt, sie ist als Gedächtnis immer auch von Bedeutung für die Gegenwart.

Der Beschluss, in Leipzig ein »Ausstellungs-, Dokumentations- und Informationszentrum zur Deutschen Einheit« einzurichten, trägt dem Gedanken, sich der Erinnerung zu stellen, Rechnung. Der Ort war mit Bedacht gewählt. Nirgendwo hätte die Geschichte authentischer präsentiert werden können. Das Verhalten der Menschen in der Sachsen-Metropole war von beispielgebender Bedeutung. Von hier aus wurde für Zivilcourage geworben und die Entwicklungen griffen rasch aufs ganze Land über. Die Demonstrationen in Leipzig und Berlin, in Arnstadt, Dresden, Magdeburg, Rostock und vielen anderen Städten und Gemeinden haben wesentlich zum Fall der Mauer und zum schnellen Sturz des DDR-Regimes beigetragen. Hier lebt die Erinnerung an die eigene Geschichte.

Zielsetzung

Die Aufgabe für Leipzig war umfassend beschrieben: Nicht die Geschichte der DDR, sondern die Geschichte von Diktatur und Widerstand in der sowjetischen Besatzungszone und der DDR vor dem Hintergrund der Teilung Deutschlands ist Kern der Dauerausstellung. Für die konkrete Planung bedeutete dies, eine Darstellung des geschichtlichen Zeitraumes von 1945 bis heute einschließlich der Verbrechen des Nationalsozialismus, der politischen Vorgaben der Siegermächte und internationalen Zusammenhänge auszuarbeiten. Vor allem die deutsch-deutschen Bezüge waren besonders zu berücksichtigen, sowohl auf der politischen wie auch auf der zwischenmenschlichen Ebene. Dabei galt es, das wechselvolle Spannungsverhältnis zwischen Ost und West darzulegen, aus der Innen- wie auch aus der Außenperspektive unter Bezugnahme der wechselnden Abfolge der deutschlandpolitischen Grundsätze der Sowjetunion und der westlichen Alliierten wie auch der beiden deutschen Teilstaaten selbst.

Im Detail sollte gezeigt werden, wie das geteilte Deutschland über vier Jahrzehnte unterschiedliche politische und gesellschaftliche Entwicklungen durchlief, ohne dass es jedoch zur endgültigen inneren Trennung zwischen den Menschen in beiden deutschen Staaten gekommen ist. Die Kontinuität dieser Verbindungslinie ist ebenso aufzuzeigen, wie die Versuche unterschiedlicher Gruppen und Personen, die politische Teilung zu überwinden, d. h. allerdings auch, die im Laufe der Jahre gewachsene Distanz wie auch wechselseitige Fremdheiten aufzuzeigen, diese in ihrer historischen Genese zu dokumentieren und verständlich zu machen – bis hin zum Prozess des Zusammenwachsens in einem geeinten Deutschland.

Umsetzung

Wer diese zum Teil vielschichtigen divergierenden konzeptionellen Überlegungen überzeugend präsentieren will, muss eine klare und sinnvolle Gliederung entwickeln, lebendig erzählen und eine verständliche Sprache sprechen. Keine Barriere darf den Dialog stören, keine Schwellenangst den Besucher daran hindern, sich auf einen Austausch mit dem Gezeigten einzulassen. Ziel muss sein, jedermann zu erreichen, die Besucher sachgerecht zu informieren und zum Wiederkommen einzuladen – ein Ergebnis, das nur durch konsequente Besucherorientierung erreicht werden kann.

Mit der Entscheidung für den Zentral-Messepalast in der Grimmaischen Straße als publikumsnahen Standort für das Zeitgeschichtliche Forum wurde im Oktober 1997 eine der wesentlichen Voraussetzungen für eine optimale besucherorientierte Arbeit geschaffen. Bereits zwei Monate später folgte ein begrenzter Gestalterwettbewerb, in dem fünf Architekturbüros ihre Entwürfe für die Dauerausstellung präsentierten. Die Entscheidung fiel zugunsten des Berliner Büros Groß/Thürmer.

Die renommierten Ausstellungsgestalter Claus Peter Groß und Ludwig Thürmer hatten sich bedingungslos auf die Konzeption und den Standort eingelassen. Der Entwurf überzeugte durch eine weitgehend variable Anordnung verschieden geschnittener Räumlichkeiten, die um die im Gebäude vorhandene zentrale Lichtkuppel gruppiert waren. Eine Kompatibilität zwischen der Offenheit der Raumfolge und den inhaltlichen Vorgaben war so problemlos herzustellen. Die mäandernde, in Teilen gebrochene Wegeführung überzeugte darüber hinaus als Metapher für den ungeraden, häufig auch widersprüchlichen Verlauf millionenfacher deutsch-deutscher Biografien von der Zeit des Nationalsozialismus bis zur Gegenwart.

Die Zusammenarbeit zwischen allen Beteiligten war gut, durchgehend konstruktiv und zielorientiert. Sie wurde auch ermöglicht durch die Erfahrung der Architekten, dass sich eine gute Gestaltung nicht über Inhalte und Exponate erheben kann. Gestaltung darf nicht zum Selbstzweck werden. Sie hat immer auch eine dienende Funktion.

So ist auch in Leipzig den Objekten die entscheidende, zentrale Rolle zugewiesen. Aus umfangreichen Recherchen sind über 2500 Exponate zusammengestellt worden, von denen viele als Leitobjekte bereits aus sich heraus Geschichte erzählen. Dazu gehören in einem Museum für Zeitgeschichte selbstverständlich audiovisuelle Medien ebenso wie Dokumentarfotografien neben klassischen Ausstellungsstücken wie Archivalien oder Werken der bildenden Kunst, Dokumenten des täglichen Lebens von der Tageszeitung bis hin zum Einrichtungsgegenstand. Bei den zentralen Objekten steht das künstlerisch bedeutende Werk »Die tote Taube« von Harald Metzkes neben Alltäglichem wie der importierten Westjeans, Großes wie der Gefangenentransporter »Barkas B 1000« neben Kleinem wie dem Spatz Oki der FDJ-Singebewegung, sinnlich Bewegendes wie ein Liedtext Wolf Biermanns neben Schwerem wie dem Kopf der Thälmann-Büste aus Eisenach (1,1 Tonnen) oder einem Teil der Berliner Mauer (2,7 Tonnen), Bedrohliches wie die Kanone, die beim Aufstand des 17. Juni mögliche feindliche Übergriffe aus dem Westen abwehren sollte, neben Friedenssymbolen wie dem zu Flugscharen geschmiedeten Schwert aus dem Besitz von Pfarrer Schorlemmer.

Alle diese historischen Relikte wurden aus einem Kontext von Raum und Zeit herausgelöst und in eine neue Ordnung, an einen neuen Ort zur Sicherung und Bewahrung, vor allem zur Betrachtung und Dokumentation gebracht. In ihrer neuen Umgebung sollen die Besucher den Objekten nicht als Beleg, sondern als »sprechende« Zeugen der Geschichte begegnen. Als Zeichenträger werden sie in unterschiedlichen inhaltlichen Zusammenhängen durch spezifische Darstellungen »zum Sprechen« gebracht. Es ist die Kraft der Erkenntnis des Authentischen, die sich hier offenbart.

Von den Inhalten und von den Objekten her wurden die Präsentationsformen erarbeitet. Grundlage der Überlegungen war – wie im Bonner Haus der Geschichte – die Entwicklung eines narrativen Ausstellungskonzepts mit dem Ziel, Wissen als Erlebnis zu vermitteln. In der Umsetzung bedeutet das keine Aneinanderreihung stummer Zeugen, sondern über erzählträchtige Objekte hinaus szenographische Bilder aufzubauen und die Besucher in das Gezeigte einzubeziehen.

Historische Faktenvermittlung durch möglichst lebendige Darstellungsformen heißt aber auch: Ohne Penetranz und Pathos eine ausgewogene Darstellung erreichen, durch die immer auch Bezüge auf Fragen der Gegenwart hergestellt werden können.

Regelmäßige Besprechungen mit der Projektgruppe, dem Gestalterteam, mit dem Direktor und den zuständigen Abteilungsleitern der Stiftung führten zur Annäherung der Positionen in Fragen der zu erarbeitenden Strukturen. Ausstellungsthemen wurden räumlich zugeordnet, erste Präsentationsideen entwickelt, Großobjekte und szenische Collagen besprochen sowie Fragen nach biografischen Leitlinien und der vorgesehene Multimediaeinsatz erörtert. Entscheidungen über Farben, Formen, Oberflächenbehandlungen von Wänden, Bodenbeläge und Lichtinstallationen wurden im Kontext des Gesamtwerkes vorbereitet, Präsentationsformen für wichtige inhaltliche Aspekte, die sich linear durch die gesamte Ausstellung ziehen, ausgearbeitet. Dazu gehören beispielsweise das Spannungsverhältnis zwischen Ost und West, zwischen Masse und Individuum sowie zwischen Repression und widerständigem Verhalten oder das Einrichten im Alltag politisch handelnder oder nicht handelnder Personen.

Entscheidend für eine funktionierende Struktur der Ausstellung war die Entwicklung unterschiedlicher Informationsebenen, die parallel zueinander aufgebaut werden und an unterschiedlichen, konzeptionell herausgearbeiteten Schnittstellen ihre notwendige Verdichtung erfahren. Jedem der zwölf großen Ausstellungsbereiche ist so ein eigen-

ständiges gestalterisches Gepräge gegeben, das im Zusammenspiel zwischen Objekt und szenischen Collagen zu einer Einheit verschmilzt. Sie bilden den Kern eines größeren Informationsbereichs und kennzeichnen thematische Schwerpunkte wie Kriegsende und Kalter Krieg, 17. Juni 1953 und Mauerbau 1961, deutsch-deutsche Beziehungen, Ausgrenzung Andersdenkender sowie Alltag und Politik im real existierenden Sozialismus, friedliche Revolution und der Fall der Mauer seit 1989. Entstanden ist jeweils eine zeit- und inhaltstypische Szene, in der durch gestalterische Mittel die Botschaft deutlich in ihrer Wirkung und damit in ihrer beabsichtigten Aussage herausgehoben wird.

Am Beispiel des Mauerbaus lässt sich der Aufbau erklären. Der Themenkomplex ist dreigeteilt: Flucht/Notaufnahme, Brennpunkt Berlin und Bau der Grenzanlagen. In der Tiefe des ersten Raumes steht eine enge aber auch Geborgenheit assoziierende Szene mit Betten aus dem Flüchtlingslager Marienfelde in Berlin im Spannungsfeld zwischen einem Großbild zum Thema »Flucht und Vertreibung« und einem überdimensionierten Grenz-Schild, Signal für die politische Ordnung im geteilten Deutschland. Durch einen S-Bahn-Wagen hindurch, eine der wenigen intakten Verbindungen zwischen Ost- und West-Berlin in der damaligen Zeit, geht der Besucher auf eine Stahlwand zu, kombiniert mit Objekten zum Mauerbau: Panzerreiter, originale Großbausteine und Kanaldeckelverschlüsse etc. Eine Videoinstallation, akustische Einspielungen und vergrößerte Dokumentaraufnahmen komplettieren die sinnliche Wahrnehmung.

In einer zweiten Informationsebene dokumentieren Flugblätter, Plakate und Fotos die Aktionen sowie Reaktionen. In einem weiteren Schritt wird die unterschiedliche Rezeption in Ost und West erläutert: Pro und contra Mauerbau kommentieren emotionsgeladen das Geschehen. Unterstützt wird der Gesamteindruck durch unterschiedliche Behandlung der Wand- und Bodenflächen, Innen- und Außenraum werden voneinander optisch unterschieden.

Ausgehend von einem hierarchischen Wahrnehmungspotenzial der Besucher, die große szenographische Darstellungen schneller und intensiver registrieren als kleine szenische Arrangements, große Leitobjekte schneller und länger in der Erinnerung speichern als kleine wenig aussagekräftige Exponate, ist so ein Weg der Bilder und Eindrücke entstanden, der den Besucher unmerklich durch die verschiedenen Epochen- und Themenräume leitet. Ein zusätzliches Informations- und Orientierungsgerüst bieten die zur vertiefenden Beschäftigung mit dem Thema angebotenen so genannten

Flip-Charts mit Fragen und Antworten zu den jeweiligen Ereignissen sowie zahlreiche Möglichkeiten zur persönlichen Stellungnahme, die, so die Hoffnung, in ihrer Summe einmal zu einem umfangreichen kollektiven Gedächtnis anwachsen könnten.

Den Bedürfnissen eines Kurzbesuchers, der sich vielleicht durch einen schnellen Rundgang einen ersten Überblick über die Ausstellung verschaffen möchte, ist durch diese Art der Präsentation ebenso entgegengekommen wie dem durchschnittlichen Museumsbesucher, der sich etwa 1,5 bis 2,5 Stunden in der Dauerausstellung aufhält, bis hin zu sehr intensiv studierenden Interessierten, die sich zwei volle Tage Zeit nehmen müssen.

Über 1200 Meter lang ist der Weg, der in der Dauerausstellung zurückzulegen ist, eine Zeitreise in Bildern und Tönen, die aber durchaus auch kürzer ausgelegt und schneller durchschritten werden kann. Der Weg beginnt in einem abgedunkelten, stimmungsvollen Raum, der aus der Gegenwart in die Zeit entführt und den Besucher mit bekannten Bildern und Audio-Einspielungen der Zeitgeschichte konfrontiert. Gleißendes Licht, eine Dokumentation des Schreckens im zweiten Raum: Er zeigt die dramatische Ausgangssituation deutscher Nachkriegsgeschichte vor dem Hintergrund der Verbrechen des Nationalsozialismus. Niederlage und Befreiung, Zerstörung, Aufbau und politischer Neuanfang, Berlin-Krise, Wiederbewaffnung. Ein Kino mit Originalbestuhlung aus der deutschen Nachkriegszeit lädt ein zu einem Besuch. Frühe Filme der DEFA – »Die Mörder sind unter uns« von 1946 oder »Ehe im Schatten« von 1947 und »Affäre Blum« von 1948 – stehen auf dem Programm. Wir sind somit mitten in der Ausstellung und haben erst wenig mehr als 50 Meter zurückgelegt. Dokumentation und Unterhaltung, prägnante Szenen, hohe Informationsdichte, kurze semantisch optimierte Texte, die sich als Raum-, Themen- und Objekttexte ebenfalls dem Prinzip der hierarchischen Wahrnehmung unterwerfen, nötigen den Besucher nicht zu penetranter politischer Bildungsarbeit, sondern lassen genügend Spielraum für Assoziationen und eigene Reflexion. Die Stärke der Ausstellung liegt in ihrem Potenzial der sinnlichen Wahrnehmung, die didaktische Aufdringlichkeit ausschließt, verschiedene Blickachsen und überraschende Brechungen offenbart. Immer wieder öffnen sich so zum Beispiel die Räume zur Rotunde hin, die mit einem umlaufenden Panoramabild an die Massendemonstrationen auf dem Leipziger Ring erinnert.

Eine Video-Kunstinstallation, die deutsch-deutsches Beziehungsgeflecht ironisch bricht, begleitet den Hinweis auf das Jahr 1989: Titel der »Bild-Zeitung« werden Titel des Parteiorgans »Neues Deutschland« gegenübergestellt. Nur selten überschneiden sich die Themen und noch seltener stimmen sie überein. »Roter Oktober stieß das Tor zur Erneuerung der Welt auf« meldet das »Neue Deutschland« am 7.Oktober 1989 und »Bild« titelt noch politisch völlig nichts ahnend »Gottschalk adoptiert Baby«; dann endlich »Schritte zum Erneuerungs-Aktionsprogramm der SED« (ND) und Deutschland umarmt sich, »Einigkeit und Recht und Freiheit« (Bild) kommentieren beide die Ereignisse am 11. November 1989. Deutsch-deutsches Miteinander beschreibt Trennendes und Verbindendes, eine zum Nachdenken anregende Lektion in Sachen Zeitgeschichte.

Die Ausstellung schließt mit der Einheit »Wege in die Gegenwart«, in der Erfolge und Schwierigkeiten des Vereinigungsprozesses der letzten Jahre als offene Fragen in den Raum gestellt sind. Zahlreiche persönliche Stellungnahmen dokumentieren die Vielschichtigkeit der eigenen Erfahrungen. »Die eigene Geschichte« steht in großen Lettern an der Stirnwand vor dem Ausgang. Wie steht es mit der eigenen Geschichte? Erinnert? Angenommen? Entsorgt? Wie wird es weitergehen? Der Weg führt wieder an den Anfang der Ausstellung zurück.

Ergebnis

Auf 1800 Quadratmetern Ausstellungsfläche wird den Besuchern ein Überblick über deutsche Zeitgeschichte präsentiert, der einer chronologischen Ordnung folgt. Er lässt zeithistorische Entwicklungen in einem besonderen Beziehungsgeflecht erkennen. Fragen werden provoziert. Antworten kann der Besucher selbst erschließen. Das Zeitgeschichtliche Forum Leipzig lädt den Besucher ein, sich aktiv zu beteiligen. Irritationen sind erwünscht, stereotype Sichtweisen werden hinterfragt.

Das Ergebnis ist den inhaltlichen Vorgaben gefolgt. Entstanden ist kein DDR-Museum und gewiss kein nostalgischer Erlebnispark, sondern ein Ort der Aufklärung und der Kommunikation für alle, ein Ort der Besinnung und historischen Selbstvergewisserung, der Geschichte erlebbar macht und der zur Auseinandersetzung reizt.

Die überregionale Akzeptanz, die Zahl der Besucher und deren Reaktionen zeigen: Das Rezept ist aufgegangen. Das Zeitgeschichtliche Forum ist keine verstaubte Enklave muffiger nationaler Erinnerungskultur, sondern hat sich in kürzester Zeit als ein zentraler Ort des historischen Gedächtnisses etabliert. In der Interaktion zwischen Ausstellung und Besucher wird nicht nur historisches Wissen erweitert und die Erinnerung wach gerufen, hier lebt auch die eigene Geschichte. »Ein schönes Erlebnis!«, so schrieb ein Besucher in das Gästebuch zur Dauerausstellung, »eine Geschichte zu sehen, die ich selbst erlebt habe.«

Deutschland bei Kriegsende

Mit der Kapitulation der Wehrmacht endete im Mai 1945 der von Deutschland begonnene Zweite Weltkrieg in Europa. Die militärische Niederlage bedeutete zugleich Befreiung vom nationalsozialistischen Regime. Die alliierten Siegermächte besetzten Deutschland und teilten das Land.

Zerstörung der Städte

Deutschland bei Kriegsende im Mai 1945: Einstmals blühende Zentren wie Berlin, Köln oder München glichen verlorenen Kraterlandschaften. In den entvölkerten Großstädten lebten die Menschen in Kellern, Ruinen, viele im Freien. In den zerstörten Städten häuften sich mehr als 400 Millionen Kubikmeter Schutt. Seit Beginn des Jahres 1945 hatten die Alliierten den Bombenkrieg gegen deutsche Städte und Industrieanlagen erheblich verstärkt. Am 3. Februar und 18. März und dann, nach fast täglichen Bombardements, zuletzt am 20. April, wurde Berlin in Schutt und Asche gelegt. Verheerende Folgen hatten außerdem die Kämpfe um die deutsche Hauptstadt in den letzten Tagen des Krieges.

Berlin bei Kriegsende 1945

Besonders schlimm traf der Luftkrieg Dresden, von dem viele Deutsche irrtümlich angenommen hatten, es werde wegen seiner Kulturschätze von alliierten Angriffen verschont bleiben. Die sächsische Metropole, in der sich Anfang 1945 mehr als 500 000 Flüchtlinge aus Schlesien drängten, wurde am 13. Februar einem Flächenbombardement ausgesetzt, das mindestens 35 000 Todesopfer forderte. Der weltberühmte historische Kern der »Elbflorenz« genannten Stadt war völlig vernichtet. »Wer das Weinen verlernt hat«, so schrieb Gerhart Hauptmann damals in sein Tagebuch, »der lernt es wieder beim Untergang Dresdens.«

Folgen der NS-Herrschaft

»Das sind die Städte, wo wir unser ›Heil‹ den Weltzerstörern einst entgegenröhrten. Und unsere Städte sind auch nur ein Teil von all den Städten, welche wir zerstörten« – mit diesen Worten versuchte Bertolt Brecht den Deutschen nahe zu bringen: Die schreckliche Gegenwart ist die Folge einer grauenvollen Vergangenheit. Das Deutsche Reich hatte unter der Führung Adolf Hitlers mit dem Ziel, ein »Großgermanisches Reich« zu errichten, 1939 einen Krieg entfesselt, der weltweit über 50 Millionen Menschenleben auslöschte. Der Krieg Deutschlands gegen die Sowjetunion – seit Mitte 1940 geplant und am 22. Juni 1941 begonnen – war ein Vernichtungsfeldzug, der sich in einem vorher nicht erlebten Maße auch gegen die Zivilbevölkerung richtete. Bereits seit dem Machtantritt Hitlers 1933 hatten die Nationalsozialisten ihre politischen Gegner erbarmungslos und unter Missachtung aller rechtsstaatlichen Prinzipien verfolgt. Unter Berufung auf eine Rassenideologie, die »wertes« von »unwertem« Leben trennt, wurden Juden, Sinti und Roma, Homosexuelle und Menschen mit geistigen Behinderungen entrechtet, ausgegrenzt, ermordet. Während des Krieges erreichten dann die Verbrechen eine bis dahin unvorstellbare Dimension. Das NS-Regime errichtete über die bereits bestehenden Konzentrationslager hinaus in den besetzten Gebieten in Ost-

Häftlinge des Vernichtungslagers Auschwitz-Birkenau nach ihrer Befreiung durch sowjetische Truppen

33

europa Vernichtungslager mit dem ausschließlichen Zweck, Menschen in Gaskammern gleichsam fabrikmäßig zu töten. Allein im größten der Lager, Auschwitz bei Krakau, waren es über eine Million. Die meisten Opfer waren Juden, nahezu sechs Millionen, aus allen Teilen Europas, vor allem aus Osteuropa. Nur wenige entgingen der Todesmaschinerie. Als sowjetische Truppen am 27. Januar 1945 das Lager Auschwitz befreiten, fanden sie dort nur noch 7 600 entkräftete, meist dem Tode nahe Häftlinge vor.

Lage in Deutschland

Seit Januar 1945 führte die Winteroffensive der Roten Armee gegen die deutsche Ostfront zur Flucht der Bevölkerung vor allem aus Ostpreußen und Schlesien. In langen Trecks und bei eisiger Kälte versuchten mehrere Millionen Menschen, sich nach Westen durchzuschlagen. Viele verhungerten oder erfroren. Nahezu zwei Millionen flüchteten über die Ostsee. Tausende verloren bei Schiffsuntergängen ihr Leben. Schwerstes Leid erfuhren auch diejenigen, die gezwungen waren zurückzubleiben oder die die Offensive der Roten Armee einholte.

Hunger, Wohnungsnot und Schwarzmarktgeschäfte bestimmten das Leben im Nachkriegsdeutschland. Aus der Kriegsgefangenschaft heimkehrende Soldaten fanden eine zerstörte Heimat und oft auch zerstörte Familien vor. Zu dem persönlichen Unglück und dem täglichen Kampf ums Überleben kamen die politischen Pressionen. Deutschland verlor seine Souveränität: Großbritannien, Frankreich, die USA und die Sowjetunion übernahmen die Regierungsgewalt. Sie teilten das Land bis zur Oder-Neiße-Grenze in vier Besatzungszonen und die Hauptstadt Berlin, die zunächst die sowjetische Siegermacht allein besetzt hatte, in vier Sektoren. Am 30. Juni 1945 konstituierte sich der Alliierte Kontrollrat in Berlin. Als höchstes Machtorgan übte er die oberste Gewalt in Deutschland aus. Die entscheidenden Weichen für die Neuordnung Deutschlands waren bereits während des Krieges gestellt worden, auf den Konferenzen der Sowjetunion, der USA und Großbritanniens in Teheran im November 1943 und in Jalta

Ein alltägliches Bild im Winter 1944/45: Mit Pferdewagen oder zu Fuß flohen Millionen Deutsche vor der Roten Armee in den Westen

im Februar 1945. Bei ihrem Treffen auf der Krim hatten die Großmächte u. a. Übereinstimmung darüber erzielt, dass Polen als Entschädigung für den von der Sowjetunion faktisch annektierten Ostteil des Landes deutsche Gebiete östlich der Oder erhalten sollte.

Potsdam und die Folgen

Von Mitte Juli bis Anfang August 1945 verhandelten die »Großen Drei« im Potsdamer Schloss Cecilienhof: der amerikanische Präsident Harry Truman, der sowjetische Staats- und Parteichef Josef Stalin und der britische Premierminister Winston Churchill, dem Ende Juli nach einer Wahlniederlage der Konservativen Partei der Vorsitzende der Labour-Party Clement Attlee als neuer Premierminister folgte. Umstritten war bei diesem Treffen die Behandlung der deutschen Ostgebiete. Stalin setzte die politische Anerkennung der westlichen Neiße als Grenzlinie durch. Die Gebiete östlich von Oder und Neiße wurden unter polnische, Nordostpreußen mit Königsberg unter sowjetische Verwaltung gestellt. Die endgültige Festlegung der Grenze wollte man einer Friedenskonferenz vorbehalten. Die etwa fünf Millionen Deutschen, die zu dieser Zeit noch östlich der Oder-Neiße-Linie lebten, sollten »in ordnungsgemäßer und humaner Weise« aus diesen Gebieten »überführt« werden. Tatsächlich aber war längst eine brutale Vertreibung im Gange, die von den Alliierten geduldet wurde.

Churchill, Truman und Stalin einigten sich in Potsdam auf politische Grundsätze für die Behandlung Deutschlands

Am Ende ihrer Beratungen in Potsdam hatten sich Truman, Attlee und Stalin darauf geeinigt, das besiegte Deutschland westlich der Oder-Neiße als eine Einheit zu behandeln, es zu demilitarisieren und die Wirtschaft zu entflechten. Das bedeutete die Zerschlagung der Konzerne besonders im Bereich der chemischen, der Stahl- und Elektroindustrie. Durch eine umfassende »Reeducation« wollten die Alliierten das Land zur Demokratie zurückführen. Voraussetzung dafür war die Ausrottung des Nationalsozialismus. Die Deutschen sollten »entnazifiziert« werden, Mitglieder und Anhänger der NSDAP aus öffentlichen Positionen entfernt und nach dem Grad ihrer Verstrickung bestraft werden. Vom 20. November 1945 an mussten sich 21 führende Vertreter des »Dritten Reiches« vor dem dafür eingerichteten Internationalen Militärgerichtshof in Nürnberg für die im deutschen Namen begangenen Verbrechen verantworten. Der Prozess endete knapp ein Jahr später; zwölf der Angeklagten wurden zum Tode verurteilt.

Besatzungswechsel

In einigen Regionen Deutschlands wechselte die Besatzungsmacht. Im Westen gingen Gebiete von amerikanischer in französische und englische Verwaltung über. Auch in Teilen von Sachsen, Sachsen-Anhalt und Thüringen bestimmten zunächst die Amerikaner das Geschehen, bevor sie Anfang Juli 1945 diese Gebiete Einheiten der Roten Armee übergaben und in ihren Sektor in West-Berlin einrückten. Die sowjetische Besatzungszone (SBZ) umfasste danach Mecklenburg, Vorpommern, Brandenburg, Sachsen-Anhalt, Thüringen und Sachsen. Bei der Bevölkerung dieser Länder überwog das Gefühl des Ausgeliefertseins. Entsetzt durch kursierende Berichte der Flüchtlinge über Gräueltaten sowjetischer Soldaten beim Vormarsch der Roten Armee hatten viele Menschen große Angst vor der Ankunft der Truppen.

Übergriffe der Besatzungstruppen

Auch in den drei westlichen Zonen mussten die Deutschen Kontrolle und Bevormundung durch die Militärbehörden hinnehmen, vereinzelt auch Übergriffe durch Angehörige der Besatzungstruppen; in der SBZ jedoch litten die Menschen in hohem Ausmaß unter Willkür- und Racheakten. Die Polizei registrierte unzählige Verbrechen von Soldaten der Roten Armee. Hunderttausende Frauen wurden Opfer von Vergewaltigungen. Über das Geschehene sprechen durften sie nicht. Die Militärregierung versuchte zwar, die Welle der Gewalt zu stoppen und bestrafte Vergewaltiger und Plünderer sehr hart; viele der lokalen Kommandanten aber hatten Verständnis für Wut und Hass ihrer Soldaten und ließen diese gewähren. Die Gewalttaten der Roten Armee belasteten das Verhältnis von Siegern und Besiegten. Sie brachten auch die Kommunisten in der SBZ in Verruf und machten deren Propaganda von den Sowjetsoldaten als Befreiern und Freunden unglaubwürdig.

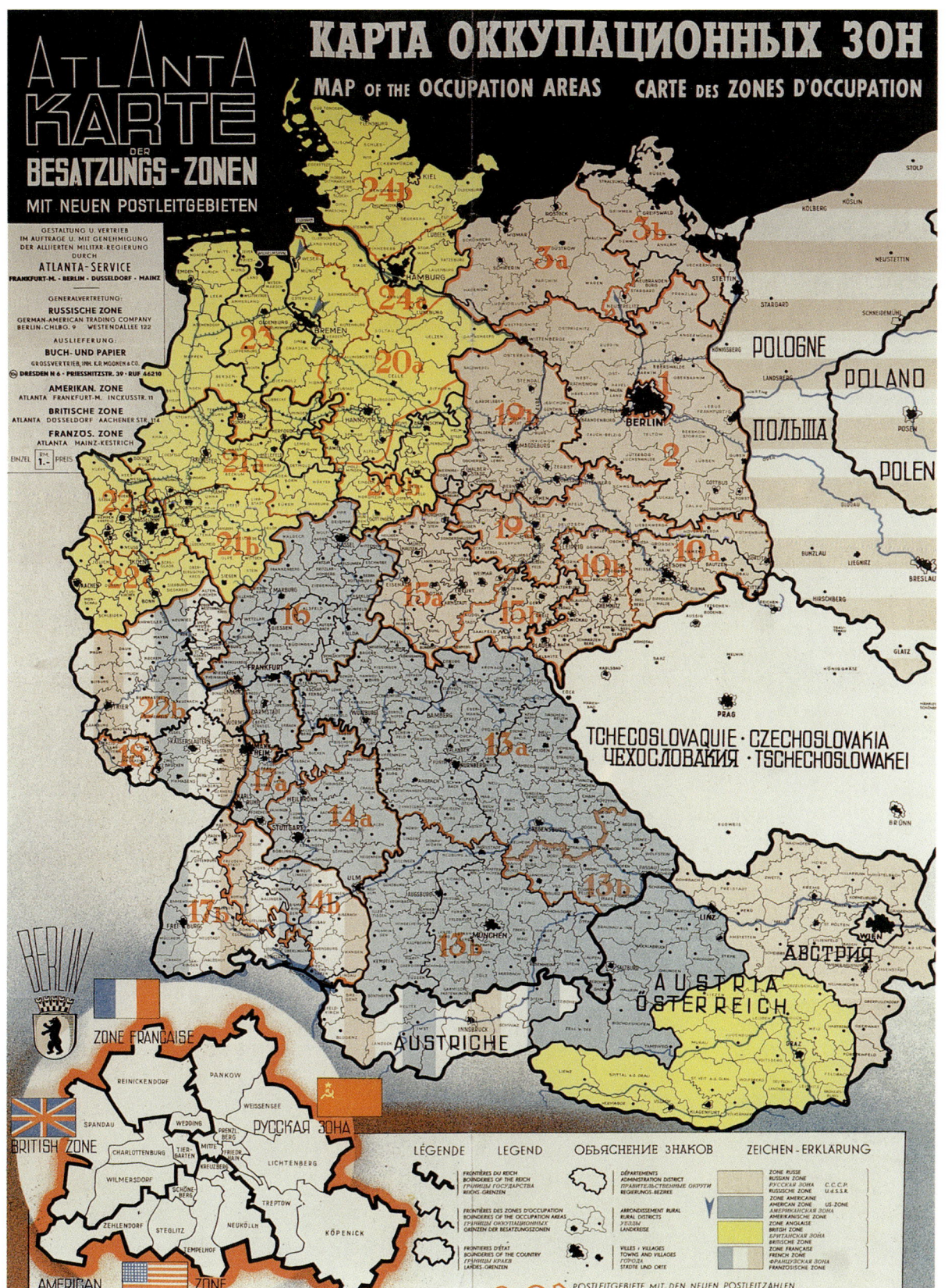

Die Alliierten teilten Deutschland in vier Besatzungszonen und stellten die Gebiete östlich von Oder und Neiße unter polnische oder russische Verwaltung

"Die Massenorganisationen sind die Transmission... Arbeiterklasse mit den breiten Massen des Vo...

»Antifaschistisch-demokratische Umwälzung« in der SBZ

»Es muss demokratisch aussehen, aber wir müssen alles in der Hand haben.« Diese Devise gab Walter Ulbricht, der später wohl eifrigste Statthalter Moskaus im sowjetisch besetzten Teil Deutschlands, im Mai 1945 an seine Mitstreiter aus. Unter Führung der Sowjetischen Militäradministration in Deutschland (SMAD) bestimmten aus dem Exil heimgekehrte deutsche Kommunisten die Entwicklung in der SBZ. Sie propagierten eine »antifaschistisch-demokratische Ordnung« und konnten damit auch bürgerliche Kräfte für sich gewinnen. Tatsächlich aber stand der Neuanfang ganz im Zeichen der konsequenten Anpassung an die Sowjetunion.

Vorbereitung der Kader

Das Hotel Lux in Moskau: Zufluchtsort für Emigranten und Schauplatz stalinistischer Verfolgung

Das Hotel Lux in Moskau, Unterkunft für die Mitglieder und Funktionäre der Kommunistischen Internationale, beherbergte während des Zweiten Weltkrieges führende deutsche Kommunisten, die wegen der politischen Verhältnisse in Deutschland von 1933 an in die Sowjetunion emigriert waren. Der Gebäudekomplex in der Gorkistraße 10 war eine Welt für sich, konspirativ nach innen und nach außen. Die Bewohner, eine in die Tausende gehende Zahl von Menschen, lebten in der Regel unter falschem Namen und wurden von der sowjetischen Geheimpolizei streng kontrolliert. Damit sie nicht mit der Außenwelt in Berührung kamen, verfügten sie über zahlreiche nur ihnen zugängliche Einrichtungen wie eine Wäscherei, Kleider- und Schuhmacherwerkstätten, sogar eine eigene Klinik. Das Hotel Lux war nicht nur das »Absteigequartier der Weltrevolution«, sondern auch Schauplatz stalinistischer Säuberungen, an dem Angst und gegenseitiges Misstrauen herrschten. Wie in diesen Jahren überall in der Sowjetunion, so fielen auch hier Menschen plötzlich in Ungnade, verschwanden über Nacht und wurden ermordet.

Wichtig war das Hotel Lux als ein Zentrum im Kampf für den Sieg des Kommunismus. Die »Zuverlässigen« unter den Emigranten hatten die Aufgabe, Propaganda für die Ziele Moskaus zu machen und – entsprechend sowjetischen Vorgaben – die innere Umgestaltung ihrer Heimatländer nach der erwarteten Niederlage Deutschlands und dem Ende der nationalsozialistischen Herrschaft zu planen. An der Front forderten sie mit Flugblättern und über Lautsprecher die deutschen Soldaten auf, zur Roten Armee überzulaufen. Außerdem unterrichteten sie in so genannten Antifa-Schulen. Im Juli 1943 waren zwölf der Emigranten an der Gründung des »Nationalkomitees Freies Deutschland« (NKFD) beteiligt. Bei einer Konferenz in dem Dorf Pawschino bei Moskau verabschiedeten sie zusammen mit deutschen Kriegsgefangenen ein Manifest, das die Vernichtung des nationalsozialistischen Regimes und einen demokratischen Neuaufbau in Deutschland forderte. Das Nationalkomitee hatte in Moskau und Umgebung eigene Stabsquartiere, einen Radiosender und gab die Zeitung »Freies Deutschland« heraus. Deutsche Exilkommunisten wirkten auch mit bei der Bildung des »Bund(es) deutscher Offiziere« im September 1943 und konnten dabei wichtige Offiziere wie den Generalfeldmarschall Friedrich Paulus und General Walther von Seydlitz für sich gewinnen. Viele von ihnen arbeiteten für den Moskauer Rundfunk oder für illegale Sender in den von Deutschland besetzten Staaten.

Noch vor der Kapitulation kam eine kleinere Zahl der Emigranten aus der Sowjetunion zurück nach Deutschland, um in drei Aktionsgruppen die Sowjetarmee beim Neuaufbau zu unterstützen. Die Gruppe um Walter Ulbricht war für Berlin zuständig, die Gruppe um Anton Ackermann für Sachsen und die um Gustav Sobottka für Mecklenburg. Die erste Aufgabe bestand darin, neue Verwaltungen – zunächst auf lokaler Ebene – zu schaffen. Dabei war es ein besonderes Anliegen der Kadergruppen, führende Positionen mit Kommunisten zu besetzen. Die Gemeinde-, Stadt- und Bezirksverwaltungen wurden zum Hauptinstrument, um die politischen Ziele im deutschen Alltagsleben durchzusetzen.

Zu den Vertrauten Walter Ulbrichts gehörte auch Wolfgang Leonhard, der als Jugendlicher mit seiner Mutter in die Sowjetunion geflohen und dort als kommunistischer Kader geschult worden war. Während des Krieges hatte er im NKFD mitgearbeitet. Zunächst ein begeisterter Funktionär des kommunistischen Systems, brach Leonhard 1949 mit dem Stalinismus, floh nach Jugoslawien und lebt seit Anfang der fünfziger Jahre in der Bundesrepublik. 1955 erschienen seine viel beachteten Erinnerungen »Die Revolution entlässt ihre Kinder«. Mit falschem Einband als vermeintlich systemkonforme Schrift getarnt, schmuggelten westdeutsche Sozialdemokraten dieses Buch in die DDR.

Wolfgang Leonhard nach seiner Flucht in den Westen 1950

Sowjetische Besatzungsmacht

Die Sowjetische Militäradministration bestimmte von ihrer Gründung am 9. Juni 1945 bis zu ihrer Auflösung im Oktober 1949 die politische, wirtschaftliche, soziale und kulturelle Entwicklung in der SBZ und schuf damit die Grundlagen für die spätere Eingliederung der DDR in den Ostblock. An ihrer Spitze stand zunächst der populärste sowjetische Heerführer des Zweiten Weltkrieges, Marschall Schukow. Ihm folgten im April 1946 Marschall Sokolowski und Ende März 1949 Armeegeneral Tschuikow.

Die SMAD, ihre Zentrale war in Berlin-Karlshorst, hatte 1947 fast 50 000 Mitarbeiter. Unter dem Befehl des Stellvertreters des Obersten Chefs für Zivilfragen, Serow, standen zeitweise die in der SBZ stationierten zehn Regimenter der Inneren Truppen des NKWD/MWD. Der Oberste Chef der SMAD hatte außerdem den Oberbefehl über die Gruppe der Sowjetischen Besatzungsstreitkräfte in Deutschland. Mehrere tausend Mann waren in deren Hauptquartier in Potsdam stationiert, die weiteren Sowjettruppen – nach Einschätzung des amerikanischen Geheimdienstes aus dem Jahr 1948 – 350 000 Mann, über die gesamte SBZ verteilt.

Speziallager

Habseligkeiten eines Lagerinsassen aus Buchenwald erinnern an ein besonders dunkles Kapitel der Geschichte der SBZ und frühen DDR: Die Sowjetunion richtete auf dem von ihr besetzten Teil Deutschlands zehn »Speziallager« ein und nutzte dafür auch drei Konzentrationslager der Nationalsozialisten – Sachsenhausen, Buchenwald und

Jamlitz. Die Besatzungsmacht inhaftierte ehemalige Nationalsozialisten, politische Gegner, aber auch willkürlich Festgenommene. Betroffen waren davon viele Jugendliche, verhaftet als angebliche Werwölfe, also als Mitglieder der Freischärlerbewegung, die die nationalsozialistische Führung in der Endphase des Krieges gebildet hatte. In vielen Fällen erfuhren die Familien erst Monate oder Jahre später von dem Verbleib ihrer Angehörigen. Die geschätzte Zahl der in die Speziallager verschleppten Deutschen liegt bei 150 000. Zehntausende verhungerten oder starben an Krankheiten. Die Existenz der Lager wurde in der DDR verschwiegen; Überlebende durften über das Erlebte nicht sprechen.

Habseligkeiten eines Häftlings aus dem von der SMAD errichteten Speziallager Buchenwald

Politischer Neuanfang

Bereits einen Tag nach ihrer Konstituierung, am 10. Juni 1945, genehmigte die SMAD mit ihrem »Befehl Nr. 2« die Bildung von Parteien in der SBZ. Die Zulassung der Kommunistischen Partei Deutschlands (KPD) am 11. Juni, der Sozialdemokratischen Partei Deutschlands (SPD) am 15. Juni, der Christlich-Demokratischen Union (CDU) am 26. Juni und der Liberal-Demokratischen Partei (LPD) am 5. Juli schien demokratischen Pluralismus zu garantieren; tatsächlich aber waren die programmatische Eigenständigkeit und der Handlungsspielraum der Parteien, die sich am 14. Juli 1945 zur »Einheitsfront der antifaschistisch-demokratischen Parteien«, dem so genannten Antifa-Block zusammenschlossen, von Anfang an begrenzt, da die unmittelbare Verantwortung für Anleitung und Kontrolle aller politischen Aktivitäten der Deutschen bei der SMAD lag.

Die KPD musste bald die Hoffnung aufgeben, allein zur stärksten politischen Kraft aufzusteigen. Die Mitgliederzahlen blieben hinter den Erwartungen zurück, hinzu kamen die für die Kommunisten vernichtenden Niederlagen bei den Wahlen zur ungarischen Nationalversammlung sowie zum österreichischen Nationalrat im November 1945.

Dadurch verunsichert, drängte die KPD in der SBZ auf die Vereinigung mit der SPD. Diese war in ihrer Mehrheit dem Gedanken an eine Einheit der beiden Arbeiterparteien zwar nicht grundsätzlich abgeneigt, viele Sozialdemokraten aber trauten den Versprechen der Kommunisten nicht und empörten sich über die Methoden, mit denen die Vereinigung durchgesetzt werden sollte. Unterstützt von den sowjetischen Besatzungsbehörden übte die KPD erheblichen Druck auf die SPD-Mitglieder aus und veranlasste die Verhaftung zahlreicher Vereinigungsgegner. Mit hohem propagandistischem Aufwand lenkten SMAD und KPD von der fehlenden demokratischen Legitimation ihres Vorgehens ab. Die neue Sozialistische Einheitspartei Deutschlands (SED) wurde als Vereinigung der beiden »Kraftströme der deutschen Arbeiterbewegung« gefeiert. Der Regisseur Kurt Maetzig setzte diesen Gründungsmythos in einem DEFA-Film in Szene. Der Händedruck, mit dem der Kommunist Wilhelm Pieck und der Sozialdemokrat Otto Grotewohl am 22. April 1946 im Berliner Admiralspalast den Zusammenschluss besiegelten, wurde zum Symbol der neuen Partei. Er sollte für eine ausgewogene Machtverteilung zwischen Kommunisten und Sozialdemokraten stehen, die in Wirklichkeit aber nur kurze Zeit existierte. Zwar wurden Pieck und Grotewohl zu gleichberechtigten Vorsitzenden der SED gewählt, zwar waren in den Führungsgremien der Partei ehemalige KPD- und SPD-Mitglieder paritätisch vertreten; von der strikten Linie der Kommunisten abweichende Meinungen wurden aber bald als »Sozialdemokratismus« bekämpft und frühere Sozialdemokraten, die sich nicht bis zur Selbstaufgabe den Kommunisten anpassen wollten, aus verantwortlichen Positionen gedrängt und verfolgt.

Die SED entwickelte sich im Zuge der Stalinisierung zu einer »Partei neuen Typus«. Von Mitte 1948 an nahm sie massiv Einfluss auf den Kurs der anderen Parteien. Am Ende dieses Prozesses, der sich bis 1952 hinzog, waren CDU und LDP zu faktisch abhängigen Organisationen geworden, deren Repräsentanten den Führungsanspruch der SED vorbehaltlos anerkannten.

SMAD, deutsche Kommunisten und Teile der SPD forderten die Vereinigung von SPD und KPD

Diese handgearbeitete Fahne von 1946 bekam Erich Honecker 1976 zur Erinnerung an den Vereinigungsparteitag überreicht

43

Massenorganisationen

Fahnen dienten den Massenorganisationen in der SBZ und dann in der DDR dazu, im öffentlichen Raum allgegenwärtig zu sein. Sie mussten bei Aufmärschen und Versammlungen zu den immer wiederkehrenden Anlässen und Ehrentagen mitgeführt werden und gehörten auf diese Weise zur Inszenierung der neuen Machthaber. Um gesellschaftspolitischen Pluralismus zu verhindern, genehmigte die SMAD für jede Zielgruppe in der Bevölkerung nur eine einzige Organisation. In den so entstandenen Monopolverbänden hatten die Kommunisten von Anfang an großen Einfluss. Walter Ulbricht bezeichnete sie auf der 2. Parteikonferenz der SED 1952 als die »Transmissionsriemen, durch die sich die Vorhut der Arbeiterklasse« – also die SED – »mit den breiten Massen des Volkes verbindet«.

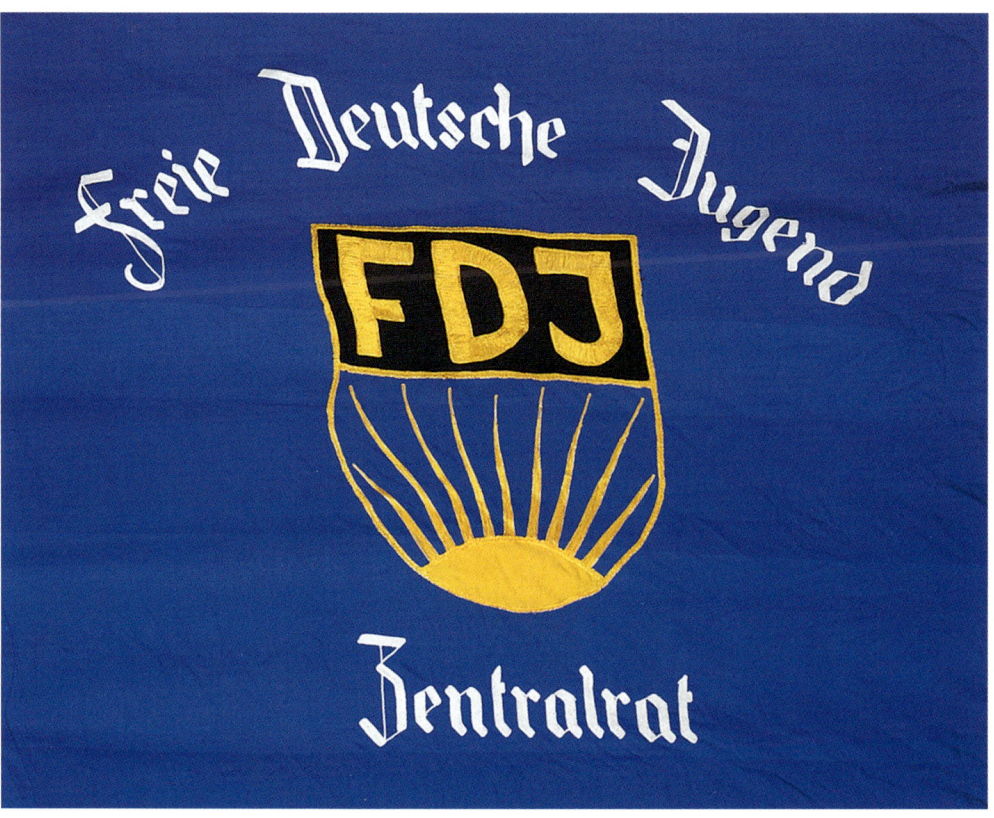

Blaue Fahne als Symbol –
die FDJ knüpfte an die Rituale der
Jugendbewegung an

Neben der Fahne war das Blauhemd Erkennungszeichen der Freien Deutschen Jugend (FDJ). Gegründet im März 1946 gab sich die FDJ zunächst offen und demokratisch und ließ in ihren Führungsgremien Mitglieder der bürgerlichen Parteien und Vertreter der Kirchen zu. Diese Überparteilichkeit gab sie jedoch wenige Monate später zugunsten einer strikten Orientierung an der SED auf. 1949 erklärte der erste Vorsitzende, Erich Honecker, in der FDJ sei kein Platz für »antisowjetische Elemente«. Dies bedeutete den Ausschluss aller Gegner der SED aus der FDJ. Viele erlitten Verfolgung und Haft. Die FDJ war in der gesamten Zeit des Bestehens der DDR von der SED abhängig, sie galt als deren Kaderschmiede. Als »Kampfreserve der Partei« nahm sie umfassend Einfluss auf Bildung, Arbeit und Freizeit der Jugendlichen. Wer den Eintritt in die Jugendorganisation verweigerte, musste in der Regel schwere schulische und berufliche Nachteile in Kauf nehmen.

Der Freie Deutsche Gewerkschaftsbund (FDGB), die mitgliederstärkste Massenorganisation in der DDR, wurde 1946 von Gewerkschaftern aller Richtungen gegründet. Auch er war zunächst formal unabhängig und überparteilich, geriet aber wie die FDJ zunehmend unter den Einfluss der SED. Da im Rahmen der Wirtschaftspolitik Löhne und Preise staatlich festgelegt waren, fehlte dem FDGB die eigentliche Aufgabe und der Gegenspieler. Die Bitterfelder Konferenz im November 1948 markierte den endgültigen Bruch mit alten Gewerkschaftstraditionen: Der FDGB entwickelte sich zu einem Instrument staatlicher Planerfüllung und der Herrschaftssicherung der SED.

Auch der zunächst überparteiliche Demokratische Frauenbund Deutschlands (DFD) wurde zum Hilfsorgan der SED-Politik, neben dem keine andere Frauenorganisation bestehen durfte. Seine Einflussmöglichkeiten auf die allgemeine politische Entwicklung wie auch speziell auf die Frauenpolitik blieben allerdings gering.

Im 1945 gegründeten Kulturbund engagierten sich in den ersten Jahren seines Bestehens Wissenschaftler, Künstler und Politiker aller Richtungen. Mitbegründer und erster Präsident war der Dichter und KPD-Funktionär Johannes R. Becher, der während des »Dritten Reiches« in die Sowjetunion emigriert war. Becher schrieb 1949 den Text zur Nationalhymne der DDR und wurde 1954 Kulturminister in Ost-Berlin. Das erklärte Ziel des Kulturbundes war es, die Deutschen dazu zu bringen, mit ihrer »reaktionären Vergangenheit« zu brechen und bei der »antifaschistisch-demokratischen Erneuerung« mitzuwirken. Dabei sollten sie sich an der angeblich überlegenen sowjetischen Kultur orientieren. Mittel des Kulturbundes waren eigene Rundfunksendungen, die Monatszeitschrift »Aufbau«, die Wochenzeitung »Sonntag« sowie die in vielen Städten von 1946 an geschaffenen »Klubs der Intelligenz«. Obgleich der Kulturbund noch 1947 eine Erklärung verabschiedete, in der es hieß, man werde sich »gegen jeden Eingriff seitens einer Partei aufs entschiedenste wehren«, konnte auch diese Organisation sich nicht der zunehmenden Vereinnahmung durch die SED entziehen.

Der deutschen Bevölkerung die sowjetische Kultur zugänglich zu machen, war auch Aufgabe der im Mai 1947 gegründeten »Gesellschaft zum Studium der Kultur der Sowjetunion«, die sich zwei Jahre später in »Gesellschaft für Deutsch-Sowjetische Freundschaft« (DSF) umbenannte. Die DSF, die sich zur zweitgrößten Massenorganisation in der DDR entwickelte, bekämpfte nicht nur die antisowjetische Stimmung in der SBZ, sondern propagierte mit Nachdruck das sowjetische Vorbild in Staat, Wirtschaft, Kultur und Gesellschaft. Die Besatzungsbehörden errichteten in diesem Sinne im Februar 1947 in Berlin ein »Haus der Kultur der Sowjetunion«, in dem Filme, Theatervorführungen und Ausstellungen gezeigt sowie Vorträge gehalten wurden. In Weimar, Leipzig und anderen Städten entstanden deutsch-sowjetische Kulturvereinigungen, die ebenfalls bei der Umerziehung der Deutschen mithelfen sollten.

Der FDGB war die größte und wichtigste Massenorganisation. 1949 hatte er fast fünf Millionen Mitglieder

Zeremonien und Rituale

Die sowjetischen Besatzungsoffiziere brachten ihre Jahres- und Feiertage nach Deutschland mit. Die deutsche Bevölkerung war gehalten, jedes Jahr mit großem Aufwand und in ritualisierter Form der Russischen Oktoberrevolution von 1917 zu gedenken. Auch der 1. Mai wurde mit viel Pomp begangen.

Wie in der Sowjetunion hatte auch in der SBZ und später in der DDR der Personenkult eine wichtige Funktion in der Propaganda. So entstand beispielsweise ein solcher um den deutschen Kommunisten Ernst Thälmann, der die KPD als Vorsitzender von

Um den deutschen
Kommunisten Ernst
Thälmann schufen
SMAD und SED
einen Personenkult.
1952 wurde der
»Verband der jun-
gen Pioniere« nach
Thälmann benannt

1925 bis 1933 auf stalinistischen Kurs gebracht hatte. Als Opfer der Nationalsozialisten
– ermordet 1944 im Konzentrationslager Buchenwald – wurde er zum Helden stilisiert,
zum Kommunisten ohne Fehl und Tadel, der vor allem der Jugend ein Vorbild sein sollte.

Besondere Bedeutung bei dem Bemühen, den Deutschen Leitbilder zu geben, hatte
für die Besatzungsmacht die Zweihundertjahrfeier von Goethes Geburtstag. Für sowjetische Kulturoffiziere war Goethe ein Revolutionär und Vorkämpfer für die Interessen des
Volkes. Anlässlich der Feierlichkeiten in Weimar, die von März bis August 1949 statt-
fanden, erhielt Thomas Mann den Goethepreis. Der Auftritt des Nobelpreisträgers und
bekannten Gegners des Nationalsozialismus, der aus politischen Gründen Deutschland verlassen hatte, bedeutete für die Machthaber in der SBZ einen Prestigegewinn.

*Thomas Mann bei seiner Dankesrede
in Weimar*

Wirtschaftspolitik

Sowjetische Besatzungsoffiziere brachten im Zuge der Demontage 1945 in großem Umfang technisches Gerät als Reparationsgut nach Moskau. Über 1000 Betriebe in der
SBZ wurden als Ausgleich für die von der Wehrmacht verursachten Kriegsschäden
demontiert. Der sowjetisch besetzte Teil Deutschlands verlor über 30 Prozent seiner
industriellen Kapazität, außerdem viele Fachleute. Naturwissenschaftler, Ingenieure
und Techniker wurden als »Spezialisten« zwangsweise in die Sowjetunion gebracht,
wo sie in der Regel mit ihren Familien bis Mitte der fünfziger Jahre lebten und arbeiteten. Konfrontiert mit Kriegsschäden, Demontagen und Entnahmen aus der laufenden
Produktion, hohen Reparationszahlungen und Besatzungskosten begann die KPD/SED
mit der Umgestaltung der Wirtschaftsordnung. Diese Umgestaltung war jedoch nur
vordergründig eine Antwort auf die schwierige Nachkriegssituation; sie erfolgte vielmehr unter ideologischen Prämissen und sollte ein Mittel im »Kampf gegen die Impe-
rialisten« sein.

47

Die Universalfräsmaschine, 1945 von der Sowjetarmee demontiert, war bis 1999 in Moskau in Betrieb

SMAD und KPD/SED änderten die Eigentumsverhältnisse grundlegend. Unter der Losung »Junkerland in Bauernhand« enteigneten sie entschädigungslos landwirtschaftliche Betriebe mit einer Nutzfläche von über 100 Hektar und begründeten diese Maßnahme mit der Rolle, welche die Großgrundbesitzer bei der Übergabe der Macht an die Nationalsozialisten gespielt hätten. 7000 Grundbesitzer waren von der Bodenreform betroffen. Etwa ein Drittel des enteigneten Bodens erhielten Länder, Kreise und Gemeinden zur Bewirtschaftung. Ein großer Teil ging über in den Besitz von Landarbeitern, Umsiedlern und Kleinbauern, die aber auf den in der Regel sehr kleinen Höfen nicht rentabel wirtschaften konnten. Viele der »Neubauern« schlossen sich deshalb von 1952 an unter erheblichem Druck zu Landwirtschaftlichen Produktionsgenossenschaften (LPGs) zusammen.

Ein weiterer wichtiger Schritt bei der Übernahme des sowjetischen Systems war die Verstaatlichung der Industrie und die zentrale Planung der Wirtschaft, die seit Mitte 1948 in der SBZ nach einem Halbjahrplan arbeitete. Im Juni 1948 beschloss der SED-Parteivorstand den ersten Zweijahrplan für 1949/50. Die Produktion sollte um ein Drittel steigen und damit 80 Prozent des Niveaus von 1936 erreichen. Zur Steigerung der Arbeitsproduktivität initiierte die SED außerdem gemeinsam mit der SMAD nach dem Beispiel des sowjetischen Stachanow-Systems eine Aktivistenbewegung. Der

II. Parteitag der SED rief im September 1947 mit der Losung »Mehr produzieren, gerechter verteilen, besser leben!« dazu auf, sich für den wirtschaftlichen Aufschwung einzusetzen. Der Befehl Nr. 234 der SMAD vom 9. Oktober 1947 verpflichtete Verwaltungsorgane und Betriebsleitungen, den »Kampf gegen das Bummelantentum« zu führen, sich für eine Steigerung der Arbeitsproduktivität einzusetzen und für eine Verbesserung der Lebensverhältnisse zu sorgen. Im ersten Halbjahr 1948 organisierten SED und FDGB 140 Aktivistentagungen mit insgesamt 13 000 Teilnehmern. Die große Mehrheit der Arbeiter zeigte aber zunächst wenig Begeisterung. Um dies zu ändern, beschlossen Anfang Oktober 1948 im Lugau-Oelsnitzer Steinkohlenrevier Partei- und Gewerkschaftsfunktionäre, an den Befehl Nr. 234 mit einer spektakulären Sonderschicht zu erinnern: Der Bergmann Adolf Hennecke erfüllte am 13. Oktober 1948 sein Tagessoll mit 380 Prozent. Nach seinem Vorbild wurden in den Tagen danach, nicht zuletzt im Rahmen einer »Hennecke-Woche« im November, in zahlreichen Betrieben Aktivistenschichten durchgeführt. Fortan war die Aktivistenbewegung ein wichtiges Instrument der Wirtschafts- und Gewerkschaftspolitik der SED. Sie wirkte sich positiv auf die Arbeitsproduktivität aus und half mit, das Sozialprodukt zu steigern – allerdings auch, die Vereinnahmung des FDGB durch die SED weiter voranzutreiben.

Objekte, Dokumente und Fotos illustrieren die Umgestaltung der Wirtschaftsordnung in der SBZ

Nachkriegsentwicklung im Zeichen des Kalten Krieges

Nach dem Ende des Zweiten Weltkrieges brachen zwischen den Siegermächten neue Konflikte auf. Das Konzept des amerikanischen Präsidenten Franklin D. Roosevelt, die beiden Weltmächte USA und Sowjetunion zu Garanten des Weltfriedens zu machen, scheiterte. Stalin strebte danach, die von der Roten Armee besetzten Gebiete in seinen Machtbereich einzugliedern und seinen Einfluss weiter auszudehnen. Besonders im besetzten Deutschland verhärtete dieser »Kalte Krieg« die Fronten zwischen Ost und West.

Auseinanderbrechen der Anti-Hitler-Koalition

Die auf den alliierten Konferenzen in Jalta und Potsdam 1945 erzielten Einigungen über die Behandlung Deutschlands erwiesen sich als nicht tragfähig. Der Alliierte Kontrollrat in Berlin, der die gemeinsame Verwaltung Deutschlands gewährleisten sollte, war von Beginn an in seiner Arbeit stark behindert. Sowjetische, aber auch französische Einwände verhinderten häufig die für jeden Beschluss erforderliche Einstimmigkeit. 1948 kündigte die Sowjetunion ihre Mitarbeit sogar völlig auf. Auch die

Agitation gegen den Marshall-Plan: Die SED versuchte, den Zweijahrplan für die Wirtschaft der DDR als den wahren Wiederaufbauplan hinzustellen

Zeitungsschlagzeilen aus den West-
zonen und der SBZ spiegelten die
wachsende Entfremdung zwischen
den Siegermächten wider

Außenminister der Siegermächte kamen auf ihren Konferenzen in Paris 1946 sowie in
Moskau und London 1947 zu keiner Einigung über die Zukunft Deutschlands. Im Juni
1947 scheiterte auch ein deutscher Versuch, die drohende Teilung zu verhindern: Auf
der Münchener Konferenz konnten sich die Ministerpräsidenten der deutschen Länder
nicht einmal auf eine Tagesordnung einigen. Die Länderchefs der sowjetischen Zone
verweigerten einen Kompromiss und reisten vorzeitig ab.

Die Besatzungszonen im Westen Deutschlands und die SBZ entwickelten sich auseinander. Die Sowjetunion schuf in ihrer Zone mit Hilfe der SED vollendete Tatsachen
durch die Bodenreform, die Verstaatlichung von Betrieben und Banken sowie durch
den Aufbau zentraler Verwaltungen. Zugleich festigte sie ihre Vormachtstellung in
Mittel- und Osteuropa. Eine Kursänderung der amerikanischen Deutschlandpolitik
begann mit der Rede des Außenministers James F. Byrnes am 6. September 1946 in
Stuttgart. Die Konsolidierung der Westzonen wurde jetzt Teil der so genannten Con-
tainment-Politik, mit der die sowjetischen Machtansprüche eingedämmt werden sollten. Im Dezember 1946 unterzeichneten Großbritannien und die USA ein Abkommen,
das die Besatzungszonen beider Staaten von 1947 an zur »Bizone« vereinigte.

Im Juni 1947 verkündete der neue amerikanische Außenminister George C. Marshall
ein Programm zum Wiederaufbau Europas. Das Hilfsangebot richtete sich ausdrücklich
auch an die Sowjetunion, die mittel- und osteuropäischen Staaten und die SBZ. Doch
Stalin erzwang in seinem Machtbereich die Ablehnung des »Marshall-Plans«. Die SED
stellte das Programm als Werkzeug zur Unterwerfung Deutschlands durch die USA dar.
So kam die Unterstützung, die bis 1956 25 Milliarden Dollar umfasste, nur Westeuropa
zugute und trug im Westen Deutschlands zum späteren »Wirtschaftswunder« bei.

Eine eigens verbreitete Wochenzeitung berichtete über die Ergebnisse des ersten Deutschen Volkskongresses

Volkskongresse

Die SED machte die Westmächte für die zunehmende Teilung Deutschlands verantwortlich. Sie begründete damit ihre Forderung nach einer Mobilisierung des Volkes, um angesichts der ergebnislosen Konferenzen der Siegermächte den Willen der Deutschen nach Erhaltung der Einheit zu bekunden. Dem konnten sich die übrigen Parteien der sowjetischen Zone kaum entziehen. Der Vorsitzende der CDU, Jakob Kaiser, wurde sogar von der SMAD faktisch abgesetzt, weil er eine Unterstützung der Volkskongressbewegung verweigerte. Die Parteien der Westzonen lehnten bis auf die KPD das Vorhaben ab.

Am 6./7. Dezember 1947 trat in Berlin der erste Volkskongress »für Deutschlands Einheit und gerechten Frieden« zusammen. Auch aus den Westzonen reisten trotz eines Verbots der westlichen Besatzungsmächte und ohne demokratisches Mandat einige Teilnehmer an. Die meisten Delegierten waren jedoch u. a. von den Landtagen und Parteien, aber auch von den Massenorganisationen der SBZ entsandt. Da deren Abgeordnete in der Regel zugleich Mitglieder der SED waren, verfügte die Partei in der Versammlung über eine klare Mehrheit. Dasselbe galt für den zweiten Volkskongress, der im März 1948 zusammenkam und den Deutschen Volksrat als ständiges Gremium wählte. Der dritte Volkskongress wurde im Mai 1949 erstmals mit einer vorab festgelegten Kandidatenliste von der Bevölkerung »gewählt«. Die Liste erhielt trotz Wahlmanipulationen nur 61 Prozent der Stimmen. Doch die SED hatte das Verfahren der Einheitslisten, das ihr die Mehrheit sicherte, für die Zukunft durchgesetzt. Mit dem Volkskongress verfügte sie über ein Instrument, mit dem sie jede politische Entscheidung scheinbar parlamentarisch legitimieren konnte.

Währungsreform und Währungsumstellung

Die Uneinigkeit der Siegermächte verschärfte die wirtschaftliche Not der Deutschen. Die Ernährungslage blieb kritisch, der alten Reichsmark stand keine gleichwertige Produktion gegenüber und der Schwarzmarkt blühte. Nachdem alle Verhandlungen über eine gesamtdeutsche Lösung gescheitert waren, entschlossen sich die Westmächte zu einer separaten Währungsreform in ihren Zonen. Am 20. Juni 1948 wurde in den Westzonen die neue D-Mark eingeführt. Jeder Bürger erhielt ein »Kopfgeld« von zunächst 40 DM, Sparguthaben wurden auf 6,5 Prozent des Wertes umgestellt. Gleichzeitig kündigte Ludwig Erhard, der Direktor der Verwaltung für Wirtschaft in Frankfurt/Main, das Ende der Zwangsbewirtschaftung an. Die Aufhebung von Preisbindung und Bewirtschaftung für viele Waren war ein Fundament der Marktwirtschaft.

Die wirtschaftliche Konsolidierung der Westzonen widersprach dem Ziel Stalins, seinen Machtanspruch auf Gesamtdeutschland auszudehnen. Mit einer Blockade West-Berlins versuchte er, die Westmächte zu Verhandlungen zu zwingen. Zugleich reagierte die Sowjetunion ihrerseits mit der Einführung einer neuen Währung in ihrer Zone. Die Währungsumstellung in der SBZ – von der SMAD am 23. Juni 1948 durchgeführt – war nicht mit einer Liberalisierung der Wirtschaft verbunden. Das Kopfgeld betrug hier 70 »Klebemark«, wie die Bevölkerung das Geld wegen der auf alte Reichsmark-Scheine aufgeklebten Wertmarken nannte. Erst vier Wochen später erfolgte die Ausgabe der neuen Geldscheine, der Ostmark. Nach 1945 angelegte Sparguthaben wurden 10 : 1 umgestellt, so genannte Altkonten jedoch, die von der sowjetischen Be-

In Holzkisten wurden die in den USA gedruckten D-Mark-Scheine mit Militärtransporten zu den Ausgabestellen gebracht

satzungsmacht bei Kriegsende gesperrt worden waren, in eine staatliche Zwangsanleihe umgewandelt. Das Vermögen der SED und der Massenorganisationen blieb unangetastet, während die anderen Parteien beim Umtausch erhebliche Nachteile hatten. Im Gegensatz zu den Staatsbetrieben erlitten auch Privatbetriebe starke Verluste, da ihre Schulden in voller Höhe bestehen blieben. So diente auch die Währungsumstellung der Durchsetzung der neuen Gesellschaftsordnung in der sowjetischen Besatzungszone.

In Berlin schuf die Einführung des neuen Geldes besondere Probleme, weil in der Stadt dadurch zwei Währungen entstanden. In den Westsektoren wurde die mit einem Stempel gekennzeichnete D-Mark eingeführt. Die »B-Mark« erwies sich gegenüber der im sowjetischen Sektor ausgegebenen Ost-Mark rasch als überlegen und wurde schon im September 1948 mit einem Umtauschkurs von 1:4 gehandelt. Anfänglich war die Ost-Mark auch in West-Berlin offizielles Zahlungsmittel, viele Arbeitnehmer erhielten ihren Lohn anteilig in beiden Währungen. Erst seit dem 20. März 1949 war in West-Berlin, wie bereits in den Westzonen, nur noch die D-Mark gültig.

Blockade und Teilung Berlins

Am 24. Juni 1948 ließ die Sowjetunion sämtliche Verbindungswege nach West-Berlin unterbrechen. Unter dem Vorwand »technischer Störungen« wurden Bahnlinien und Straßen, bald darauf auch die Wasserwege gesperrt. Nach gezielten Behinderungen in den vorangegangenen Monaten setzte nun eine vollständige Blockade ein. In den Westsektoren mussten Lebensmittel, Strom, Gas und Kohle rationiert werden. Die Versorgungslage spitzte sich zu. Unter dem Eindruck der sowjetischen Bedrohung versammelten sich am 9. September 1948 über 300 000 Berliner vor dem Reichstagsgebäude, um ihre Entschlossenheit zur Selbstbehauptung zu bekunden. Bewegt hörten sie den Aufruf von Bürgermeister Ernst Reuter: »Ihr Völker der Welt, schaut auf diese Stadt und erkennt, dass ihr diese Stadt und dieses Volk nicht preisgeben dürft, nicht preisgeben könnt!«

Stalin wollte die Westmächte von ihrem Konsolidierungskurs im westlichen Teil Deutschlands abbringen oder zumindest ihren Abzug aus Berlin erzwingen. Doch die Westalliierten, allen voran die USA und der amerikanische Militärgouverneur Lucius D. Clay, blieben unnachgiebig und organisierten eine Luftbrücke. Mit insgesamt fast 200 000 Flügen transportierten die »Rosinenbomber« bis zum Ende der Blockade am 12. Mai 1949 rund 1,5 Millionen Tonnen lebenswichtiger Güter nach West-Berlin. Die

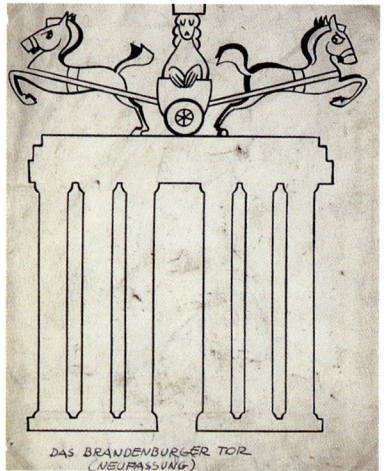

*»Das Brandenburger Tor (Neufassung)«
Karikatur von Wolfgang Hicks*

*Betriebsbuch der Schleuse in Rathenow:
Seit dem 15. Juli 1948 kommen keine
Lastkähne mehr nach Westberlin*

Bevölkerung feierte die Piloten und empfand tiefe Dankbarkeit: Aus den westlichen Besatzungsmächten wurden Schutzmächte.

Die Luftbrücke durchkreuzte die Pläne der Sowjetunion. Vergeblich bemühte sich ihre Propaganda, die West-Berliner zum Lebensmitteleinkauf im Ost-Sektor zu bewegen und so die Westmächte unglaubwürdig zu machen. Ost-Berlin erhielt dafür eigens Zusatzlieferungen, die in der sowjetischen Zone die Versorgung empfindlich verschlechterten. Die SED versuchte gleichzeitig, die demokratisch gewählten Institutionen der Stadt zu entmachten. Im September 1948 stürmten von der SED bestellte Demonstranten das im Ostsektor gelegene Stadthaus und zwangen Parlament und Regierung, ihren Sitz in die Westsektoren zu verlegen. Ost-Berlin erhielt eine eigene Verwaltung. Die Magistratswahlen im Dezember 1948 konnten nur noch im Westteil der Stadt stattfinden. Damit war die Teilung Berlins bei offenen Sektorengrenzen vollzogen.

Kinder in Erwartung eines »Rosinenbombers«

Die Gründung der Bundesrepublik Deutschland und der DDR

Die Bilder ähneln sich, doch groß sind die Unterschiede zwischen der Gründungsgeschichte der Bundesrepublik und der DDR: Im Westen Deutschlands entstand ein demokratischer Bundesstaat als Teil der westlichen Welt, im Osten ein zentralistischer Einheitsstaat, eingebunden in den sowjetischen Machtbereich.

Bundesrepublik Deutschland

Gemäß den Empfehlungen der Militärgouverneure der drei Westzonen trat am 1. September 1948 der Parlamentarische Rat in Bonn zusammen. 65 Abgeordnete der durch demokratische Wahlen legitimierten Landtage erarbeiteten das Grundgesetz der Bundesrepublik Deutschland. Es wurde am 23. Mai 1949 verkündet, nachdem es von den Besatzungsmächten genehmigt und von der Mehrheit der Länderparlamente gebilligt worden war. Das Grundgesetz zog Lehren aus den Erfahrungen der Weimarer Republik und sollte die Bundesrepublik gegen jede Art von Totalitarismus sichern. Es legte die Prinzipien der neuen Staatsordnung fest – Grundrechte, Gewaltenteilung, Rechtsstaatlichkeit und Föderalismus – und erhob die Wiedervereinigung Deutschlands zum Verfassungsauftrag.

Manche Zeitgenossen betrachteten die Staatsgründung in Sorge um die deutsche Einheit mit Vorbehalten. Kritiker wie Kirchenpräsident Martin Niemöller und der Historiker Ulrich Noack, die Mitglieder des 1948 gegründeten Nauheimer Kreises glaubten, die Siegermächte könnten für ein vereintes Deutschland gewonnen werden, sofern dieses neutral bliebe.

links: Antrittsbesuch von Bundeskanzler Adenauer bei den Alliierten Hohen Kommissaren am 21. September 1949 auf dem Petersberg bei Bonn

rechts: Empfang des Ministerpräsidenten der DDR Grotewohl durch den Chef der Sowjetischen Kontrollkommission am 11. November 1949 in Berlin-Karlshorst

*Plakate zur ersten
Bundestagswahl am
14. August 1949*

Der Stimmzettel bot vielfältige Wahl-möglichkeiten

Am 14. August 1949 fand die Wahl zum ersten Deutschen Bundestag statt. Die Vielfalt der Parteien spiegelte sich im Wahlkampf u. a. in den Plakaten. Der Stimmzettel gab jedem Bürger die Möglichkeit, zwischen Kandidaten und Parteien zu wählen. Die CDU und ihre bayerische Schwesterpartei, die Christlich-Soziale Union (CSU), gingen aus der Wahl knapp als Sieger hervor. Am 7. September 1949 traten der Bundestag und der Bundesrat – das Verfassungsorgan, über das die Länder an der Gesetzgebung des Bundes mitwirken – zu ihren ersten Sitzungen zusammen. Der Bundestag wählte Konrad Adenauer zum Bundeskanzler, der die von einer Koalition aus CDU/CSU, Freier Demokratischer Partei (FDP) und Deutscher Partei (DP) getragene erste Bundesregierung bildete. Die SPD unter ihrem Vorsitzenden Kurt Schumacher ging als zweitstärkste Partei in die Opposition. Erster Bundespräsident wurde der FDP-Politiker Theodor Heuss. Ihn wählte die Bundesversammlung, gebildet aus Mitgliedern des Bundestags und Abgeordneten der Länderparlamente. 1951 konstituierte sich als letztes Staatsorgan das Bundesverfassungsgericht.

Westbindung

Konrad Adenauer setzte auf eine enge Zusammenarbeit mit den westlichen Siegermächten und förderte die Westbindung der Bundesrepublik. Zwar behielten sich Frankreich, Großbritannien und die USA gemäß dem Besatzungsstatut zunächst die

Nach dem Nato-Beitritt der Bundesrepublik 1955 begann der Aufbau der Bundeswehr als gleichberechtigte Armee im Bündnis

Bundeskanzler Adenauer besuchte im Januar 1956 die ersten Soldaten der Bundeswehr in Andernach

oberste Gewalt vor, doch machten sie bald Zugeständnisse. Erstaunlich schnell entwickelte sich die Bundesrepublik zum Partner in den Organisationen der westlichen Staaten: 1950 wurde sie Mitglied des Europarats, 1951 der Europäischen Gemeinschaft für Kohle und Stahl (EGKS). Mit Inkrafttreten der Pariser Verträge endete 1955 das Besatzungsregime. Die Bundesrepublik trat der Nordatlantischen Verteidigungsorganisation (NATO) bei und war 1957 gemeinsam mit Belgien, Frankreich, Italien, Luxemburg und den Niederlanden Gründungsmitglied der Europäischen Wirtschaftsgemeinschaft (EWG) und der Europäischen Atomgemeinschaft (Euratom).

Angesichts wachsender Spannungen mit der Sowjetunion hatten die Bundesrepublik und die Westmächte seit 1950 Gespräche über die Aufstellung deutscher Truppen geführt. Die Frage der Wiederbewaffnung löste heftige Diskussionen im In- und Ausland aus. 1952 unterzeichnete die Bundesrepublik den Vertrag über die Bildung einer Europäischen Verteidigungsgemeinschaft (EVG). Doch diese scheiterte zwei Jahre später am Einspruch des französischen Parlaments. Daraufhin wurde die Bundesrepublik 1954 von den Mitgliedstaaten der NATO – Belgien, Dänemark, Frankreich, Griechenland, Großbritannien, Island, Italien, Kanada, Luxemburg, den Niederlanden, Norwegen, Portugal, der Türkei und den USA – zum Beitritt eingeladen. Das neue Mitglied übernahm wie die übrigen Vertragspartner eine Beistandspflicht für den Fall eines äußeren Angriffs. Zugleich versicherte es seinerseits, alle zwischenstaatlichen Streitfragen mit friedlichen Mitteln zu lösen, und verzichtete auf die Herstellung atomarer, biologischer und chemischer Waffen.

1956 rückten die ersten Soldaten der Bundeswehr in die Kasernen ein. Ihre Ausrüstung stammte zunächst aus amerikanischen und britischen Beständen. Der Schnitt der ersten Uniformen folgte bewusst westlichen Vorbildern und sollte den Bruch mit der deutschen Militärtradition verdeutlichen. An die Stelle des von blindem Gehorsam bestimmten Soldaten trat der »Staatsbürger in Uniform«.

Deutsche Demokratische Republik

Bereits im März 1949 verabschiedete der aus dem zweiten Volkskongress hervor-
gegangene Deutsche Volksrat die Verfassung der DDR. Nach Genehmigung durch die
Sowjetunion erklärte sich am 7. Oktober 1949 der Volksrat zur Provisorischen Volkskammer und setzte die Verfassung in Kraft. Das erste Parlament der DDR ging somit
nicht aus allgemeinen, demokratischen Wahlen hervor und gründete sich auf eine Verfassung, die von ihm selbst beschlossen worden war. Die Verfassung der DDR, die weitgehend einem Entwurf der SED aus dem Jahr 1946 entsprach, lehnte sich auffällig an
das Vorbild der Weimarer Republik an. Entscheidende Unterschiede bestanden jedoch
in der fehlenden Gewaltenteilung und besonders in Artikel 6. Dieser vage formulierte
Artikel erklärte »Boykotthetze gegen demokratische Einrichtungen und Organisationen,
Mordhetze gegen demokratische Politiker, Bekundung von Glaubens-, Rassen-, Völker-
haß, militärische Propaganda sowie Kriegshetze und alle sonstigen Handlungen, die
sich gegen die Gleichberechtigung richten« zu Verbrechen. Er diente dem SED-Regime
als wichtigstes Instrument zur willkürlichen Strafverfolgung jeder Form von Widerstand und Opposition.

Am 10. Oktober 1949 konstituierte sich die Provisorische Länderkammer, die jedoch
ohne politische Bedeutung blieb. 1952 wurden die fünf Länder der DDR aufgelöst; an
ihre Stelle traten 14 zentral verwaltete Bezirke.

Am 11. Oktober 1949 wählte die Provisorische Volkskammer den SED-Vorsitzenden
Wilhelm Pieck zum Präsidenten der Republik. Die Propaganda machte ihn zur allge-
genwärtigen Vaterfigur, die der Bevölkerung die Identifizierung mit dem neuen Staatswesen erleichtern sollte. Noch am Abend der Wahl veranstaltete die FDJ zu Ehren
Piecks einen Fackelzug, der in einem feierlichen Gelöbnis der Jugend an die DDR gip-
felte. Nach Piecks Tod 1960 wurde das Präsidentenamt ohne viel Aufhebens abgeschafft – deutliches Indiz für die Bedeutungslosigkeit der Verfassung. An seine Stelle
trat der neu gebildete Staatsrat, dessen Vorsitz Walter Ulbricht übernahm. Damit war
der 1. Sekretär des Zentralkomitees der SED zugleich Staatsoberhaupt der DDR.

*Gemälde, Büsten und Portraitfotos
waren Teil der Inszenierung Wilhelm
Piecks als Vaterfigur*

Stimmzettel

Die Kandidaten des deutschen Volkes

Volkskammer:
Otto Grotewohl (SED), Otto Nuschke (CDU), Johannes Dieckmann (LDP),
Vincenz Müller (NDPD), Fritz Weißhaupt (DBD), Kurt Kühn (FDGB),
Erich Honecker (FDJ), Käthe Selbmann (DFD), Ottomar Geschke (VVN),
Prof. Dr. Ing. Kurt Koloc (Kulturbund), Max Zimmermann (VdgB), Rudolf
Blankenburger (Konsum)
und die anderen öffentlich bekanntgegebenen Kandidaten

Landtag Sachsen:
Otto Buchwitz (SED), Magnus Dedek (CDU), Dr. Walter Thürmer (LDP),
Kurt Lachner (NDPD), Fritz Martin (DBD), Arthur Baumann (FDGB),
Helmut Hartwig (FDJ), Elise Thümmel (DFD), Max Zimmering (VVN),
Prof. Lea Grundig (Kulturbund), Rudolf Sommer (VdgB), Hermann Krug
(Konsum)
und die anderen öffentlich bekanntgegebenen Kandidaten

Stadtverordnetenversammlung Leipzig:
Erich Richter (SED), Albert Liebold (LDP), Karl Hallitschke (CDU),
Kurt-Heinz Wallesch (NDPD), Kurt Bellmann (DBD), Kurt Mäding (FDGB),
Gerhard Hirschfeld (FDJ), Ilse Oehmichen (DFD), Friedrich Kaiser
(VVN), Heinrich Schachtebeck (Kulturbund), Walter Schurm (VdgB),
Otto Leopold (Konsum)
und die anderen öffentlich bekanntgegebenen Kandidaten

M 143

*Stimmzettel und Wahlplakat zur
»Volkswahl« am 15. Oktober 1950*

Die Regierung unter Ministerpräsident Otto Grotewohl wurde am 12. Oktober 1949 vereidigt. Zwei Tage zuvor hatte ihr die SMAD die Verwaltungsfunktionen übertragen, doch die zur Sowjetischen Kontrollkommission (SKK) umbenannte Besatzungsbehörde behielt sich weiterhin alle wichtigen Entscheidungen vor. Die Provisorische Volkskammer entschied, die von der Verfassung vorgesehenen Wahlen zu verschieben. Sie fanden erst ein Jahr später im Oktober 1950 als »Einheitswahlen« statt. Eine Liste der »Nationalen Front«, die alle Parteien und Massenorganisationen vereinte und die Kandidaten festlegte, sicherte der SED von vornherein die Macht. Der »Wahlkampf« war daher nicht von der Konkurrenz verschiedener Bewerber geprägt, sondern sollte nur den Anschein von Demokratie erwecken und eine hohe Wahlbeteiligung sicherstellen, wie sie für alle »Wahlen« in der DDR typisch wurde. Auch der Stimmzettel bot keine Wahlmöglichkeit. Wer ihn unverändert in die Urne steckte, bestätigte die Liste: »Falten gehen« lautete daher ein verbreiteter Ausdruck für den Gang zur Wahl.

Die Verschiebung der ersten Wahlen und die Art ihrer Durchführung stießen in weiten Teilen der Bevölkerung auf Kritik. Hermann Flade, ein Oberschüler aus Olbernhau im Erzgebirge, protestierte sogar mit selbst verfassten Flugblättern. Das Landgericht Dresden verurteilte ihn dafür zum Tode, weil er bei seiner Entdeckung einen Polizisten verletzt hatte. Erst nach heftigen Reaktionen der westdeutschen Öffentlichkeit wurde die Strafe in langjährige Haft umgewandelt.

Mit Flugblättern kritisierte 1950 der Schüler Hermann Flade das SED-Regime

Integration in den Ostblock

1950 nahm der Rat für gegenseitige Wirtschaftshilfe (RGW), dem Albanien, Bulgarien, Polen, Rumänien, die Sowjetunion, die Tschechoslowakei und Ungarn angehörten, die DDR auf. Sie war damit Teil des wirtschaftlichen Lenkungssystems des Ostblocks, das sich an den sowjetischen Bedürfnissen orientierte. Abkommen mit den osteuropäischen Nachbarn, wie 1950 der Görlitzer Vertrag über die Oder-Neiße-Grenze mit Polen, förderten die Konsolidierung des »sozialistischen Lagers«. Gesonderte Verträge

Die Propaganda der SED zeigte den Warschauer Pakt als Militärbündnis zur Verteidigung des Sozialismus

– wie 1955 der Vertrag über die Beziehungen mit der Sowjetunion – sollten die DDR völkerrechtlich aufwerten, banden sie jedoch eng an die östliche Vormacht. Die Staaten außerhalb des Ostblocks erkannten dagegen die DDR nicht als legitimen Staat an. Die meisten unterstützten den Alleinvertretungsanspruch der Bundesrepublik für Gesamtdeutschland.

Mit der Unterzeichnung des Warschauer Vertrags trat die DDR 1955 dem östlichen Militärbündnis bei. Schon seit 1948, und verstärkt seit 1952, war auf Weisung Stalins eine vollständige Armee entstanden, getarnt als Kasernierte Volkspolizei (KVP). So verfügte die DDR längst über militärische Verbände, als 1956 die offizielle Gründung der Nationalen Volksarmee (NVA) erfolgte. Die Bewaffnung war sowjetischer Herkunft. Doch während die KVP bei der Uniform noch das Vorbild der Roten Armee erkennen ließ, knüpfte die NVA äußerlich bewusst an die Tradition der »deutschen Uniform« an, die schon von der Reichswehr bzw. der Wehrmacht getragen worden war. Um den Unterschied zur Bundeswehr zu betonen, führte das SED-Regime hier eine Tradition fort, von der es sich sonst strikt abzusetzen bemühte.

Instrumentalisierung der Vergangenheit

Die SED stellte die DDR als das »bessere Deutschland« dar, der »Antifaschismus« wurde zur Staatsdoktrin. Die Propaganda behauptete: »Wofür die Antifaschisten kämpften, ist in der DDR Wirklichkeit.« Der Bundesrepublik warf sie vor, in ihr lebe der Nationalsozialismus fort, und griff Beamte, Politiker und Militärs wegen deren Funktion und Tätigkeit im »Dritten Reich« an. Doch auch in der DDR kamen ehemalige Mitglieder der NSDAP zu Ämtern und Ansehen wie beispielsweise Kurt Schumann, der erste Präsident des Obersten Gerichts der DDR, und Heinrich Homann, Vorsitzender der NDPD und bis 1989 Mitglied des Staatsrats. Kurt Säuberlich, hoch dekorierter Abgeordneter der Volkskammer von 1954 bis 1958, war sogar SS-Angehöriger gewesen. Gleichwohl entzog sich die DDR allen Forderungen nach Wiedergutmachung, während die Bundesrepublik nach dem Luxemburger Abkommen von 1952 hohe finanzielle Verpflichtungen übernahm.

1958 entstand beim ehemaligen Konzentrationslager auf dem Ettersberg bei Weimar die »Nationale Mahn- und Gedenkstätte Buchenwald«. Der Bildhauer Fritz Cremer schuf dafür die zentrale Bronzeplastik, die die Überlebenden des Lagers als triumphierende Sieger zeigt. Im ersten Entwurf hatte Cremer die Opfer realitätsnah als vom Leiden Gezeichnete dargestellt. Auf Druck der SED musste er sein Werk mehrfach überarbeiten. Die Gedenkstätte erinnerte in besonderer Weise an bekannte »Antifaschisten«, die dem NS-Terror zum Opfer gefallen waren. Die Geschichte des sowjetischen Speziallagers, das in Buchenwald bis 1950 bestanden hatte, wurde in der DDR den jährlich bis zu 450 000 Besuchern verschwiegen.

Enttäuschte Einheitshoffnungen

Die Hoffnung auf eine Wiedervereinigung Deutschlands blieb in Ost und West lebendig. Doch angesichts der Konfrontation der Supermächte USA und Sowjetunion führte kein Weg zur Einheit. Alle Bemühungen endeten in der Sackgasse.

Im März 1952 schlug Stalin Friedensverhandlungen mit einem vereinten, aber neutralen Deutschland vor und versprach freie Wahlen sowie nationale Streitkräfte. Doch

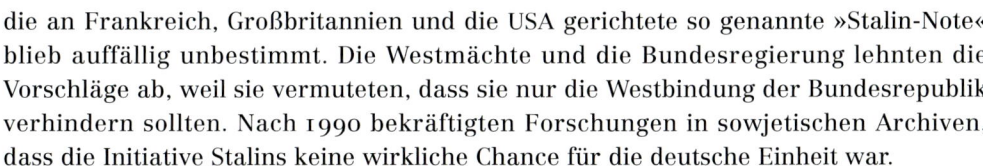

Detail aus dem ersten Entwurf des Bildhauers Fritz Cremer

links: Der Glockenturm und die Figurengruppe stehen im Zentrum der Gedenkstätte Buchenwald

die an Frankreich, Großbritannien und die USA gerichtete so genannte »Stalin-Note« blieb auffällig unbestimmt. Die Westmächte und die Bundesregierung lehnten die Vorschläge ab, weil sie vermuteten, dass sie nur die Westbindung der Bundesrepublik verhindern sollten. Nach 1990 bekräftigten Forschungen in sowjetischen Archiven, dass die Initiative Stalins keine wirkliche Chance für die deutsche Einheit war.

1954 scheiterte die Berliner Konferenz der Außenminister der vier Siegermächte, 1955 kamen auch die Regierungschefs in Genf nicht über unverbindliche Erklärungen hinaus. Wenige Monate später gingen die Außenminister erneut ohne Einigung auseinander. Der sowjetische Verhandlungsführer Molotow erklärte, dass in Deutschland zwei verschiedene Staaten existierten und eine Wiedervereinigung nur im Einvernehmen beider möglich sei. Eine solche Einigung war jedoch angesichts der gegensätzlichen Ziele und Gesellschaftsordnungen nicht denkbar. Die SED-Führung verlangte als Vorbedingung für Verhandlungen die Anerkennung der DDR als Staat und damit auch ihres Regierungs- und Wirtschaftssystems. Die Bundesrepublik beharrte auf freien Wahlen in ganz Deutschland als erstem Schritt einer Einigung. Sie sprach dem SED-Regime die Berechtigung ab, für die Bevölkerung der DDR zu sprechen, und beanspruchte das Alleinvertretungsrecht für alle Deutschen. Auf Grundlage der Hallstein-Doktrin, benannt nach dem Staatssekretär im Auswärtigen Amt, drohte die Bundesrepublik allen Staaten, die die DDR anerkannten – mit Ausnahme der Sowjetunion – den Abbruch der diplomatischen Beziehungen an. Die SED bekämpfte den westdeutschen Alleinvertretungsanspruch. Doch der Grundsatz wurde bis 1961 nur einmal missachtet: Der jugoslawische Staatschef Josip Broz Tito vereinbarte 1957 einen Botschafteraustausch mit der DDR. Die Bundesrepublik brach daraufhin ihre Beziehungen mit Jugoslawien ab.

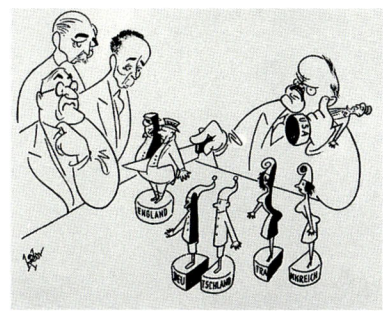

Karikatur zur sowjetischen Haltung auf der Genfer Außenministerkonferenz

Herrschaftssicherung durch die SED

Auf der 2. Parteikonferenz der SED im Juli 1952 verkündete Walter Ulbricht den »planmäßigen Aufbau des Sozialismus«. Mit dieser Formulierung umschrieb der mächtigste Mann der DDR die gesellschaftspolitischen und wirtschaftlichen Pläne der SED, die auf eine noch stärkere Angleichung der DDR an das stalinistische System der Sowjetunion abzielten. Im Zuge ihrer Umsetzung wurde der Gegensatz zwischen propagandistischem Anspruch und Wirklichkeit immer größer: Die SED feierte die DDR als das bessere Deutschland und betonte die Überlegenheit der Zentralplanwirtschaft über die Marktwirtschaft. Tatsächlich aber wuchs in der Bevölkerung die Unzufriedenheit über Unfreiheit, fehlende Rechtsstaatlichkeit und wirtschaftliche Engpässe. Am 17. Juni 1953 kam es landesweit zu einem Aufstand gegen das System.

Justiz im Dienst der Diktatur

Bei der Übertragung des sowjetischen Systems auf die DDR spielten politischer Druck und Terror eine wesentliche Rolle. Die SED-Führung beherrschte die Justiz und machte sie zu einem wichtigen Instrument ihrer Diktatur. Mit Hilde Benjamin, der Vizepräsidentin des Obersten Gerichts der DDR und späteren Justizministerin, und General-

Eine Symbolfigur des Unrechtsystems – Hilde Benjamin, Vizepräsidentin des Obersten Gerichts der DDR und von 1953 bis 1967 Justizministerin

staatsanwalt Ernst Melsheimer hatten zwei Exponenten des Stalinismus Schlüsselpositionen inne, von denen aus sie über viele Jahre bestimmenden Einfluss auf die Rechtspflege nehmen konnten. Mit ihrer Überzeugung, die Richter in der DDR müssten »verlässliche politische Funktionäre« sein, prägten sie Denken und Handeln einer ganzen Generation von Richtern und Staatsanwälten.

Allein im Jahre 1950 verurteilten die Gerichte in der DDR 78 000 Angeklagte wegen politischer Delikte. Zu einem Synonym für die im Rechtswesen herrschende Willkür wurden die »Waldheimer Prozesse«, eines der schlimmsten Justizverbrechen in der Geschichte der DDR: Von April 1950 an machten Sondergerichte im Gefängnis des sächsischen Industriestädtchens Waldheim an der Zschopau 3 432 Häftlingen der sowjetischen Speziallager in Schnellverfahren den Prozess. Zugleich nutzte die SED-Führung diese Aktion, um unter dem Vorwand der Aburteilung von Nazi- und Kriegsverbrechern potenzielle, vermeintliche oder tatsächliche politische Gegner auszuschalten. Nur einige der Angeklagten hatten tatsächlich in den Jahren von 1933 bis 1945 als Nationalsozialisten Verbrechen begangen. Aber auch in diesen Fällen waren die Verfahren rechtswidrig: Die Richter handelten auf Weisung der SED-Führung; die Urteile lagen bereits vor Prozessbeginn fest. Unter Missachtung aller rechtsstaatlichen Normen wurden hohe Zuchthausstrafen und Todesurteile verhängt. Die Öffentlichkeit war nicht zugelassen und erhielt offiziell keine Kenntnis von den Hinrichtungen. Auf den Totenscheinen hieß es lapidar, die Häftlinge seien an »Herz-Lungen-Insuffizienz« gestorben.

Widerstand und Unterdrückung

»Wir fordern Freiheit« – mit Losungen auf Mauern und Hauswänden protestierten Oberschüler aus dem thüringischen Eisenberg gegen die Diktatur. Die Jugendlichen hatten sich 1953 nach dem Schulausschluss von Mitgliedern der Jungen Gemeinde, der Jugendorganisation der evangelischen Kirchen, zusammengefunden, um über Aktionen gegen SED-Willkür an der Schule nachzudenken. Daraus entstand eine Wider-

Wandparole des Eisenberger Kreises, fotografiert vom MfS

Thomas Ammer, der führende Kopf der Widerstandsgruppe »Eisenberger Kreis«

standsgruppe, die die SED-Herrschaft und den Staat DDR grundsätzlich ablehnte. Wie andere Gegner des Regimes sah sich auch der Eisenberger Kreis in der Tradition des Widerstandes gegen den Nationalsozialismus, wie er von den Geschwistern Hans und Sophie Scholl in der »Weißen Rose« geleistet worden war. Bis 1958 versetzten die Jugendlichen dem System Nadelstiche: Sie entfernten rote Fahnen und SED-Transparente und stellten heimlich Plakate und Flugblätter mit antikommunistischer Stoßrichtung her. 1954 verbreiteten die Eisenberger, zu denen sich auch Lehrlinge und Studenten aus dem nahe gelegenen Jena fanden, einen Boykottaufruf gegen die Volkskammerwahl. Ihre spektakulärste Tat war ein Brandanschlag gegen den Schießstand der »Gesellschaft für Sport und Technik« (GST) im Januar 1956, mit dem sie gegen die bevorstehende Bildung der NVA und die Verabschiedung der einschlägigen Gesetze zur Militarisierung der Gesellschaft ein Zeichen setzen wollten. 1957 verriet ein Spitzel des Ministeriums für Staatssicherheit (MfS) die Jugendlichen, von denen viele in das Untersuchungsgefängnis der Staatssicherheit in Gera für lange Monate in Einzelhaft kamen. Im Herbst 1958 verurteilte das Bezirksgericht Gera die 24 Angeklagten zu insgesamt 114 Jahren Zuchthaus. Diese Urteile hatten keinerlei rechtliche Grundlage. Sie beriefen sich auf ein Gesetz, das zur Tatzeit noch nicht existierte: auf das erst im Dezember 1957 erlassene »Gesetz zur Ergänzung des Strafgesetzbuches«, wonach weniger die eigentliche Straftat als vielmehr ihre »Gesellschaftsgefährlichkeit« bewertet werden sollte.

Insgesamt 130 Jahre Zuchthaus erhielten 19 Oberschüler, Lehrlinge und junge Arbeiter, die in Werdau von Oktober 1950 an mit Flugblättern zum Widerstand gegen das SED-Regime aufgerufen, gegen das Todesurteil gegen Hermann Flade protestiert und damit die Geheimpolizei und die Schulleitung mehrere Monate in Aufregung versetzt hatten. Wegen der Unrechtsurteile fand der Prozess gegen die »Werdauer« in Westdeutschland starke Beachtung. Die Zeitungen in der DDR hingegen mussten Stillschweigen bewahren.

Das Landgericht Zwickau hatte den Werdauer Oberschülern besonders ihre Verbindung zur Kampfgruppe gegen Unmenschlichkeit zur Last gelegt, einer in West-Berlin

Werdauer Oberschüler bei ihrem Tanzstundenball im Frühjahr 1950. 19 von ihnen bezahlten die Gegnerschaft zur SED mit hohen Haftstrafen

ansässigen Organisation, die Menschenrechtsverletzungen in der DDR erfasste und darüber mit Flugblättern aufklärte. Wie der Untersuchungsausschuss freiheitlicher Juristen und das Ostbüro der SPD war die Kampfgruppe gegen Unmenschlichkeit für alle am Widerstand beteiligten Ostdeutschen eine wichtige Anlaufstelle. Die Machthaber in der DDR diffamierten sie deshalb als »Zirkel skrupelloser Agenten« und bekämpften sie mit allen Mitteln.

Zu den Opfern des Vorgehens gegen die westlichen Hilfsorganisationen gehörte der Jurist Walter Linse, den Mitarbeiter des MfS wegen seiner Mitarbeit im Untersuchungsausschuss freiheitlicher Juristen im Juli 1952 gewaltsam von West- nach Ost-Berlin entführten. Der Protest Tausender vor dem Schöneberger Rathaus blieb folgenlos. Nach fünf Monaten Untersuchungshaft im zentralen MfS-Gefängnis Berlin-Hohenschönhausen wurde Linse dem sowjetischen Geheimdienst überstellt, zum Tode verurteilt und in Moskau hingerichtet.

Weitgehend unbekannt blieb das Schicksal Altenburger Lehrer und Schüler. Mit ähnlichen Mitteln wie die Eisenberger und Werdauer hatten sie sich gegen die in ihren Augen verhängnisvolle Entwicklung in der DDR gewehrt. Ein sowjetisches Militärtribunal verurteilte im Herbst 1950 mehrere Angeklagte zu langen Jahren Arbeitslager, zwei Lehrer und zwei Schüler sogar zum Tode. Siegfried Flack, Ludwig Hayne, Wolfgang Ostermann und Hans-Joachim Näther wurden in Moskau hingerichtet.

Workuta ist Symbol für die unmenschliche Ausbeutung von Gefangenen im Straflagersystem GULAG. Auch einige tausend Deutsche aus der DDR kamen als »feindliche Kräfte« in die Lager am Ural. Dort teilten sie das Schicksal unzähliger politisch Verfolgter aus der Sowjetunion und verurteilter Kriegsgefangener. Die Häftlinge waren in mehr als dreißig Einzellagern untergebracht. Bei völlig unzureichender Verpflegung mussten sie in Kohleschächten und beim Aufbau der Stadt bei bis zu minus 50 Grad

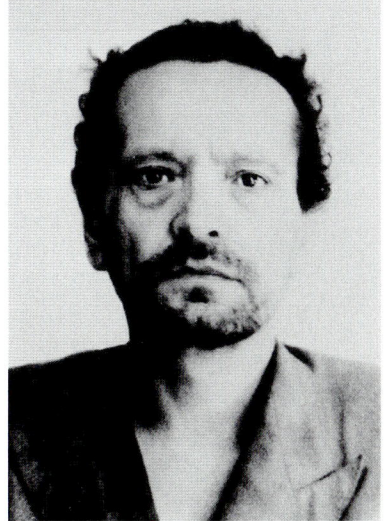

Walter Linse wurde 1952 vom MfS von West-Berlin in die DDR verschleppt und in der Sowjetunion hingerichtet

Arbeitsgeräte und Habseligkeiten eines Häftlings erinnern an das Straflager Workuta am Ural. Viele Gegner des SED-Regimes erlitten dort jahrelange Haft

Schwerstarbeit leisten. Viele überlebten ihre Strafe nicht; für andere endete die Leidenszeit nach der Moskau-Reise Adenauers im Jahre 1955. Damals hatte der Kanzler der Bundesrepublik Deutschland der Aufnahme diplomatischer Beziehungen mit der UdSSR zugestimmt und erreicht, dass die in der Sowjetunion festgehaltenen etwa 10 000 deutschen Kriegsgefangenen heimkehren durften. Zwei Tage nach der Abreise Adenauers schloss die sowjetische Führung mit Ost-Berlin einen Vertrag, der die Beziehungen zwischen der Sowjetunion und der DDR auf der Basis »völliger Souveränität und Gleichberechtigung« neu regelte, und erklärte, dass sie entsprechend einer Bitte von Staatspräsident Wilhelm Pieck sowie der Bundesrepublik auch zu einer Übergabe der »Zivilinternierten« an den jeweils zuständigen deutschen Staat bereit sei.

Ministerium für Staatssicherheit

Zum »Schild und Schwert« der SED sollte das vier Monate nach Gründung der DDR durch Gesetz vom 8. Februar 1950 gebildete Ministerium für Staatssicherheit werden. An dessen Spitze stand zunächst Wilhelm Zaisser, von 1953 bis 1957 Ernst Wollweber und von 1957 bis zum Ende der DDR Erich Mielke. Zaisser, Wollweber und Mielke hatten während der Weimarer Republik der KPD angehört, waren in der Sowjetunion politisch geschult worden und verfügten über weitreichende Erfahrungen im kommunistischen Untergrundkampf. Zu ihrem großen Vorbild erklärten sie Feliks Dzierzynski, der 1917 die sowjetische Geheimpolizei »Tscheka«, die Vorläuferin des KGB, geschaffen hatte.

Feliks Dzierzynski, Begründer der sowjetischen Geheimpolizei Tscheka, war Symbolfigur des MfS

Die »Hauptverwaltung Aufklärung« bespitzelte und bekämpfte vor allem in der Bundesrepublik die »politischen Feinde« der DDR

74

Das MfS, das zunächst als Staatssekretariat für Staatssicherheit (SfS) agierte, hatte »die Voraussetzungen zu schaffen und die Maßnahmen zu treffen, die die Sicherheit des Staates, die Festigung der Staatsmacht und die Aufrechterhaltung der öffentlichen Ordnung gewährleisten« sollten. Es war dazu ermächtigt, »Verhaftungen von feindlichen Spionen, Agenten und Diversanten vorzunehmen«, außerdem selbst die Ermittlungen durchzuführen und eigene Gefängnisse einzurichten. Mit dieser Machtfülle ausgestattet, überwachte es das öffentliche Leben in der DDR und trug dazu bei, oppositionelle Regungen bereits im Keim zu ersticken.

GESETZBLATT

der
Deutschen Demokratischen Republik

1950	Berlin, den 21. Februar 1950	Nr. 15

Inhalt

Gesetz über die Bildung eines Ministeriums für Staatssicherheit.

Vom 8. Februar 1950

§ 1

Die bisher dem Ministerium des Innern unterstellte Hauptverwaltung zum Schutze der Volkswirtschaft wird zu einem selbständigen Ministerium für Staatssicherheit umgebildet. Das Gesetz vom 7. Oktober 1949 über die Provisorische Regierung der Deutschen Demokratischen Republik (GBl. S. 2) wird entsprechend geändert.

§ 2

Dieses Gesetz tritt mit seiner Verkündung in Kraft.

Berlin, den 8. Februar 1950

Das vorstehende, vom Präsidenten der Provisorischen Volkskammer unter dem 10. Februar 1950 ausgefertigte Gesetz wird hiermit verkündet.

Berlin, den 18. Februar 1950

**Der Präsident
der Deutschen Demokratischen Republik**

W. Pieck

Gesetz
über die Teilnahme der Jugend am Aufbau der Deutschen Demokratischen Republik und die Förderung der Jugend in Schule und Beruf, bei Sport und Erholung.

Vom 8. Februar 1950

Eine gebildete, körperlich gesunde, kräftige, in ihren Auffassungen und ihrem Streben fortschrittliche Jugend sichert ein einheitliches, demokratisches und friedliebendes Deutschland. Die Verfassung der Deutschen Demokratischen Republik hat die grundsätzlichen Voraussetzungen für eine demokratische Erziehung und Entwicklung der deutschen Jugend geschaffen. Nach den in ihr verankerten Grundsätzen ist der Schutz der gesamten Jugend vor Ausbeutung vorgesehen; die geistige, berufliche und körperliche Entwicklung der Jugend und ihre Teilnahme am staatlichen und gesellschaftlichen Leben gewährleistet; die Erziehung der Jugend im Geiste des Friedens, der Freundschaft zwischen den Völkern, wahrer Demokratie und eines echten Humanismus als aktive und bewußte Bürger der neuen demokratischen Gesellschaft festgelegt.

Der deutsche Imperialismus hat die deutsche Jugend mißbraucht. Er hat im Interesse der deutschen Monopolherren und der Junker die gesamte Erziehung der Jugend der Vorbereitung und Führung von Raubkriegen untergeordnet.

In einem von Spionage- und Sabotagehysterie geprägten Klima wurde 1950 das Ministerium für Staatssicherheit gegründet

*Erich Mielke, von 1957 bis 1989
Chef des MfS*

*Der Journalist Karl Wilhelm Fricke
bei seiner Entlassung aus der Sonder-
haftanstalt Bautzen II im März 1959*

Erich Mielke machte die »Westarbeit« zu einem wichtigen Aufgabenbereich: In seinem Auftrag unterwanderten Mitarbeiter des MfS mit geheimdienstlichen Absichten und Methoden Institutionen in der Bundesrepublik Deutschland. Zu den Angriffszielen der Hauptverwaltung Aufklärung (HVA) gehörten der westdeutsche Staatsapparat, die Parteien, die Medien, gesellschaftliche Organisationen wie die Kirchen und Gewerkschaften, außerdem die militärischen Zentren und die Wirtschaft. Die »Westarbeit« bestand nicht nur im Infiltrieren und Auskundschaften wichtiger gesellschaftlicher Gruppen und Institutionen in der Bundesrepublik; Mielkes Ministerium versuchte außerdem, die Bundesrepublik durch inszenierte Skandale in Misskredit zu bringen oder die Politik in Bonn im Sinne der DDR unmittelbar zu beeinflussen. Eklatante Beispiele dafür sind die Verleumdungskampagne gegen Bundespräsident Heinrich Lübke, dem mit gefälschten Dokumenten eine Tätigkeit als KZ-Baumeister unterstellt wurde, und die von der Stasi veranlassten »Nazi-Schmierereien« in westdeutschen Städten Ende der fünfziger Jahre, die rechtsradikale Strömungen in der bundesdeutschen Gesellschaft vermuten lassen sollten. 1974 wurde der persönliche Referent von Bundeskanzler Willy Brandt, Günter Guillaume, als Agent des DDR-Geheimdienstes enttarnt. Zwei Jahre zuvor hatte die Stasi das von der CDU beantragte konstruktive Misstrauensvotum gegen den sozialdemokratischen Bundeskanzler durch Bestechung eines Abgeordneten zum Scheitern gebracht.

Im Kampf gegen »Feinde« der DDR schreckte die Stasi auch vor Gewalttaten nicht zurück. So verschleppte sie exponierte Gegner der SED in die DDR wie Mitarbeiter des RIAS, des Rundfunks im Amerikanischen Sektor, oder der Ostbüros der Parteien und Angehörige westlicher Geheimdienste. Zur Aktion »Blitz« gehörte 1955 die Entführung des West-Berliner Journalisten Karl Wilhelm Fricke, der sich seit Beginn seiner beruflichen Laufbahn 1952 auf DDR-Themen spezialisiert und enge Kontakte zu der Berliner Abteilung des Ministeriums für gesamtdeutsche Fragen sowie zur Kampfgruppe gegen Unmenschlichkeit und zum Untersuchungsausschuss freiheitlicher Juristen aufgenommen hatte. Agenten Mielkes lockten Fricke in eine konspirative Wohnung, betäubten ihn und transportierten ihn in einen Schlafsack verschnürt im Kofferraum eines Autos nach Ost-Berlin, wo für ihn im Stasi-Gefängnis Hohenschönhausen eine 467 Tage dauernde Untersuchungshaft begann. Im Juli 1956 verurteilte das Oberste Gericht der DDR Fricke wegen »Boykott-Hetze« zu vier Jahren Zuchthaus, die dieser in den Haftanstalten der Staatssicherheit in Brandenburg und Bautzen verbrachte. Nach der Entlassung kehrte Fricke nach West-Berlin zurück. Unbeirrt nahm er seine journalistische Tätigkeit wieder auf und berichtete weiterhin über das SED-Regime und über Widerstand und Opposition in der DDR, von 1974 an als Redaktionsleiter beim Deutschlandfunk in Köln.

Ideologische Kampagnen

»Tarnorganisation für Kriegshetze, Sabotage und Spionage im USA-Auftrag« – diesem Frontalangriff sah sich die Junge Gemeinde im April 1953 in den Zeitungen der DDR ausgesetzt. Seit Mitte 1952 hatte der Staat den Druck auf die Kirchen verstärkt und viele Gemeindeglieder und Geistliche verhaften lassen. Die Mitarbeit in der Jungen Gemeinde oder in der katholischen Pfarrjugend wurde in vielen Fällen mit Schulausschluss und Nichtzulassung zu den Universitäten bestraft. In der Regel hatten sich die Jugendgruppen zur gemeinsamen Freizeit, zum Wandern, Spielen, Singen und Musizieren getroffen. Von »Kriegshetze, Sabotage und Spionage« konnte wahrlich nicht die

Rede sein. Das eigentliche Ärgernis für die SED war, dass sich die Jugendlichen der ideologischen Vereinnahmung durch den Staat verweigerten und mit ihrer Organisation eine Alternative zur FDJ boten.

Um den Einfluss der Kirchen zurückzudrängen, führte die SED außerdem 1954 die Jugendweihe ein und damit einen Ritus, der in der Tradition der freireligiösen Bewegungen des 19. Jahrhunderts stand. Die Jugendweihe sollte die Konfirmation bzw. Firmung ersetzen und die Jugendlichen beim Übergang zum Erwachsensein der marxistisch-leninistischen Weltanschauung und dem Staat verpflichten. Als die Resonanz

KOMM MIT ZUR JUGENDWEIHE!

Ideologie als Religionsersatz: 1954 führte die SED die Jugendweihe ein

10 GEBOTE für den neuen sozialistischen Menschen

1. DU SOLLST Dich stets für die internationale Solidarität der Arbeiterklasse und aller Werktätigen sowie für die unverbrüchliche Verbundenheit aller sozialistischen Länder einsetzen.

2. DU SOLLST Dein Vaterland lieben und stets bereit sein, Deine ganze Kraft und Fähigkeit für die Verteidigung der Arbeiter-und-Bauern-Macht einzusetzen.

3. DU SOLLST helfen, die Ausbeutung des Menschen durch den Menschen zu beseitigen.

4. DU SOLLST gute Taten für den Sozialismus vollbringen, denn der Sozialismus führt zu einem besseren Leben für alle Werktätigen.

5. DU SOLLST beim Aufbau des Sozialismus im Geiste der gegenseitigen Hilfe und der kameradschaftlichen Zusammenarbeit handeln, das Kollektiv achten und seine Kritik beherzigen.

6. DU SOLLST das Volkseigentum schützen und mehren.

7. DU SOLLST stets nach Verbesserung Deiner Leistungen streben, sparsam sein und die sozialistische Arbeitsdisziplin festigen.

8. DU SOLLST Deine Kinder im Geiste des Friedens und des Sozialismus zu allseitig gebildeten, charakterfesten und körperlich gestählten Menschen erziehen.

9. DU SOLLST sauber und anständig leben und Deine Familie achten.

10. DU SOLLST Solidarität mit den um ihre nationale Befreiung kämpfenden und den ihre nationale Unabhängigkeit verteidigenden Völkern üben.

WALTER ULBRICHT AUF DEM V. PARTEITAG DER SED AM 10. JULI 1958 IN BERLIN

in der Bevölkerung auf die Jugendweihe zunächst gering blieb, ging die SED dazu über, mit repressiven Mitteln zur Teilnahme zu nötigen. Dabei kam es zu zahlreichen Menschenrechtsverletzungen. Wer an den kirchlichen Feiern festhielt, musste mit erheblichen beruflichen Nachteilen rechnen. Angesichts dieser Konsequenzen gaben die Kirchen bald ihre anfängliche Haltung auf, nach der Jugendweihe und Konfirmation oder Firmung nicht miteinander vereinbar waren. Im Laufe der Jahre entfernten sich große Teile der Bevölkerung unter dem Einfluss der gezielt atheistischen und kirchenfeindlichen Propaganda von christlichen Traditionen und akzeptierten die Jugendweihe, die sich zu einem wichtigen Familienfest entwickelte.

Sehlis bei Leipzig war Treffpunkt junger evangelischer Christen. Die »Junge Gemeinde« bot eine Alternative zur staatlich gelenkten FDJ

Aufstand

Ein Jahr nach der 2. Parteikonferenz, auf der Walter Ulbricht den »planmäßigen Aufbau des Sozialismus« verkündet hatte, revoltierten am 17. Juni 1953 Hunderttausende in der DDR gegen das SED-Regime. Schlaglichtartig wurde deutlich, wie groß die Unzufriedenheit in der Bevölkerung über die Folgen des »planmäßigen Aufbaus« war: Die Machthaber in der DDR, dem angeblich »besseren Deutschland«, bevormundeten und drangsalierten die Bevölkerung. Zu den politischen Pressionen kamen die wirtschaftlichen Irrwege der SED. Die Schwer- und Grundstoffindustrien wurden zu Lasten der Konsumgüter- und Lebensmittelproduktion ausgebaut. Die beginnende Kollektivierung der Landwirtschaft und die Enteignung von immer mehr mittleren und kleinen Gewerbebetrieben trieben viele Menschen zur Flucht in die Bundesrepublik und verschärften die angespannte Lage zusätzlich. Der Lebensstandard in der DDR sank auf ein Niveau, das an die Hungerjahre nach dem Zweiten Weltkrieg erinnerte.

Auf die tief greifende wirtschaftliche, politische und gesellschaftliche Krise reagierte die SED im Mai 1953 mit einem Gesetz zur Erhöhung der Arbeitsnormen um 10,3 Prozent. Damit zerstörte sie die Hoffnungen der Bevölkerung auf einen neuen Kurs, die nach Stalins Tod im März 1953 und durch die Politik der neuen Machthaber in der UdSSR entstanden waren.

Die sowjetische Führung bemerkte, wie angespannt die Lage in der DDR war. Die Nachfolger Stalins, der Minister für Staatssicherheit Berija, Außenminister Molotow und der Vorsitzende des Ministerrats Malenkow, riefen Ulbricht und Grotewohl Anfang Juni nach Moskau, um mit ihnen über »Maßnahmen zur Gesundung der DDR« zu beraten. Dabei äußerten sie harsche Kritik an der SED-Führung. Die 1952 beschlossene Forcierung des Aufbaus des Sozialismus sei ein schwer wiegender Fehler gewesen; die wirtschaftlichen und gesellschaftspolitischen Maßnahmen der letzten Monate müssten korrigiert werden. Das Politbüro wurde gezwungen, sich öffentlich zu den Irrtümern und zu einem »Neuen Kurs« zu bekennen. Diesen kündigte das »Neue Deutschland« am 11. Juni an: Die Preise sollten gesenkt, die Versorgung verbessert, die Kollektivierung der Landwirtschaft beendet und enteignete Betriebe zurückgegeben werden. Außerdem versprach die SED, den Kirchen größere Freiräume zu gewähren.

Die Bevölkerung registrierte in erster Linie, dass die SED-Führung von der Erhöhung der Arbeitsnormen nicht abgerückt war. Dieser Schritt erfolgte erst einige Tage später und damit zu spät, um noch beruhigend auf die aufgebrachten Massen zu wirken. Am 15. und 16. Juni kam es auf den Ost-Berliner Großbaustellen zu Protestaktionen. Für den 17. Juni wurde – auch über den RIAS – zu einer Versammlung auf dem Strausberger Platz aufgerufen. Eine Protestwelle ergriff große Teile der DDR und entwickelte sich zum Aufstand gegen das SED-Regime. Mehr als eine halbe Million Menschen demonstrierte. Längst ging es ihnen nicht mehr allein um die Rücknahme der Normerhöhung, sie prangerten das politische System in der DDR an und forderten

Auf der 2. Parteikonferenz der SED im Juli 1952 gab Walter Ulbricht das Signal zum planmäßigen Aufbau des Sozialismus

das Ende der deutschen Teilung. »Freiheit für alle politischen Gefangenen« – dies war vielerorts die Losung der Aufständischen, die in neun Städten Gefängnisse stürmten und über 1300 Häftlinge befreiten.

Die SED-Führung reagierte hilflos. In einigen Fällen nahmen Kreis- und Ortsleitungen die Forderungen der Demonstranten an und veranlassten die Freilassung von Bauern, die inhaftiert worden waren, weil sie die Abgaben nicht mehr hatten leisten können. Als die Proteste zu einem Flächenbrand zu werden drohten, griffen die sowjetischen Stadtkommandanten ein, verhängten den Ausnahmezustand und riefen das Militär zu Hilfe. Panzer rollten, Kanonen wurden zur Abschreckung aufgestellt. Unterstützt durch Einheiten der Volkspolizei schlugen die sowjetischen Truppen den Aufstand nieder. Etwa fünfzig Demonstranten und sechs Polizisten kamen dabei ums Leben. Einige tausend Streikende und Demonstranten kamen zeitweilig in Haft. In den sich bis 1954 hinziehenden Prozessen verhängten die Gerichte wegen Beteiligung am Volksaufstand zwei Todesstrafen, 117 der insgesamt 1526 Angeklagten erhielten Zuchthausstrafen über fünf Jahre. Unter den Verurteilten war Justizminister Max Fechner, der das in der ersten DDR-Verfassung niedergelegte Streikrecht für die Streikenden am 17. Juni reklamiert hatte. Er wurde »als Feind der Partei und des Staates« aus der SED ausgeschlossen und nach zwei Jahren Untersuchungshaft im Mai 1955 in einem Geheimprozess vor dem Obersten Gericht zu acht Jahren Zuchthaus verurteilt.

Die SED bezeichnete den Volksaufstand als einen von westlichen Geheimdiensten inszenierten »faschistischen Putsch«. Um eine ähnliche Gefährdung ihrer Herrschaft für die Zukunft auszuschließen, verstärkte sie unmittelbar nach dem 17. Juni die Volkspolizei. Das Ministerium für Staatssicherheit, dem die Parteiführung im Zusammenhang mit dem 17. Juni eine einseitige Orientierung auf den »äußeren Feind« vorwarf und es vorübergehend formell zum Staatssekretariat degradierte, erhielt neue Aufgaben und wurde ebenfalls personell ausgebaut. Außerdem veranlasste die SED die Bildung von »Betriebskampfgruppen«, von paramilitärischen Verbänden, die unter der unmittelbaren Anleitung durch Parteifunktionäre in staatlichen Betrieben und Einrichtungen als »Arbeiterwehren« eine Schutzfunktion wahrnehmen sollten. Gleichzeitig übte sie vage Selbstkritik und versprach wirtschaftliche Verbesserungen. Durch ei-

6 000 Arbeiter aus Hennigsdorf marschierten am 17. Juni 1953 über den Stadtteil Wedding nach Ost-Berlin zum Zentrum des Aufstandes

ne Erneuerung der Aktivistenbewegung – verkörpert durch die Weberin Frida Hock-auf, die Ende 1953 versprach, ihren Plan überzuerfüllen – versuchte sie mit begrenz-tem Erfolg, die Massen zu begeistern und für sich zu gewinnen.

In West-Berlin versammelten sich am 23. Juni 1953 vor dem Schöneberger Rat-haus 250 000 Menschen, um die Opfer des Aufstandes zu ehren. Ernst Reuter und Konrad Adenauer würdigten den Freiheitswillen der Menschen in der DDR. Noch im gleichen Monat beschloss der Bundestag in Bonn, den 17. Juni künftig als »Tag der deutschen Einheit« und Nationalfeiertag zu begehen. Mehrere Organisationen wie das 1954 von Vertretern des öffentlichen Lebens gegründete »Kuratorium Unteilbares Deutschland« hielten in der Bundesrepublik die Erinnerung an den Aufstand wach.

Links: Freiheit und Einheit forderten am 17. Juni 1953 demonstrierende Bauern in Jessen

Rechts: Auch in Leipzig rollten sow-jetische Panzer zur Zerschlagung des Aufstandes

Krise

»Tauwetter« – der Titel des 1956 erschienenen Romans des sowjetischen Schriftstellers Ilja Ehrenburg gab der Zeit in der UdSSR nach Stalins Tod den Namen. Im Februar 1956 leitete der XX. Parteitag der Kommunistischen Partei der Sowjetunion (KPdSU) die Abrechnung mit Stalin ein. Generalsekretär Chruschtschow äußerte sich erstmals zu den Verbrechen des Diktators und kritisierte den Personenkult um Stalin. Für die SED-Führung kam dieser Schritt völlig überraschend. Noch wenige Tage vor dem Parteitag hatte das Parteiorgan »Neues Deutschland« die »unbesiegbare Lehre« Stalins gefeiert. In den Jahren zuvor hatte die Propaganda in der DDR Stalin in einer geradezu grotesken Weise gehuldigt. Als »größter Genius aller Zeiten« und »bester Freund des deutschen Volkes« war der sowjetische Staats- und Parteichef bezeichnet worden. Bei seinem Tod im März 1953 titelte das »Neue Deutschland«: »Das Herz des größten Menschen unse-rer Epoche … hat aufgehört zu schlagen«.

Im Frühjahr 1956 machte in Ost-Berlin folgender Witz die Runde: »Frage: Was ist im Sozialismus am schwersten vorauszusehen? Antwort: Die Vergangenheit.« Die spottlustigen Berliner kommentierten so die erstaunliche Anpassungsfähigkeit Walter Ulbrichts. »Zu den Klassikern des Marxismus kann man Stalin nicht rechnen«, erklärte der Vorsitzende der SED im März 1956 im »Neuen Deutschland«. Dass er jahrelang dem sowjetischen Diktator unbedingte Gefolgschaft geleistet hatte, davon war nun keine Rede mehr.

Nur scheinbar war die Abrechnung Chruschtschows mit Stalin Zeichen einer neuen Zeit. Mit aller Härte schlug im Juni 1956 in Polen das kommunistische Regime zurück, als sich in der Industriestadt Poznan Arbeiter gegen das System erhoben. Ungleich

Nach dem Bruch mit Stalin blieb Lenin das große ideologische Vorbild der SED

größere Aufmerksamkeit erweckte in der freien Welt das verzweifelte Bemühen der Ungarn, sich aus der sowjetischen Vorherrschaft zu befreien. Am 23. Oktober 1956 stürzten Demonstranten in Budapest unter dem Jubel Hunderttausender eine Stalin-Statue. Nach Tagen revolutionärer Unruhe und anfänglichen Erfolgen der Aufständischen unterdrückten auch in Ungarn sowjetische Truppen den Freiheitskampf.

In der DDR triumphierte Walter Ulbricht über seine Gegner und innerparteilichen Kritiker. Er hielt am stalinistischen Führungsprinzip fest und war zu keiner Lockerung

Die Verehrung Stalins erreichte nach Gründung der DDR ihren Höhepunkt

der absoluten SED-Herrschaft bereit. Zwar forderte die SED nach der parteiamtlichen Verurteilung der Justizverbrechen Stalins durch die KPdSU in einer Entschließung, »das neue sozialistische Recht weiter zu festigen, die strikte Wahrung der sozialistischen Gesetzlichkeit zu gewährleisten«, und entließ im Frühjahr und Sommer 1956 fast 12 000 Strafgefangene aus Zuchthäusern und Arbeitslagern. Gleichzeitig aber beharrte sie auf ihrem Herrschaftsmonopol und folgerichtig auch auf einer politischen Justiz. Ende 1956 wertete Ulbricht die Ereignisse in Ungarn und Polen als Zeichen einer »Auf-

Mit seinem Gemälde »Tote Taube« gab Harald Metzkes 1956 den gescheiterten Hoffnungen auf eine politische Öffnung Ausdruck

Der Leipziger Studentenpfarrer Siegfried Schmutzler gehörte zu den mehr als 4000 Regimegegnern, die 1957 als »Staatsverbrecher« in Haft kamen

weichungstaktik des Imperialismus« und kündigte eine grundsätzliche Richtungsänderung in der Arbeit der Staatssicherheit an. Dazu gehörte eine neuerliche Verschärfung der politischen Repression. Als deutliches Signal an alle Befürworter eines »dritten Weges«, der antistalinistisch, aber nicht antikommunistisch sein sollte, ließ er den SED-Parteiphilosophen Wolfgang Harich und den Leiter des Aufbau-Verlags Walter Janka im Frühjahr 1957 verhaften und zu hohen Zuchthausstrafen verurteilen. Beide hatten in kleinen Zirkeln über die Ablösung des Parteichefs und über demokratische Reformen innerhalb von Partei, Staat und Gesellschaft nachgedacht, ohne die Herrschaft der SED grundsätzlich in Frage zu stellen. Ulbricht konnte seine dogmatische Linie auch gegen Widersacher in der Parteispitze behaupten: Karl Schirdewan, Mitglied des Zentralkomitees und des Politbüros, Ernst Wollweber, der Chef des Staatssicherheitsdienstes, und der ZK-Sekretär Gerhart Ziller, die weit reichende Reformen und die Ablösung Ulbrichts gefordert hatten, verloren ihre Funktionen und wurden öffentlich gemaßregelt. Ziller beging daraufhin Selbstmord.

Insgesamt kamen 1957 mehr als 4000 Menschen in der DDR als »Staatsverbrecher« in Haft. Einer von ihnen war der Leipziger Schriftsteller Erich Loest, der wegen »illegaler Gruppenbildung« für sieben Jahre eingesperrt wurde. Starke Beachtung fand in der Bundesrepublik das Schicksal des Studentenpfarrers Siegfried Schmutzler aus Leipzig, dem die Anklage »Hetze gegen die DDR« vorwarf und seine Verbindungen zu Evangelischen Akademien in der Bundesrepublik als »kriegsvorbereitende Agententätigkeit« auslegte. Auf Weisung des zentralen Parteiapparats verurteilte das Bezirksgericht Leipzig Schmutzler zu fünf Jahren Zuchthaus.

Kultur- und Wirtschaftspolitik

Nach dem Willen der SED sollte in der DDR im Sinne des sowjetischen »sozialistischen Realismus« die »Kluft zwischen Kunst und Leben« überwunden werden. Die Parteiführung inszenierte eine Kampagne, die als »Bitterfelder Weg« einige Jahre wirksam war. Einerseits sollten Künstler und Schriftsteller das »Heldentum der Arbeit« feiern und bei der Wahl ihrer Motive und Themen die Arbeitswelt im Blick haben. Andererseits wollte man talentierte Laien aus der Arbeiterschaft für Literatur und Kunst gewinnen. »Greif zur Feder, Kumpel!« hieß die Losung einer Autorenkonferenz in Bitterfeld im April 1959.

»Modernisierung, Mechanisierung, Automatisierung« – unter dieser Parole beschloss die SED im März 1956 den zweiten Fünfjahrplan, der die industrielle Produktion bis 1960 um mindestens 55 Prozent steigern sollte. Obgleich sie dieses Ziel nicht erreichen konnte, standen die Jahre 1957 bis 1959 im Zeichen einer wirtschaftlichen Konsolidierung. Der Lebensstandard der Bevölkerung verbesserte sich allmählich; von Mai 1958 an gab es in der DDR keine Lebensmittelkarten mehr. Die vergleichsweise günstige ökonomische Entwicklung führte zu einer gewissen politischen Beruhigung. Die Flüchtlingszahlen sanken; viele Menschen arrangierten sich mit dem SED-Regime. Sie nutzten berufliche Aufstiegsmöglichkeiten in den verschiedensten Bereichen ebenso wie persönliche Freiräume und betrachteten Erholungsheime für die Arbeiterschaft, Kulturhäuser oder Polikliniken als soziale Errungenschaften. Mit wirtschaftlichen Programmen und Großprojekten versuchte die SED, die Bevölkerung für ihr System zu gewinnen. Mit der Losung »Chemie gibt Brot, Wohlstand und Schönheit« förderte sie von November 1958 an die im mitteldeutschen Industriegebiet traditionell stark vertretene chemische Industrie.

84

Einen besonders hohen Stellenwert hatte für die Machthaber der Aufbau einer autarken Schwerindustrie. Im August 1950 begann mit Rodungsarbeiten unweit der brandenburgischen Stadt Fürstenberg die Errichtung des Eisenhüttenkombinats Ost (EKO), eines der wichtigsten Investitionsvorhaben des ersten Fünfjahrplans. Fritz Selbmann, Minister für Industrie, legte am 1. Januar 1950 den Grundstein für den ersten Hochofen; mit Fertigstellung des Hochofens VI war im August 1954 der Grundaufbau des EKO abgeschlossen. Die dazugehörende Wohnstadt, die nach dem Willen ihrer Planer die »erste sozialistische Stadt Deutschlands« werden sollte, erhielt im Mai 1953 den Namen Stalinstadt, erst acht Jahre später erfolgte die Umbenennung in »Eisenhüttenstadt«.

Die SED-Führung behinderte den sich in der zweiten Hälfte der fünfziger Jahre abzeichnenden Aufschwung durch unrealistische Forderungen an die Wirtschaft. So brach sie 1959 den zweiten Fünfjahrplan ab und ersetzte ihn durch einen Siebenjahrplan. Dessen so genannte Hauptaufgabe war, »durch Erhöhung der Arbeitsproduktivität und Steigerung der Produktion Westdeutschland im Pro-Kopf-Verbrauch bei den meisten industriellen Konsumgütern und Lebensmitteln bis Ende 1961 einzuholen und zu überholen«. Die Erfüllung dieser Aufgabe sei »ein Teil der großen geschichtlichen Aufgabe, in Deutschland die Überlegenheit der sozialistischen Gesellschaftsordnung über die kapitalistische Gesellschaftsordnung zu beweisen«. Während Partei und Staatsführung die vermeintlichen Erfolge der Planwirtschaft als »das wahre deutsche Wirtschaftswunder« feierten, offenbarte die Abwanderung hoch qualifizierter Facharbeiter, Techniker und Ingenieure in den Westen die ökonomische Krisensituation.

links: Propagandaflugblatt für den Aufbau der Schwerindustrie

rechts: Das Eisenhüttenkombinat Ost war das wichtigste Investitionsobjekt des ersten Fünfjahrplans für den Aufbau der Schwerindustrie

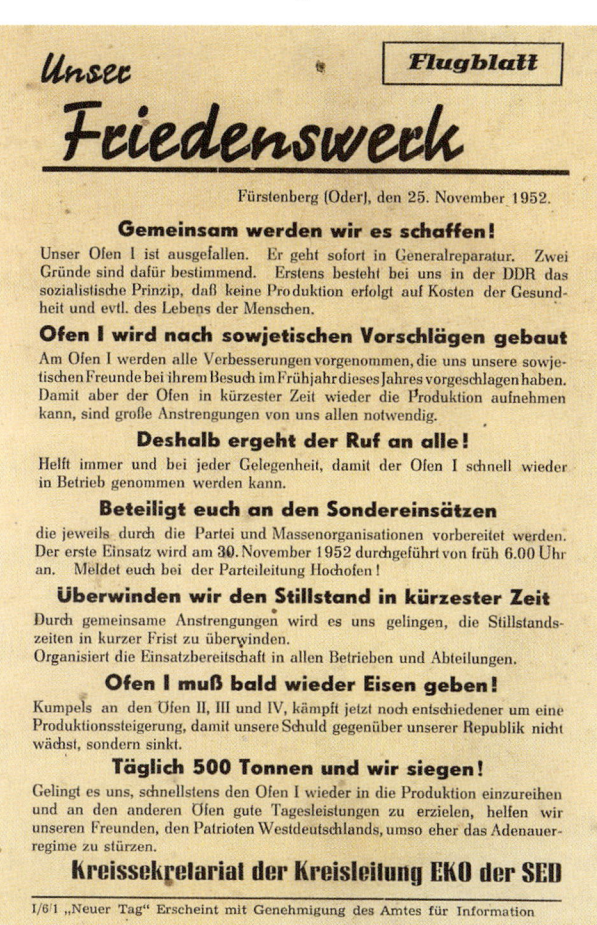

Mit Flugblättern versuchten Gegner der Zwangskollektivierung, die Bauern gegen die Maßnahmen zu mobilisieren

Folgenreicher noch war die Anfang 1960 gestartete größte und letzte Kollektivierungskampagne – eine Konsequenz aus der Tatsache, dass bis Ende 1959 erst 45 Prozent der landwirtschaftlichen Nutzfläche in den LPGs zusammengefasst waren. Die SED versprach sich eine Steigerung der landwirtschaftlichen Produktion durch erhöhte Mechanisierung und Rationalisierung in den LPGs. Walter Ulbricht erklärte: »Die Bauern vollenden jetzt im Bund mit der Arbeiterklasse ihre Befreiung.« Im »sozialistischen Frühling auf dem Dorfe« versuchten Agitationstrupps, die Bauern mit Verheißungen und Drohungen zur Aufgabe der Selbstständigkeit zu bewegen. Unwilligen drohten die vermeintlichen Werber in zum Teil tagelangen Verhören mit Haftstrafen und wirtschaftlichen Sanktionen. Ihre Methoden hatten Erfolg: Über 500 000 Bauern und Landarbeiter traten in den ersten drei Monaten des Jahres den bestehenden oder neu gegründeten LPGs bei. Die Vernichtung der Privatwirtschaft wirkte sich jedoch stark auf die Arbeitsmoral aus, die Erträge waren rückläufig. Landwirte steckten aus Protest gegen die Zwangsmaßnahmen ihre Höfe in Brand und Tausende flohen in den Westen. Die Kirchen in der DDR, die Bundesregierung in Bonn und verschiedene Hilfsorganisationen protestierten gegen die Zwangskollektivierung. Als »Großaktion der Barbarei« brandmarkten bundesdeutsche Zeitungen das Vorgehen der SED und berichteten ausführlich über Schicksale geflüchteter Bauern.

*Linke Seite:
Mit Verheißungen
und Drohungen
drängten SED-Funk-
tionäre die Bauern
zur Aufgabe ihrer
Selbstständigkeit*

*In Stein gemeißelt –
Mit Parolen wurden
die Kampagnen für
die Zwangskollekti-
vierung ideologisch
unterfüttert*

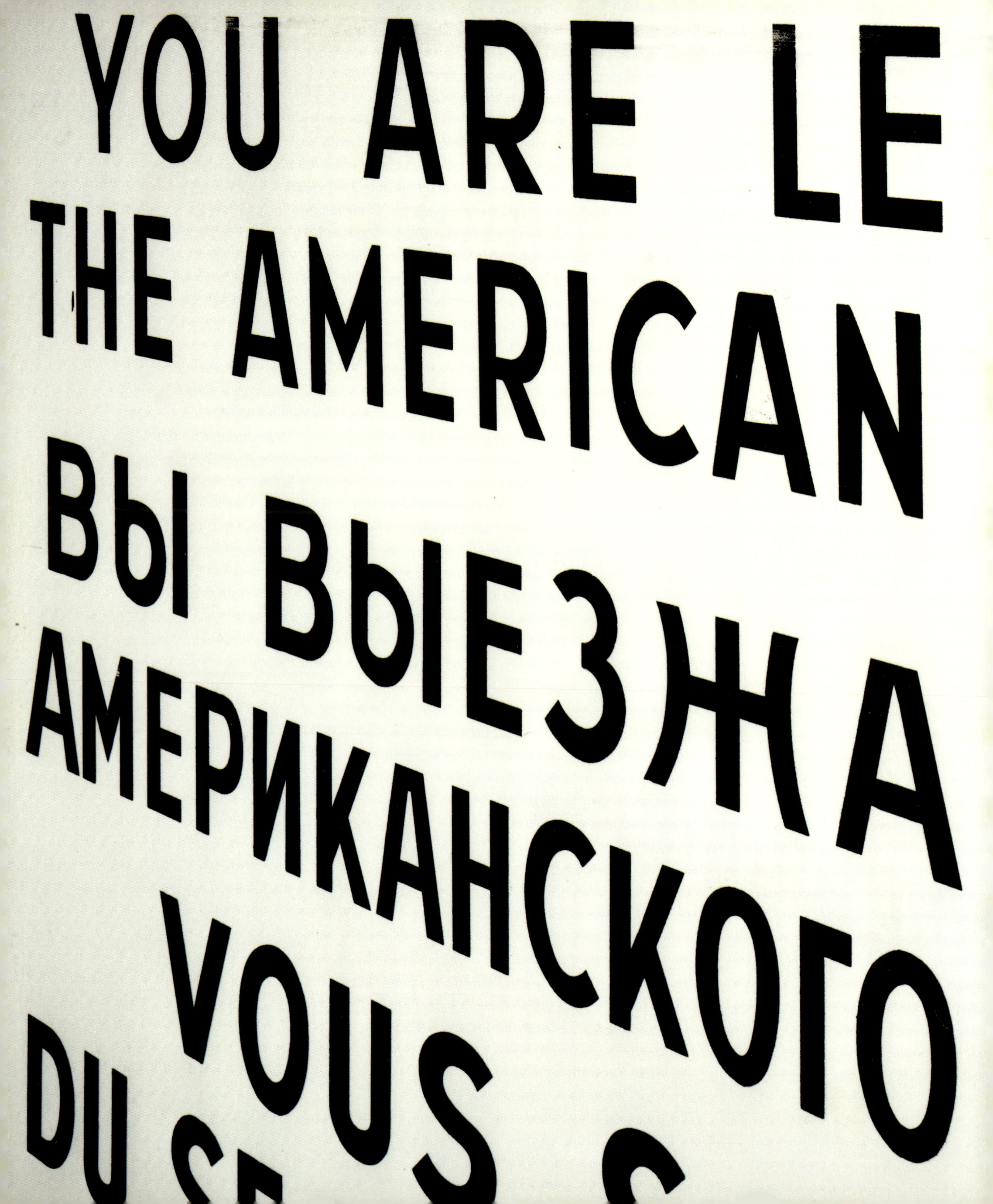

YOU ARE LE
THE AMERICAN
ВЫ ВЫЕЗЖА
АМЕРИКАНСКОГО
VOUS
DU SE

AVING

SECTOR

TE ИЗ

Fluchtbewegung und Mauerbau

1952 ließ das SED-Regime die Grenzsperren nach Westen verstärken. Dennoch gelang bis zum Mauerbau im Jahr 1961 fast drei Millionen Menschen die Flucht in die Bundesrepublik. Da die Abwanderung der Wirtschaft und dem Ansehen der DDR schadete, versuchte die SED, sie durch Propaganda und Strafverfolgung einzudämmen. Doch erst die Abriegelung Berlins beendete gewaltsam den Flüchtlingsstrom.

Grenzausbau

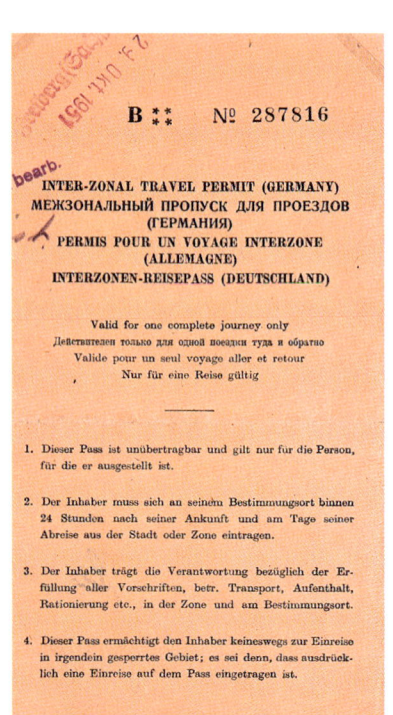

Der Interzonenpass war eine der wenigen Möglichkeiten, die Grenze zu passieren

Seit 1946 war ein legaler Übertritt über die knapp 1 400 Kilometer lange Demarkationslinie zwischen der SBZ und den Westzonen Deutschlands nur noch mit Interzonenpass oder Sondergenehmigung möglich. Da die Grenze aber zunächst unbefestigt war, konnte sie jenseits der Kontrollstellen leicht überquert werden. Im Mai 1952 begann nach sowjetischen Anweisungen der Ausbau zu einer beinahe unüberwindbaren Sperre: Auf eine fünf Kilometer tiefe Sperrzone, die nur mit besonderer Erlaubnis betreten werden durfte, folgte ein 500 Meter breiter »Schutzstreifen«. Dahinter befand sich der Kontrollstreifen von zehn Metern Breite, den ein mannshoher Grenzzaun mit Stacheldraht abschloss. Die Überwachung der Sperranlagen war Aufgabe der Deutschen Grenzpolizei (DGP), die verpflichtet war, gegen »Grenzverletzer« auch die Schusswaffe einzusetzen. Schon vor dem Mauerbau forderte das Grenzregime der DDR mindestens 19 Todesopfer.

Tief gestaffelte Sperranlagen durchschnitten an der innerdeutschen Grenze seit 1952 Landschaften und Verkehrswege

90

Im Zuge der Grenzverstärkung ließ die SED 1952 so genannte »feindliche, verdächtige und kriminelle Elemente« zwangsweise aus der Fünf-Kilometer-Sperrzone aussiedeln. Von der »Aktion Ungeziefer«, wie der makabre Deckname lautete, waren 11 000 Menschen betroffen, bei denen Polizei und Staatssicherheit mangelnde Regimetreue vermuteten. Sie mussten binnen weniger Stunden ihren beweglichen Besitz verladen und ihre Häuser aufgeben. 3 000 von ihnen flohen in den Westen. Den Übrigen wurden Unterkünfte in anderen Regionen der DDR zugewiesen.

Flucht in den Westen

Zwischen 1949 und 1961 verließen rund 2,7 Millionen Menschen die DDR. Die Gründe dafür waren vielfältig: Bauern veranlasste zumeist die Zwangskollektivierung innerhalb der LPG, dem »Arbeiter-und-Bauern-Staat« den Rücken zu kehren. Facharbeiter, Ingenieure und Akademiker sahen sich durch mangelnde Entfaltungsmöglichkeiten und ideologische Gängelung aus dem Land getrieben. Viele Jugendliche entschlossen sich zur Flucht, um dem Druck zum Eintritt in die Jugendorganisation der SED, in die Kasernierte Volkspolizei bzw. die NVA zu entgehen oder um im Westen das Abitur abzulegen und zu studieren.

Mobiliar aus dem Notaufnahmelager Marienfelde in West-Berlin

Die meisten Flüchtlinge verließen die DDR über die Sektorengrenze in Berlin. Im Westteil der Stadt meldeten sie sich im Notaufnahmelager Marienfelde, seit 1953 der zentrale Ort für das Aufnahmeverfahren in die Bundesrepublik. In den engen Räumen warteten viele mit Hoffen und Bangen auf den Ausgang des Verfahrens. Zwar wurde niemand in die DDR zurückgeschickt, doch nur wer politische Beweggründe nach-

Revue, 19.1.57

„VOLKSBILDUNGSMINISTER" FRITZ LANGE kam eigens aus Pankow angereist, um die Schüler erst schmeichelnd, dann drohend zu „bekehren". Schließlich schrie er: „Wenn ich einmal aufgehängt werde, werdet ihr mithelfen, den Strick zu ziehen!"

ABITURIENTIN WALBURGA GLOGER hielt es nicht länger in Storkow, nachdem ihre Klassengenossen geflüchtet waren. Sie kam als letzte nach Westberlin. Kameradenjubel tröstete sie über den Abschiedsschmerz hinweg. Nach dem Abitur will sie Ärztin werden.

Die Abiturienten von Storkow wählten die Freiheit

Keiner verriet den anderen

SIEGFRIED DINSE (17), schon heute ein Radiobastler, will Hochfrequenztechniker werden.

„Faschisten", „Reaktionärer Haufen", „Bürgerliches Pack" — diese Schimpfworte bekamen die Abiturienten der Kurt-Steffelbauer-Oberschule in Storkow in der Mark Tag für Tag von ihren linientreuen Lehrern und SED-Funktionären zu hören. Was war ihr Verbrechen? Sie hatten sich im Unterricht zweimal zu Ehren der ungarischen Freiheitskämpfer schweigend erhoben. Eine Flut von Untersuchungen, Beschimpfungen, Drohungen, Einzel- und Gruppenverhören durch den SSD brach über die jungen Menschen herein. Der „Fall" schlug Wellen bis nach Pankow. Sogar der SED-Volksbildungsminister suchte die Einheit der Klasse zu sprengen — vergebens. Keiner verriet den anderen. Schließlich flogen die Abiturienten alle von der Schule. In Westberlin trafen sie sich wieder — als Flüchtlinge. Jetzt bereiten sie sich in Bensheim an der idyllischen Bergstraße gemeinsam auf Abitur und Studium in der Bundesrepublik vor.

Bericht für REVUE von B. A. Heller und Lisa Dettmann

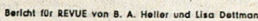

Fröhlich, wie seit Wochen nicht, verlassen die

HANS JÜRGEN DREWS (17) ist der Jüngste der Klasse. Er will auf jeden Fall Jura studieren.

DIETER GASTKA (17) traf als erster in Berlin ein. Hat noch kein Berufsziel. Jedenfalls studieren!

CARSTEN KÜHLER (18), eifriger Fußballspieler, will Geographie studieren und Forscher werden.

GERD KRAUSE (18) turnt, musiziert, zeichnet, bastelt. Der Fahrzeugbau hat es ihm sehr angetan.

ARTHUR MECK (18), einer der Fußballstars der Klasse, beabsichtigt, Zahnarzt zu werden.

GERD-DIETER NEHLS (18), Liebhaberfotograf, wird sicherlich einen technischen Beruf ergreifen.

DIETER PORTNER (17), außerordentlich vielseitig interessiert. Sein Berufsziel: politischer Journalist.

1957 wagten 15 Schüler aus Storkow die Flucht nach West-Berlin: Ihnen war das Abitur verweigert worden, weil sie im Oktober 1956 Gedenkminuten für die Opfer des Aufstandes in Ungarn abgehalten hatten

36

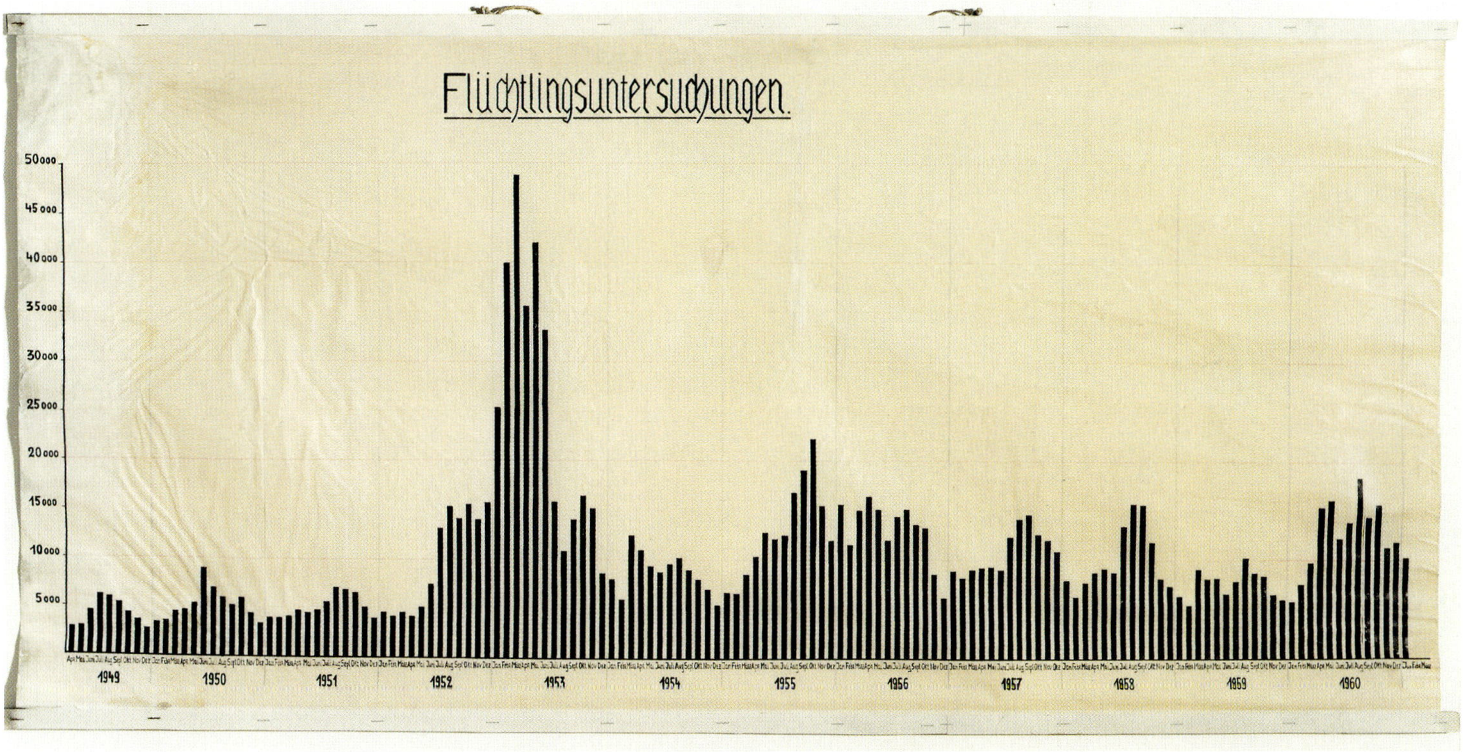

weisen konnte, erhielt eine Aufenthaltsgenehmigung und finanzielle Hilfe. Die Übrigen blieben weitgehend ohne staatliche Unterstützung. Das Aufnahmeverfahren umfasste 13 Stationen: Jeder Neuankömmling wurde registriert, medizinisch untersucht, von Dienststellen der Westmächte und der Bundesrepublik auf eventuelle Spionageabsichten überprüft und über die Fluchtgründe befragt. Die letzte Entscheidung lag beim Aufnahmeausschuss. Fiel sein Bescheid positiv aus, wurde der Flüchtling in die Bundesrepublik ausgeflogen und gemäß einem zwischen den Ländern vereinbarten Verteilungsschlüssel an seinem vorgesehenen Wohnort angesiedelt. In der neuen Heimat bauten sich die meisten DDR-Flüchtlinge rasch eine neue Existenz auf. Mit ihren Fähigkeiten und Fachkenntnissen trugen sie wesentlich zum wirtschaftlichen Erfolg der Bundesrepublik bei.

Für die DDR war die Fluchtbewegung eine schwere Belastung. In der Wirtschaft fehlten die zumeist gut ausgebildeten Fachleute und Nachwuchskräfte. Auch das Gesundheitswesen litt unter Personalmangel. Vor allem aber beschädigte die »Republikflucht« das Ansehen der DDR. Die SED nutzte daher alle Mittel, um die Abwanderung einzudämmen. Die Propaganda versuchte mit drastischen Bildern, Ängste zu schüren. Die Justiz inszenierte zur Abschreckung öffentliche Schauprozesse gegen »Abwerber«. Die Verschärfung des Passgesetzes der DDR stellte 1957 Flucht und Fluchthilfe unter strenge Strafe. Parteifunktionäre bemühten sich in den Betrieben, die Arbeitskollegen von den Risiken einer Flucht in den Westen zu überzeugen. Sie maßregelten auch Einzelne, wenn ihnen zugetragen worden war, dass diese im privaten Gespräch den Wohlstand in der Bundesrepublik gelobt hatten. Die SED versuchte sogar, bereits Geflohene zur Rückkehr in die DDR zu bewegen. Doch alle diese Maßnahmen hatten wenig Erfolg: Der Flüchtlingsstrom ließ nicht nach und die Zahl der Rückkehrer blieb gering.

Flüchtlingsstatistik des ärztlichen Untersuchungsdienstes im Notaufnahmelager Berlin-Marienfelde

Propagandaplakat gegen die »Republikflucht«

93

Berlin-Krise

Nachdem die innerdeutsche Grenze beinahe unüberwindlich geworden war, blieb Berlin die letzte Möglichkeit zur Flucht aus der DDR. In der Vier-Mächte-Stadt konnte die Sektorengrenze überschritten werden. S- und U-Bahnen verkehrten zwischen dem Ost- und dem Westteil der Stadt. Täglich pendelten Zehntausende ungehindert von Ost nach West, weil sie als »Grenzgänger« in West-Berlin arbeiteten, Verwandte und Freunde besuchten oder das vielfältige Kulturangebot nutzten.

Als »Schaufenster des Westens« war West-Berlin der »Stachel im Fleisch« der DDR. Am 27. November 1958 stellte der sowjetische Parteichef Nikita Chruschtschow ein Ultimatum: West-Berlin müsse eine entmilitarisierte »freie Stadt« werden oder die UdSSR werde die Vier-Mächte-Vereinbarungen kündigen und innerhalb von sechs Monaten einen Friedensvertrag mit der DDR schließen. Die Westmächte befürchteten, dass eine »freie Stadt« nicht lange frei bleiben, sondern in den sowjetischen Machtbereich eingegliedert werden würde. Sie werteten das Ultimatum als Versuch, sie aus der Stadt zu verdrängen und die völkerrechtliche Anerkennung der DDR zu erzwingen. Zur Verteidigung ihrer Rechte in Berlin begannen sie für den militärischen Ernstfall zu planen, hofften aber auf eine Lösung in Verhandlungen. Doch die Genfer Außenministerkonferenz der vier Siegermächte im Jahre 1959, an der erstmals auch die Bundesrepublik und die DDR als »Berater« teilnahmen, blieb ebenso erfolglos wie ein Jahr später die Konferenz der Regierungschefs in Paris und die sowjetisch-amerikanischen Gipfeltreffen 1959 in Washington und 1961 in Wien. Die Krise spitzte sich zu.

Eine hölzerne Sitzbank der S-Bahn, ein Schild vom Bahnhof Friedrichstraße, Zeitungen und Flugblätter aus der Zeit der Berlin-Krise erinnern an die Situation in der geteilten Stadt

Als Chruschtschow im Juni 1961 das Berlin-Ultimatum von 1958 erneuerte, beantwortete der neue amerikanische Präsident John F. Kennedy die Drohung mit verstärkten Rüstungsmaßnahmen der USA und einem Garantieversprechen für West-Berlin: Die Anwesenheit westlicher Truppen, der freie Zugang sowie die Freiheit und Lebensfähigkeit der Stadt dürften nicht in Frage gestellt werden. Aufmerksame Beobachter bemerkten schon jetzt, dass der ungehinderte Verkehr zwischen West- und Ost-Berlin nicht zu den Forderungen Kennedys gehörte. Am 15. Juni 1961 beteuerte Walter Ulbricht auf einer Pressekonferenz in Ost-Berlin: »Niemand hat die Absicht, eine Mauer zu errichten!« Erstmals war die Möglichkeit eines Mauerbaus öffentlich ausgesprochen. Der Flüchtlingsstrom aus der DDR nahm dramatisch zu: 1961 flohen bis Ende Juli fast 134 000 Menschen, im August bis zum Bau der Mauer nochmals rund 47 000. Täglich meldeten sich bis zu 2 000 Flüchtlinge in West-Berlin. Die Aufnahmestellen waren völlig überlastet.

Mauerbau

Im Morgengrauen des 13. August 1961, einem Sonntag, begann die Abriegelung Ost-Berlins. An der Sektorengrenze bezogen Soldaten und Betriebskampfgruppen Stellung, rissen die Straßen auf und zogen Stacheldraht. Einheiten der Transportpolizei (Trapo) durchschnitten das Gleisnetz der S- und U-Bahn. Vom 15. August 1961 an ließ die SED die Absperrungen durch den Bau einer Mauer aus Beton und Steinen verstärken.

Mauerbau 1961: Mit Stacheldrahtzäunen, Panzersperren und gemauerten Steinen riegelten die Grenztruppen Ost-Berlin ab

Jetzt gelang nur noch wenigen die Flucht, an der Grenze schossen Soldaten auf Flie-hende. In einigen direkt an der Mauer gelegenen Straßenzügen – so in der Bernauer Straße – gelangten die Anwohner in letzter Minute durch z.T. lebensgefährliche Sprün-ge aus dem Fenster in den Westen. Auch Angehörige der Grenztruppen nutzten die letzte Chance und desertierten: Besonders spektakulär war die Flucht eines Unteroffi-ziers der NVA, der am 15. August 1961 vor laufenden Kameras über den Stacheldraht in die Freiheit sprang.

Am 20. September 1961 ordnete Erich Honecker, der die Sperrmaßnahmen leitete, in einer Lagebesprechung an, alle Fluchtwege systematisch zu schließen. Daraufhin wurden die auf der Grenzlinie stehenden Häuser zugemauert, Kanalisationsschächte durch verriegelbare Kanaldeckel unzugänglich gemacht und Straßen mit Panzersper-ren gegen Grenzdurchbrüche von Fahrzeugen gesichert. In schwer überschaubarem

Dramatischer Augenblick: Der Grenz-soldat der DDR Conrad Schumann überspringt die Grenzsperren

Bergung des erschossenen
Peter Fechter am 17. August 1962

Gelände schufen Pioniereinheiten freies Schussfeld. An der Grenze entstand eine Todes-
linie, an der innerhalb eines Jahres 29 Flüchtende starben. Besondere Empörung löste
weltweit der Tod von Peter Fechter am 17. August 1962 aus. Grenzsoldaten der DDR
schossen den 18-jährigen Bauarbeiter beim Fluchtversuch an und ließen ihn verblu-
ten. Erst nach mehreren Stunden bargen sie ihn.

Die Machthaber in der DDR ließen auch die innerdeutsche Grenze weiter ausbauen.
Betonpfähle ersetzten die zumeist hölzernen Pfosten des Grenzzauns, Minen und
Lichtanlagen perfektionierten das Sperrsystem. Wieder mussten Tausende von Bewoh-
nern ihre Heimatorte in der Grenzregion verlassen. Die Umsiedlungswelle unter dem
Decknamen »Aktion Festigung« betraf etwa 3000 Menschen.

97

Reaktionen

Die SED feierte die Mauer als »antifaschistischen Schutzwall« gegen eine angebliche Bedrohung aus dem Westen. Ihre Propaganda stellte den Gewaltakt des 13. August 1961 als notwendige Aktion zur Sicherung des Friedens dar, die mit voller Zustimmung des Volkes durchgeführt worden sei. Zum Beweis organisierte die SED positive Stellungnahmen aus allen Teilen der Bevölkerung: Zustimmende Leserbriefe von Arbei-

tern und Intellektuellen füllten die Zeitungen. Betriebsbelegschaften, Handwerks-
genossenschaften und Schulklassen mussten Dankesbriefe schreiben. NVA-Einheiten
verpflichteten sich angesichts der vermeintlichen Kriegsgefahr zu »freiwilliger«
Dienstverlängerung.

Doch in Wahrheit überwog in Ost-Berlin und der DDR stille Wut. Die tatsächliche
Stimmung spiegelten die Rufe von Passanten am Brandenburger Tor wider, die am Tag
des Mauerbaus von Spitzeln der SED notiert und in den Akten überliefert wurden:
»Wir sind doch diejenigen, die spalten«, »Mit Panzern kann man doch nicht für den Frieden sein«, »Die Maßnahmen sind die schmutzigste Sache, die es gibt«, lauteten einige
der Vorwürfe. Wer solche Meinungen öffentlich äußerte, riskierte Verfolgung durch Polizei und Staatssicherheit. Die DDR-Justiz verhängte zur Abschreckung harte Strafen.

Für die Weltöffentlichkeit und die Bevölkerung im Westen Berlins und Deutschlands war der Mauerbau ein Schock. Die Berliner erwarteten eine entschlossene Reaktion
der Westmächte. Doch diese reagierten zurückhaltend; erst nach vier Tagen ließen sie
am 17. August 1961 in Moskau Protestnoten überreichen. Mit Schlagzeilen wie »Der
Westen tut nichts!« gaben westdeutsche Zeitungen der Enttäuschung Ausdruck.

Die Stimmung beruhigte sich erst, als US-Präsident Kennedy demonstrativ 1500
Soldaten in einem Militärkonvoi über die Autobahn nach Berlin entsandte, um zu tes-
ten, ob ihnen der freie Zugang in die Stadt verwehrt würde. Begeistert empfing sie die
Bevölkerung am 20. August 1961 in West-Berlin. Erleichtert jubelten die Berliner auch
dem amerikanischen Vizepräsidenten Lyndon B. Johnson und dem legendären Organi-
sator der Luftbrücke von 1948, Lucius D. Clay, zu, die einen Tag zuvor in Berlin eintra-
fen. Johnson bekräftigte das Schutzversprechen der USA für West-Berlin. Maßnahmen
gegen den Mauerbau blieben jedoch aus. Die Berliner mussten tatenlos zusehen, wie
ihre Stadt vollständig geteilt wurde. Plakate gegen die Schüsse an der Mauer und
öffentliche Steckbriefe der Todesschützen waren ohnmächtige Versuche, den Gewalt-
maßnahmen des SED-Regimes entgegenzutreten.

Am 27. Oktober 1961 spitzte sich die Lage nochmals dramatisch zu. Als die DDR am
alliierten Grenzübergang Checkpoint Charlie einem amerikanischen Offizier den Zugang nach Ost-Berlin verweigerte, erzwangen die USA ihr Recht mit einer durch Panzer gesicherten Eskorte. Daraufhin ließen die Sowjets Panzer im Ost-Sektor auffahren.
Für einige Stunden standen sich sowjetische und amerikanische Panzer schussbereit
gegenüber, nur wenige hundert Meter voneinander entfernt. Nach Verhandlungen zogen beide Seiten ihre Panzer wieder ab. Weder die USA noch die Sowjetunion wollten
einen Weltkrieg riskieren.

Die Konfrontation blieb vornehmlich auf das Gebiet der Propaganda beschränkt
und wurde im »Lautsprecher-Krieg« besonders anschaulich. Seit August 1961 gingen
auf beiden Seiten der Berliner Mauer Lautsprecherwagen in Stellung, die sich gegen-
seitig zu übertönen versuchten: Im Westen wandte sich das »Studio am Stacheldraht«
mit Nachrichten an die Grenzsoldaten der DDR und rief sie auf, den Schießbefehl nicht
zu befolgen. Der Osten antwortete mit lautstarker Gegenpropaganda.

Der Mauerbau war eine entscheidende Zäsur in der Geschichte Deutschlands. Den
Deutschen in West und Ost wurde bewusst: Der Westen stand zu West-Berlin, aber was
im Osten passierte, konnte er kaum beeinflussen. Der Status quo hatte sich verfestigt.
Seine Überwindung konnte, wenn überhaupt, nur noch auf lange Sicht gelingen.

*Der Zwangsvertriebene Friedrich
Schulze setzte der verlorenen Heimat
an der Elbe einen Grabstein. Als Todes-
datum meißelte er den Tag seiner Um-
siedlung ein*

Deutsch-deutsche Beziehungen im internationalen Kontext

Mit dem Bau der Mauer gelang es der SED-Führung, die Teilung Deutschlands zu zementieren. Zwar konnte sie damit den Menschen aus der DDR den Weg in die Bundesrepublik versperren, die Verbindungen zwischen Ost und West rissen dennoch nicht ab. Die privaten Beziehungen zwischen Verwandten und Freunden bestanden fort; die Kirchen arbeiteten weiter zusammen. Die Bundesregierung bemühte sich, durch Verhandlungen mit den Machthabern in Ost-Berlin die Mauer durchlässiger zu machen. Die SED-Führung nutzte diesen Prozess ihrerseits, um international Anerkennung für die DDR zu erringen.

»Fenster zur Welt«

Die Mauer hinderte die Menschen in der DDR, sich selbst ein Bild vom Westen zu machen. Einzig das Fernsehen blieb ihr »Fenster zur Welt«. Sein massenhafter Einzug in die Privathaushalte sorgte in den sechziger Jahren für mehr Durchlässigkeit und Information. Nur im Raum Dresden, dem »Tal der Ahnungslosen« und im Osten des Bezirks Rostock mit der Insel Usedom und einem Teil der Insel Rügen konnte das Westfernsehen nicht empfangen werden. Unterhaltungsprogramme des bundesdeutschen Fernsehens wie der »Blaue Bock«, »Dalli, dalli«, »Einer wird gewinnen« oder der »Beat-Club«, aber auch Nachrichtensendungen und Reportagen von ARD und ZDF waren in der DDR sehr beliebt.

Auch in der DDR beliebt: die Mainzelmännchen des ZDF

Anfangs ging die SED massiv gegen den Empfang der »NATO-Sender« vor. Funktionäre, Lehrer, Polizisten und andere Angestellte des Staates mussten sich verpflichten, kein Westfernsehen anzusehen. In der ersten Hälfte der sechziger Jahre schickte die Partei sogar Mitglieder der FDJ auf die Dächer, damit sie die Fernsehantennen gen Osten drehten – eine Kampagne, die jedoch bald im Sande verlief, weil sich viele Menschen dagegen verwahrten. Schon Anfang September 1961 musste die ZK-Abteilung für Agitation einsehen, dass der Kampf um das Westfernsehen die Bevölkerung weit stärker beschäftigte als alle anderen Maßnahmen nach dem 13. August. Und am Ende des gleichen Monats erfuhr die Parteiführung durch einen internen Bericht, dass selbst »ein nicht unbedeutender Teil der Parteimitglieder« den Kampf der SED »gegen Westfernsehen und RIAS-Hören ... als Eingriff in ihre ›persönliche Freiheit‹« betrachtete.

Aber auch sonst waren Menschen in der DDR sehr erfindungsreich, wenn es darum ging, den Empfang des Westfernsehens zu sichern. Findige Tüftler glichen gezielte Behinderungen und technische Störungen aus, etwa mit einem selbst gebastelten UHF-Empfänger für das ZDF oder einem Entstörer gegen den Funkverkehr der Roten Armee. Leistungsstarke Gemeinschaftsantennen ermöglichten auch in abgelegeneren Regionen den Empfang westlicher Sender. Als alle Verbotsversuche längst gescheitert waren, gestand Honecker 1972 den Menschen in der DDR endlich zu, ihr Fernseh- und Rundfunkprogramm selbst zu wählen.

Selbst gebastelter Entstörer, im Volksmund »Russentod« genannt

Die Antennen beider Seiten waren aufeinander gerichtet. Mit Flugblattaktionen sollte die Bevölkerung erreicht werden

Die Bevölkerung der Bundesrepublik nahm vom DDR-Fernsehen dagegen kaum Notiz, obwohl der Propagandaapparat der SED große Anstrengungen unternahm, sie zu erreichen. So schossen spezielle NVA-Kommandos noch Jahre nach dem Mauerbau mit Flugblättern gefüllte »Propagandabomben« über die Grenze oder ließen mit Agitationsmaterial gefüllte Bälle auf den Flüssen Richtung Westen treiben. Im Propagandaapparat der SED entwarf eine eigens eingerichtete Abteilung Briefkampagnen für die Bundesrepublik. Umgekehrt schickte eine Spezialeinheit der Bundeswehr Ballons mit Flugblättern in den Osten.

Aus der Elbe gefischt: Mit DDR-Agitationsmaterial gefüllter Ball

links: Im ZK entworfen: Briefe an westdeutsche Arbeiter

rechts: Aufruf der »Jungen Welt« vom 6.9.1961 zum Antennendrehen

unten: Werbeplakat Ende der fünf-ziger Jahre

Private Kontakte

Die Mauer trennte Freunde und Verwandte in Ost und West, das Gefühl der Zusammengehörigkeit aber konnte sie nicht unterdrücken. Zeichen der Verbundenheit waren Päckchen und Briefe. Hilfsorganisationen und Ämter warben in der Bundesrepublik für den Versand von Päckchen in die DDR, die vor allem Lebensmittel und Waren enthielten, die es in der DDR selten oder nie zu kaufen gab. Die Päckchen wurden deshalb sehnlichst erwartet. Viele Menschen aus der DDR erinnern sich noch an die unverwechselbare Duftmischung aus Schokolade, Kaffee, Südfrüchten und Seife, die diesen Päckchen beim Öffnen entströmte. Aber auch vom Osten gingen Geschenksendungen auf die Reise, wenn auch in geringerem Umfang. Auf drei Westpakete kam im Durchschnitt ein Ostpaket. So wurden 1978 zum Beispiel 24,8 Millionen Pakete von West nach Ost, aber nur 8,6 Millionen in die umgekehrte Richtung gesandt. Die Ostpäckchen enthielten häufig kunsthandwerkliche Produkte oder selbst gebackenen Stollen. Die Zutaten dazu kamen nicht selten aus dem Westen.

Kaffee, Schokolade und Parfüm: Westpakete erfüllten Wünsche und stopften Versorgungslücken

Der Versand von Waren unterlag in der DDR strengen Vorschriften. Zugleich kalkulierte die SED-Führung Nahrungs- und Genussmittel sowie Konsumgüter, die per Westpaket ins Land strömten, fest in ihren Versorgungsplan mit ein. 1988 betrug der Warenwert der Westpakete 5 504 Millionen Mark der DDR. Das entsprach immerhin 4,3 Prozent des gesamten Einzelhandelsumsatzes der DDR. Bei manchen Produkten wie z. B. modischer Damenoberbekleidung oder Kakaopulver übertraf die von Verwandten und Freunden aus dem Westen geschickte Warenmenge sogar die vom DDR-Einzelhandel bereitgestellte beträchtlich.

Die Einfuhr anderer Gegenstände wie z. B. Druckschriften »antidemokratischen Charakters« oder von »Tonträgern aller Art« war aus ideologischen Gründen verboten. Alle Westpakete wurden im Auftrag der Staatssicherheit durchleuchtet, Bücher, Zeitschriften und Musikkassetten beschlagnahmt. Als Bürgerrechtler im Herbst 1989 die Stasi-Zentralen stürmten, fanden sie Kisten voll solcher Kassetten: Die Stasi hatte sie für den Mitschnitt illegal abgehörter Telefongespräche verwendet.

Ab Mitte der sechziger Jahre stieg die Zahl der Besuchsreisen in die DDR wieder an. Trotz wachsenden Zwangsumtausches und mancher Schikane an der Grenze wollten viele Verwandte aus dem Westen bei Familienfeiern im Osten – bei Hochzeiten, Konfirmationen oder Jugendweihen – dabei sein. Die Menschen nutzten aber auch gemeinsame Urlaube im sozialistischen Ausland zu einem Treffen mit Freunden und Verwandten. In Prag oder Budapest, am Balaton (Plattensee) oder der Schwarzmeerküste sahen viele aus der DDR ausgereiste Bürger ihre Familienangehörigen zum ersten Mal wieder.

Wolfgang Petrovsky: Collage aus der Folge »Kaffeepaket« von 1989

Kirchliche Zusammenarbeit

*Kommunionausstattung als
Patengeschenk aus dem Westen*

Die Kontakte zwischen den Christen in Ost und West blieben auch nach dem Bau der Mauer intensiv, obgleich Begegnungen bei Kirchentagen oder gemeinsamen Gottesdiensten nicht mehr ohne weiteres möglich waren. Trotz erheblicher Störversuche durch die SED unterhielten Gemeinden beider Konfessionen aus der Bundesrepublik enge Kontakte zu Partnergemeinden in der DDR und unterstützten sie auch finanziell. Katholiken aus dem Westen übernahmen Patenschaften für Kinder, die zur Kommunion gingen, schickten ihnen die Festkleidung, Rosenkränze und Kerzen. Konfirmanden erhielten ebenfalls mannigfache Unterstützung durch Protestanten aus der Bundesrepublik. All dies konnte nicht verhindern, dass sich immer weniger Ostdeutsche zum christlichen Glauben bekannten und die Zahl der Kinder und Jugendlichen, die zur Konfirmation, Kommunion oder Firmung gingen, beständig sank.

Auch auf internationaler Ebene arbeiteten die Kirchen in Ost- und Westdeutschland weiter zusammen. Große Verdienste erwarben sich Katholiken wie Protestanten bei der Aussöhnung mit den Völkern Osteuropas und schufen noch vor den Politikern den Boden für neue Gemeinsamkeiten. Bereits im Oktober 1965 forderte die Evangelische Kirche Deutschlands in ihrer Denkschrift »Die Lage der Vertriebenen und das Verhältnis des deutschen Volkes zu seinen östlichen Nachbarn« eine Überprüfung der Grundlagen der deutschen Ostpolitik, einschließlich ihrer Haltung zur Grenzfrage mit Polen. Die katholischen Bischöfe Deutschlands betonten nach einem Briefwechsel mit ihren polnischen Amtsbrüdern in einer Erklärung vom 5. Dezember 1965, dass »die deutschen Katholiken aus ganzem Herzen um des universalen Gemeinwohls aller Völker willen eine neue und enge Partnerschaft zu allen ihren Nachbarvölkern, auch zum polnischen Volk« suchten; außerdem hoben sie hervor, dass diese »neue Friedensordnung nie durch Gewalt, sondern nur durch Verhandlungen geschaffen werden« könne. Die organisatorische Einheit der katholischen Kirche in Deutschland konnte bis zum Ende der DDR gewahrt bleiben. Die evangelischen Landeskirchen im Osten Deutschlands schlossen sich zum »Bund der evangelischen Kirchen der DDR« zusammen, versuchten aber nach Kräften, die Gemeinschaft mit den Kirchen in der Bundesrepublik weiter zu pflegen.

Gemeinsame Olympiamannschaft

Infolge einer Entscheidung des Internationalen Olympischen Komitees durften deutsche Sportler zwischen 1956 und 1964 nur in einer gemeinsamen Mannschaft starten, unter einer Fahne und mit Beethovens »Ode an die Freude« als Hymne. Die Zusammensetzung dieser Mannschaften wurde durch Ausscheidungswettkämpfe ermittelt. Der Anteil der DDR-Sportler wuchs besonders bei den Sommerspielen kontinuierlich. Ihre Funktion als »Botschafter im Trainingsanzug« wurde für die SED-Führung immer wichtiger, da die sportlichen Leistungen der Athleten in der öffentlichen Meinung häufig als Ergebnis der gesellschaftlichen Strukturen der DDR galten und so zu einer gewissen Aufwertung des Staates führten. War 1956 in Melbourne nur jeder Fünfte der 175 Athleten ein Sportler aus der DDR, so traf dies 1964 in Tokio bereits für 52 Prozent der 376 Mitglieder umfassenden Mannschaft zu. In den Winter-Sportarten stellten dagegen die bundesdeutschen Sportler die Mehrheit.

Zwischen den Sportfunktionären aus beiden deutschen Staaten kam es immer wieder zu Konflikten. Heftig umstritten war, dass die DDR-Funktionäre ihren Sportlern

Die Turmspringerin Ingrid Cremer aus der DDR trug 1964 die gemeinsame Fahne ins Stadion

außerhalb der Wettkämpfe jeglichen Kontakt zu bundesdeutschen Athleten unter-
sagten. Was bei Einzelsportarten noch gelang, war bei Staffelwettbewerben kaum
möglich. In Tokio 1964 starteten die Schwimmer Gerhard Hetz und Hans-Joachim
Klein aus der Bundesrepublik gemeinsam mit Horst-Günther Gregor und Frank Wiegand aus der DDR in der 4 x 200-Meter-Freistilstaffel, und sie gewannen die Silbermedaille. Sportfunktionäre der DDR verboten Wiegand, Glückwünsche des Präsidenten des
Nationalen Olympischen Komitees (NOK), Willi Daume, entgegenzunehmen. Wenige Wochen später »antwortete« er ihnen auf seine Weise: Er lud die beiden westdeutschen
Staffelkameraden, mit denen er sich beim gemeinsamen Training angefreundet hatte,
zu seiner Hochzeit in die DDR ein. Hans-Joachim Klein bat er sogar, Brautführer zu
sein. Wiegand und Klein sind heute noch miteinander befreundet. Die Geschichte der
gemeinsamen deutschen Olympiamannschaft endete 1968. Die Sportler aus der Bundesrepublik und der DDR starteten in Grenoble und Mexiko-City zwar immer noch mit
einer gemeinsamen Fahne und Hymne, aber ansonsten bereits als zwei Teams. Ab 1972
sandten dann im Zuge der allgemeinen internationalen Anerkennung der DDR beide
deutsche Staaten getrennte Mannschaften zu den Olympischen Spielen.

*In Tokio von west- und ostdeutschen
Sportlern gemeinsam erkämpft:
Silbermedaille für die 4 x 200-Meter-
Freistilstaffel*

*Unter einer Fahne starteten die
Sportler aus beiden Teilen Deutschlands bei den Olympischen Spielen
von 1956 bis 1968*

Grenzausbau und Flucht

Die provisorische Mauer vom August 1961 wurde in den folgenden Jahren zu einem ausgeklügelten Grenzsystem ausgebaut. Todesopfer unter den Flüchtlingen wurden dabei von Seiten der SED-Führung als Abschreckung bewusst in Kauf genommen: 1970 begann die NVA mit der Installation von Selbstschussanlagen am Grenzzaun. Diese Splitterminen waren mit winzigen, scharfkantigen Stahlwürfeln gefüllt. Berührte ein Flüchtling die nur schwer sichtbaren Zugdrähte, setzten die Minen ihre gefährliche Ladung frei. Durch einen aufgesetzten Metalltrichter wurden die Splitter weit gestreut. Sie verursachten bei ihren Opfern furchtbare, oft tödliche Wunden. Internationale Proteste ignorierte die DDR lange Zeit. Erst im Gegenzug zu dem Milliardenkredit, den der bayerische Ministerpräsident Franz Josef Strauß 1983 vermittelte, kam es zu einem schrittweisen Abbau der Selbstschussanlagen. Er endete am 30. November 1984; NVA-Grenztruppen demontierten etwa 60 000 dieser Splitterminen.

Trotz ständiger Perfektionierung der Grenzanlagen versuchten immer wieder Menschen, sie unter Lebensgefahr zu überwinden. 938 starben bei Fluchtversuchen an der innerdeutschen Grenze; viele wurden verletzt oder gefangen genommen. Diejenigen, deren Flucht scheiterte, kamen für Jahre in politische Haft. Die Existenz eines Schieß-

Ausbau der Grenzanlagen, von einem DDR-Grenzsoldaten – verbotenerweise – in seinem Skizzenbuch festgehalten

befehls wird von verantwortlichen SED-Funktionären und ehemaligen NVA-Generälen bis heute geleugnet, doch sprechen vorliegende Dokumente eine andere Sprache, so z.B. der Plan der Bezirksverwaltung für Staatssicherheit Potsdam vom Mai 1970 zum Umgang mit »verletzten oder getöteten Grenzverletzern«. Nicht nur dass darin die Verletzung oder gar Tötung der »Täter« billigend in Kauf genommen wurde; der Plan schrieb auch vor, dass sowohl über die »Grenzverletzer« als auch über ihre Angehörigen sofort nach dem gescheiterten Fluchtversuch konspirative Ermittlungen einzuleiten seien. Gleichzeitig versuchten die Machthaber die Tötungen an der Grenze durch »Vorbereitung geeigneter Legenden, die sofort (vor Ort) konkretisiert« und durch den Leiter des Grenzkommandos »bestätigt werden müssen«, gegenüber der Öffentlichkeit zu vertuschen bzw. zu verharmlosen. Verwundete Flüchtlinge, aber auch »Personen, welche durch Folgeerscheinungen verletzt« wurden, »die aber in keinem Zusammenhang mit dem Grenzverbrechen« standen, waren »grundsätzlich zu isolieren und entsprechend der Situation zum Schweigen zu verpflichten«. Schweigeverpflichtungen galten ebenfalls für zufällige Augenzeugen von vereitelten Fluchtversuchen, Familienangehörige von Opfern sowie das sie behandelnde medizinische Personal.

Durch Tunnel, die Fluchthelfer in monatelanger Arbeit von West-Berlin aus unter den Grenzanlagen hindurch gruben, flohen viele Ostdeutsche in die Freiheit. Bei der spektakulärsten Flucht dieser Art gelangten im Oktober 1964 57 Menschen aus Ost-Berlin in den Westteil der Stadt. Bereits zwei Jahre zuvor waren 29 Flüchtlinge durch einen Tunnel nach West-Berlin geflohen. Unter den Tunnelbauern befanden sich auch Familienangehörige der Flüchtlinge. Der Bau des Tunnels wurde von Kameraleuten des amerikanischen Fernsehsenders NBC unter strengster Geheimhaltung gefilmt.

Andere nutzten den Wasserweg zur Flucht: So flohen im Sommer 1988 vier junge Leute – drei Männer und eine Frau – durch die Spree nach West-Berlin. Unbemerkt konnten sie über Hausdächer bis an den Grenzkanal gelangen, der hier in voller Breite zu Ost-Berlin gehörte. Dann schwammen sie um ihr Leben. Die drei Männer hatten bereits das Ufer in West-Berlin erreicht, als ein Schnellboot mit bewaffneten Grenzsoldaten auftauchte. Beherzte West-Berliner zogen die junge Frau trotz der Drohungen der Grenzer aus dem Wasser.

Spektakuläre Flucht: Zwei Brüder überwanden im Sommer 1989 mit zwei Leichtflugzeugen die Mauer, um den dritten Bruder in den Westen zu holen

Die am meisten Aufsehen erregende Flucht unmittelbar vor dem Fall der Mauer gelang im Frühsommer 1989 den Brüdern Ingo und Holger Bethke. Im Morgengrauen des 26. Mai 1989 flogen sie mit zwei selbst gebauten Ultraleichtflugzeugen von West- nach Ost-Berlin. Eines der Flugzeuge landete in der Nähe des sowjetischen Ehrenmals im Treptower Park und nahm den dort wartenden Bruder Egbert an Bord. Zum Schutz vor Entdeckung hatten sie die Flugzeuge und ihre Fliegerkombinationen mit einem Tarnanstrich, einem Roten Stern sowie Hammer und Sichel-Symbolen versehen. Die gesamte Aktion filmte eine am zweiten Flugzeug installierte Videokamera. Zwischen beiden Flugzeugen bestand ständiger Funkkontakt. Zwanzig Minuten später landeten sie sicher vor dem Reichstag. Der Coup gelang, ohne dass die Grenzsicherheitskräfte in Ost-Berlin ihn bemerkten. Aber auch die West-Berliner Polizei staunte nicht schlecht, als sie die Flugzeuge mit sowjetischen Hoheitszeichen vor dem Reichstag entdeckte.

Freikauf

Die Bundesregierung unternahm schon früh Anstrengungen zum Freikauf politischer Gefangener aus DDR-Haftanstalten. Der Verleger Axel Springer vermittelte im Frühjahr 1963 einen Kontakt zwischen dem Staatssekretär im Auswärtigen Amt Karl

Staatssekretär Karl Carstens informierte über die ersten Freikäufe 1964

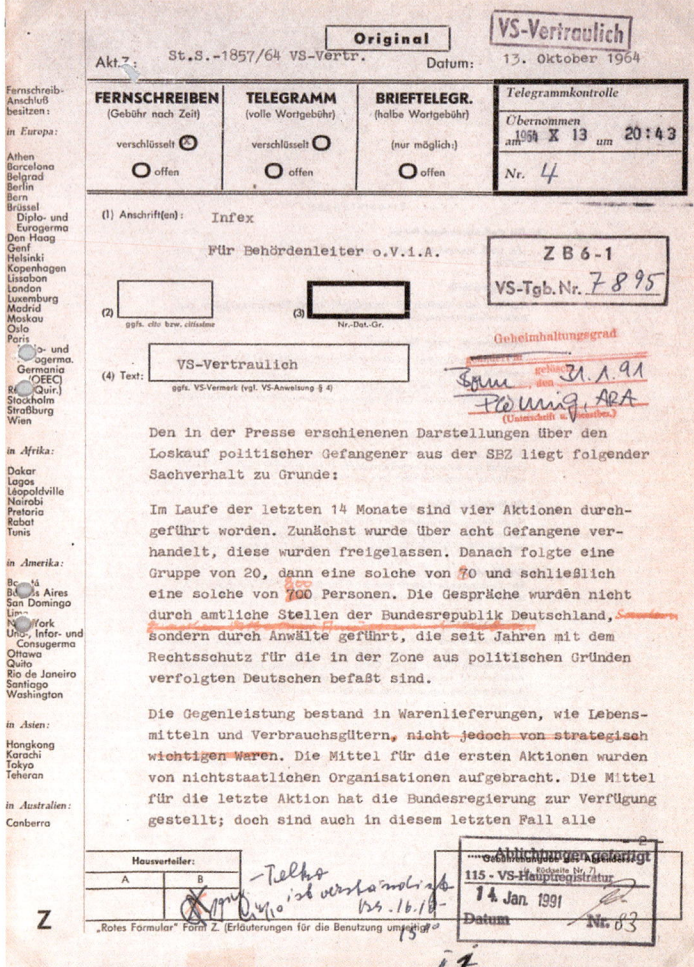

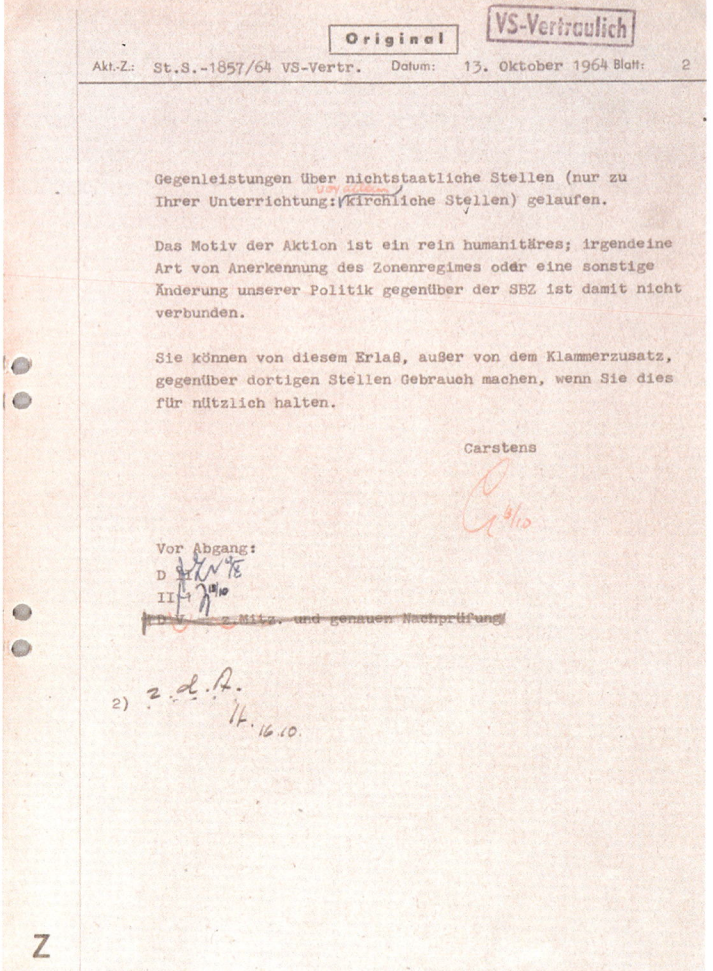

Carstens und Ost-Berliner Anwälten. Bis Oktober 1964 kamen bei den ersten vier Freikauf-Aktionen insgesamt 798 politische Häftlinge frei. Die Gegenleistung der Bundesregierung bestand anfangs in der Lieferung von Waren, die in der DDR knapp waren. Um staatliche Verwicklungen zu vermeiden, wurden die Freikäufe offiziell über kirchliche Stellen vollzogen.

Bis 1989 kaufte die Bundesregierung 33 755 politische Häftlinge frei. Der anfängliche »Normaltarif« (Erich Mende) für einen Häftling betrug 40 000 DM. Von 1977 an stieg der »Preis« bis auf 95 847 DM, lag bei wichtigen Personen aber auch wesentlich höher. Auch nach Bildung der sozial-liberalen Koalition engagierten sich die Nachfolger Mendes im Amt des Bundesministers für gesamtdeutsche Fragen mit besonderem Nachdruck für die Lösung der humanitären Probleme. Das führte immer häufiger zu Konflikten mit den Behörden der DDR. In den achtziger Jahren wurden auf Weisung der SED-Führung »politische Straftäter« schon wegen kleiner Delikte zu harten Strafen verurteilt, um den Devisengewinn aus dem Häftlingsfreikauf zu erhöhen. Kriminelle Straftäter wurden zu politischen Häftlingen gemacht, um sie an den Westen »verkaufen« zu können. Insgesamt wandte die Bundesregierung seit 1963 dafür über 3,5 Milliarden DM auf.

Zu den ersten Freigekauften gehörten die Maler Roger Loewig (1930–1997) und Sieghard Pohl (1925–1994). Beide waren wegen ihrer kritischen Kunstwerke zu langjährigen Haftstrafen verurteilt worden. In ihren Bildern und Grafiken wandten sie sich gegen die Zustände in der DDR. Loewig hatte in seinem Zyklus »Aus deutscher Geschichte und Gegenwart«, der direkt unter dem Eindruck des Mauerbaues entstand, die menschenverachtende Haltung des SED-Regimes gebrandmarkt. Pohl verlieh mit seinem Bild »In der Menschenveredlungsanstalt« dem Hafterleben vieler politischer Gefangener in DDR-Zuchthäusern surrealen Ausdruck. Die erste Fassung des Bildes schuf er unmittelbar nach Verbüßung seiner ersten Haft 1961/62. Bei seiner erneuten Verhaftung 1963 wurde es von der Staatssicherheit beschlagnahmt und ist seitdem verschollen. Pohl malte nach seinem Freikauf eine zweite Fassung des Bildes.

Sieghard Pohl: »In der Menschenveredelungsanstalt« 1962/65

Erfassungsstelle Salzgitter

Am 5. September 1961, schon wenige Wochen nach dem Bau der Mauer, schlug der Regierende Bürgermeister von West-Berlin, Willy Brandt, den Ministerpräsidenten der Bundesländer in einem Telex vor, die Verbrechen der SED gemeinsam zu verfolgen. In diesem Rundschreiben sprach er sich für eine Einrichtung des Bundes aus – ähnlich der Zentralen Stelle zur Aufklärung von NS-Verbrechen in Ludwigsburg. Die Verwirklichung dieser Idee würde – so Brandt – »dazu beitragen, allen Anhängern und Dienern des Pankower Regimes eindeutig vor Augen zu führen, dass ihre Taten registriert und sie einer gerechten Strafe zugeführt werden«.

Noch 1961 nahm die Zentrale Erfassungsstelle in Salzgitter ihre Arbeit auf. Sie dokumentierte bis 1990 systematisch alle Verstöße gegen die Menschenrechte, die Soldaten und Staatsdiener an der innerdeutschen Grenze, aber auch in der DDR selbst, begingen; und zwar nicht nur alle versuchten und vollendeten Tötungshandlungen, sondern auch alle politischen Verurteilungen durch Gerichte der DDR.

Ihre Informationen bezog die Erfassungsstelle in Salzgitter hauptsächlich über Beamte des Bundesgrenzschutzes, Flüchtlinge aus der DDR sowie von der Bundesregierung freigekaufte politische Häftlinge. Erst nach dem Fall der Mauer war es den Mitarbeitern der Zentralen Erfassungsstelle möglich, DDR-Akten einzusehen.

Ziel der Erfassung war die spätere gerichtliche Verfolgung der Straftaten. Dies stellte für viele SED-Funktionäre und NVA-Angehörige, die selbst gegen die Menschenrechte verstoßen oder solche Verstöße angeordnet hatten, eine latente Gefahr dar. Daher war die Schließung der Erfassungsstelle Salzgitter jahrzehntelang eine der Hauptforderungen von DDR-Regierung und SED-Führung in den deutsch-deutschen Verhandlungen. Die Bundesregierung ließ sich aber nicht beirren. Allerdings zogen sich in den achtziger Jahren die von der SPD regierten Länder aus der Finanzierung der Erfassungsstelle zurück, weil diese angeblich die Entspannung störe. Nach 1990 waren die in Salzgitter gesammelten Informationen wichtige Quellen bei Gerichtsverfahren gegen Menschenrechtsverletzungen in der DDR, z. B. in den »Mauerschützenprozessen«.

Wandel durch Annäherung

Der Bau der Mauer bedeutete einen jähen Einschnitt im Leben vieler Menschen in Ost und West: Von einem Tag auf den anderen waren Familien getrennt, Ausbildungen konnten nicht fortgesetzt werden, Arbeitsplätze waren nicht mehr erreichbar. Die Bundesregierung und der Senat von West-Berlin versuchten durch Verhandlungen mit der DDR, wenigstens die schlimmsten Folgen zu lindern. Das Passierscheinabkommen zum Weihnachtsfest 1963 war ein erster Erfolg. Verwandte aus dem Westen der Stadt durften erstmals seit dem Mauerbau wieder nach Ost-Berlin einreisen. Die dafür nötigen Papiere stellten eigens dafür eingerichtete Passierscheinstellen aus, die mit Mitarbeitern des DDR-Zolls besetzt waren. Vor den Besucherbüros bildeten sich lange Schlangen, wie später auch vor den provisorisch eingerichteten Grenzübergangsstellen. Zweieinhalb Jahre waren vergangen, seit sich Verwandte und Bekannte das letzte Mal gesehen hatten.

Erstes Wiedersehen in Berlin
zwei Jahre nach dem Mauerbau

Diesem ersten Passierscheinabkommen folgten bis 1966 drei weitere Vereinbarungen, die den Besucherverkehr von West- nach Ost-Berlin zu den Oster- und Weihnachtsfeiertagen aber auch bei dringenden Familienangelegenheiten (z. B. Geburten oder Todesfällen) regelten. Doch erlitten die Verhandlungen auch Rückschläge. Immer wieder drohte die SED mit dem Abbruch der Gespräche. Von 1964 an mussten die Besucher aus dem Westen für jeden Aufenthaltstag im Osten 5,– DM im Verhältnis 1:1 umtauschen. Um ihren chronischen Devisenmangel zu mildern, steigerte die DDR im Laufe der Jahre den Zwangsumtausch bis auf 25,– DM pro Tag.

Den Erleichterungen auf der »zwischenmenschlichen Ebene« folgten bald Verhandlungen über die Rahmenbedingungen der Beziehungen zwischen beiden deutschen Staaten, die die angespannte politische Lage entschärfen sollten. Dafür bedurfte es langfristiger Konzepte und Perspektiven. Am 11. Juli 1963 formulierte der SPD-Politiker Egon Bahr, einer der engsten Berater Willy Brandts, bei einer Tagung in der Evangelischen Akademie Tutzing erstmals sein Konzept einer neuen Ostpolitik. Bahr ging davon aus, dass der Bau der Mauer »ein Zeichen der Schwäche (…) und des Selbsterhaltungstriebes des kommunistischen Regimes« sei, und er fragte, ob es nicht möglich wäre, »diese durchaus berechtigten Sorgen dem Regime graduell soweit zu nehmen, dass auch die Auflockerung der Grenzen und der Mauer praktikabel wird, weil das Risiko erträglich ist«. Bahr brachte diese Politik auf die Formel »Wandel durch Annäherung«. Er war überzeugt, dass die Bundesrepublik »Selbstbewusstsein genug habe, um eine solche Politik zu verfolgen«. Doch schlug ihm und Brandt aus den Regierungsparteien CDU/CSU, aber auch aus den eigenen Reihen, starke Ablehnung entgegen. Viele Politiker sahen in dem Vorschlag eine »Quasi-Anerkennung« der DDR. Erst nach Übernahme der Regierungsverantwortung durch die SPD-FDP-Koalition unter Bundeskanzler Willy Brandt und Außenminister Walter Scheel konnte die neue Ostpolitik verwirklicht werden.

links: Originalmanuskript der Tutzinger Rede von Egon Bahr

Dies wurde auch möglich, weil sich die internationalen Rahmenbedingungen änderten. Ende der sechziger Jahre kam es an der russisch-chinesischen Grenze zu bewaffneten Konflikten. Gleichzeitig näherten sich die USA und China aneinander an. Das veranlasste die UdSSR zu Zugeständnissen gegenüber Westeuropa. Frankreich gab seinen bisherigen Widerstand gegen einen Beitritt Großbritanniens zur EWG auf. All dies verschaffte der neuen Bundesregierung auch international den Spielraum, um in der Ost- und Deutschlandpolitik die Initiative zu ergreifen und zeitweise darin sogar eine Vorreiterrolle einzunehmen. Mit ihrer Bereitschaft zu verbindlichen Gewaltverzichtsabkommen mit den ost- und mitteleuropäischen Nachbarn knüpfte sie an die Politik der Vorgängerregierungen Erhard und Kiesinger an. Indem Brandt und Scheel ihre Verhandlungen mit der DDR von Beginn an in eine übergreifende Verständigung mit den Völkern Osteuropas einbanden, erhielten diese zugleich für das Ausland einen höheren Grad an Berechenbarkeit. Im August 1970 wurde in Moskau der Vertrag zwischen der Bundesrepublik und der Sowjetunion unterzeichnet, der einen umfassenden Gewaltverzicht beider Staaten und eine Anerkennung der Unverletzlichkeit aller Grenzen in Europa einschloss, einschließlich der Oder-Neiße-Linie und der Grenze zwischen der Bundesrepublik und der DDR. Auch der im Dezember desselben Jahres geschlossene Vertrag mit der Volksrepublik Polen anerkannte die Oder-Neiße-Linie als »westliche Staatsgrenze der VR Polen« und sprach einen gegenseitigen Gewaltverzicht aus.

Bereits in seiner Regierungserklärung vom 28. Oktober 1969 erklärte sich Bundeskanzler Brandt zu gleichberechtigten Verhandlungen mit der DDR bereit. Nur wenige Monate später, am 19. März 1970, traf er sich zum ersten Mal mit dem Ministerpräsi-

Infolge der deutsch-deutschen Verhandlungen erlangte die DDR zunehmend internationale Anerkennung

denten der DDR, Willi Stoph. Die Menschen in Erfurt bereiteten ihm trotz aller Absperrmaßnahmen einen begeisterten Empfang. Dem zweiten Treffen beider Politiker in Kassel folgte bald darauf eine erste Postvereinbarung zwischen beiden deutschen Staaten, die eine jährlich zu entrichtende Ausgleichszahlung der Bundesrepublik für die Dienste der DDR-Post in Höhe von 30 Millionen DM vorsah. Auf der Basis dieser Vereinbarung wurden 1971 auch die seit dem Juni 1952 unterbrochenen Telefonverbindungen zwischen Ost- und West-Berlin wiederhergestellt. In den Jahren bis 1975 folgten mit dem Transitabkommen, dem innerdeutschen Verkehrsvertrag, dem Sportabkommen und der Übereinkunft über die Erneuerung der Autobahnen nach Westdeutschland und West-Berlin weitere wichtige Sachvereinbarungen.

Das Vier-Mächte-Abkommen vom 3. September 1971 sicherte die Einbeziehung West-Berlins in die Verhandlungsergebnisse. International war damit der Weg zu einem Grundlagenvertrag zwischen beiden deutschen Staaten frei. Im Bundestag warf die Opposition Brandt vor, die deutsche Teilung zu besiegeln. Dennoch gelang es der Koalition von SPD und FDP, den Grundlagenvertrag durchzusetzen. Am 2. Mai 1974 nahmen in Bonn beziehungsweise in Ost-Berlin Ständige Vertretungen beider Staaten ihre Arbeit auf.

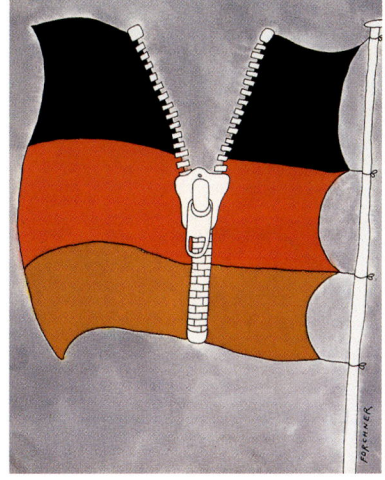

Karikatur von Ulrich Forchner 1985

Eigenstaatlichkeit

Die DDR nutzte diese außenpolitische Entwicklung, um international Ansehen und Anerkennung zu gewinnen. Noch im Dezember 1972, im Umfeld der Unterzeichnung des Grundlagenvertrages, erkannten 20 Staaten die DDR an – darunter Schweden, Österreich, Australien und die Schweiz. 1973 folgten Großbritannien, Frankreich und Italien, 1974 die USA. Bis 1978 erkannten insgesamt 123 Regierungen aus aller Welt die DDR an. Am 18. September 1973 erhielten beide deutsche Staaten die Vollmitgliedschaft in den Vereinten Nationen.

Die SED-Führung verfolgte mit dem außenpolitischen Erfolg innenpolitisch das Ziel, jeden Gedanken an eine Wiedervereinigung Deutschlands endgültig zu verdrängen. Bereits mit der neuen Verfassung der DDR vom 6. April 1968 hatte sie sich eine gesetzliche Grundlage dafür geschaffen. Im Artikel 1 hieß es: »Die Deutsche Demokratische Republik ist ein sozialistischer Staat deutscher Nation. Sie ist die politische Organisation der Werktätigen in Stadt und Land, die gemeinsam unter der Führung der Arbeiterklasse und ihrer marxistisch-leninistischen Partei den Sozialismus verwirklichen. Hauptstadt der Deutschen Demokratischen Republik ist Berlin.« 1974 ging die SED noch einen Schritt weiter. Sie ließ durch Volkskammerbeschluss das Ziel der Wiedervereinigung aus der Verfassung streichen.

Parallel dazu drängte sie seit Anfang der siebziger Jahre auf eine Umbenennung aller Berufsverbände und Institutionen, die noch das Adjektiv »deutsch« in ihrem Namen hatten: Aus dem Verband Bildender Künstler Deutschlands wurde der Verband Bildender Künstler der DDR, aus dem Deutschen Kulturbund der Kulturbund der DDR etc. Die Währung des Landes hieß seit 1967 bereits »Mark der Deutschen Demokratischen Republik« statt wie ursprünglich »Mark der Deutschen Notenbank«. Bezeichnend war auch der Umgang der SED mit der Nationalhymne der DDR, deren erste Strophe noch »Deutschland, einig Vaterland« besang. Deshalb durfte der Text von Johannes R. Becher seit Beginn der siebziger Jahre offiziell nicht mehr gesungen werden; die Hymne erklang fortan ohne Text. Er verschwand schließlich auch aus den Schullehrbüchern. Nichts sollte mehr an die deutsche Einheit erinnern.

Musiklehrbuch von 1975:
DDR-Nationalhymne nun ohne Text

21 SRPNA 1968 ■ ROČNÍK XXIV ■

PRAHA

Druhá zvláštní

■ ČÍSLO 232 ■ (7369)

Záběry z dnešní Prahy ...

Komunistickým a dělnickým st

Soudruzi!

ČSSR byla dnes proti vůli své vlády, Národního shromáždění, vedení KSČ a svého lidu okupována vojsky pěti států Varšavské smlouvy.

Tak se poprvé v dějinách mezinárodního hnutí odehrál akt agrese proti státu vedenému komunistickou stranou, provedený spojeneckými armádami socialistických zemí.

Vzhledem k tomu, že budova ÚV KSČ, kde zasedá předsednic-

ními vojáky, obrací se nejvyšší stranický orgán hlavního města ČSSR, Městský výbor KSČ v Praze, ke všem komunistickým a dělnickým stranám:

'Soudruzi, protestujte proti tomuto bezpříkladnému porušení socialistického internacionalismu!

Žádejte ústřední výbory komunistických stran SSSR, Polska, NDR, Maďarska a Bulharska, aby přes dočasnou přítomnost okupačních jednotek nebyla paralyzována činnost ÚV KSČ v čele s Alexandrem Dubčekem a činnost

okamžité stažení okupa vojsk.

Vyzýváme vás, abyste u účelnost okamžitého svolání zinárodní porady komunistie a dělnických stran, která b

NESOU

FOTO: MF — PETR MOLT

ám světa!

la patřičné stanovisko k aktu
zpráví vůči ČSSR a její komu-
tické straně.
Ať žije proletářský internacio-
lismus!

ĚSTSKÝ VÝBOR KSČ PRAHA

Městsk... ...SČ Praha
svolává ...
XIV. sjez... ...ního
města.

Přijeďte ...žitě!

LASÍME

Enttäuschte Hoffnungen

1968 unternahmen Reformkommunisten in der ČSSR den Versuch, einen »Sozialismus mit menschlichem Antlitz« zu schaffen. Das löste auch bei vielen Menschen in den osteuropäischen Staaten und in der DDR große Hoffnungen auf eine Demokratisierung des sozialistischen Systems aus. Die anderen Staaten des Warschauer Paktes lehnten diese Reformen jedoch kategorisch ab. Am 21. August beendeten ihre Panzer gewaltsam den »Prager Frühling«, Proteste dagegen wurden im Keim erstickt. Enttäuschung und Resignation machten sich im Ostblock breit. Zugleich wurden diese Ereignisse zum Schlüsselerlebnis für viele spätere Oppositionelle.

»Prager Frühling«

Seit der blutigen Niederschlagung des Volksaufstandes in Ungarn 1956 durch die Sowjetunion hatte im Ostblock keine andere Partei gewagt, erneut systemverändernde Reformen anzustreben. Erst 1968 reagierten tschechoslowakische Kommunisten – nach Jahren der Stagnation – auf die anhaltende Unzufriedenheit der Bevölkerung ihres

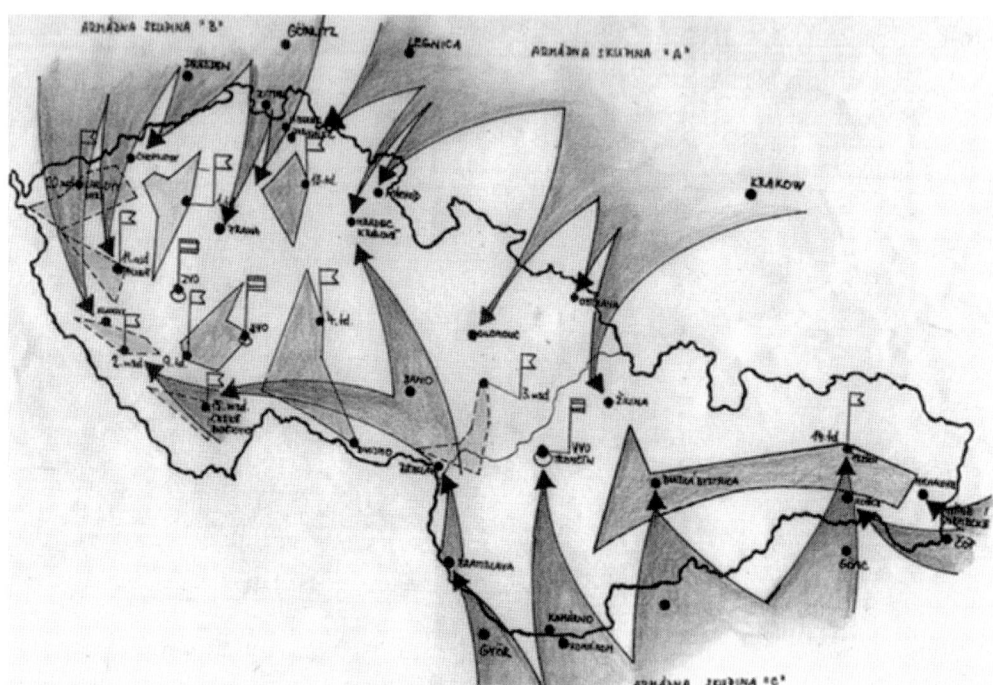

Aufmarschplan des Warschauer Paktes zur Niederschlagung des »Prager Frühlings«

Landes und leiteten einen Demokratisierungsprozess ein. Im Januar 1968 hatte Alexander Dubček die Führung der Kommunistischen Partei der Tschechoslowakei (KPČ) übernommen. Er versprach einen umfassenden Umbau des bestehenden Systems: eine Demokratisierung der Partei, des Staates und der Gesellschaft auf pluralistischer Grundlage, die Einführung einer sozialistischen Marktwirtschaft und die Mitbestimmung der Beschäftigten bei der Selbstverwaltung der Betriebe. Das sollte die Selbstständigkeit der Gewerkschaften einschließen. Die Gewaltenteilung wurde anerkannt und damit der Machtmissbrauch der bisher allein herrschenden kommunistischen Partei nachdrücklich in Frage gestellt. Als Erstes wurde die Pressezensur abgeschafft und ein Rehabilitierungsgesetz für die Opfer politischer Verfolgung verabschiedet. Damit sollten Zeichen der Erneuerung gesetzt werden.

Dubček und der im März 1968 neu gewählte Staatspräsident Ludvik Svoboda wurden zu Leitfiguren des »Prager Frühlings«. Die Bürger der ČSSR standen hinter den Reformen ihrer Regierung. Auch viele Menschen in der DDR und den anderen sozialistischen Staaten hofften auf Impulse für eine demokratische Entwicklung ihrer Länder. Die Führer der kommunistischen »Bruderparteien« des Ostblocks sahen jedoch in dem Reformprozess in der ČSSR eine Gefährdung ihrer Macht. Der Generalsekretär der KPdSU, Leonid Breschnew, forderte von der KPČ ultimativ die Rücknahme der Reformen. Unterstützt wurde er darin vor allem von der SED unter Ulbricht. Noch während die Führer des Ostblocks mit Dubček verhandelten, ließen sie von ihren Militärs bereits Pläne für eine gewaltsame Besetzung der ČSSR ausarbeiten. Mit einer Reihe von Manövern des Warschauer Paktes im Süden der DDR und der Volksrepublik Polen und einer Stabsübung in der ČSSR selbst wurde massiver Druck auf die Parteiführung der KPČ ausgeübt und die Truppen in Stellung gebracht.

Von der Staatssicherheit registrierte Proteste gegen die Besetzung der ČSSR

Enttäuschung und Protest

In der Nacht zum 21. August 1968 marschierten Truppen des Warschauer Pakts in Prag ein. Dort wie überall im Land stießen sie auf den Widerstand der Bevölkerung. Unter Lebensgefahr errichteten Tschechen und Slowaken Straßensperren und setzten Panzer in Brand. Sie druckten und verteilten Flugblätter auf Russisch, Polnisch oder Deutsch, die sich an die Soldaten der anderen Staaten wandten: »Bis zu dem heutigen Tag waret ihr unsere besten Freunde. Eure Anwesenheit in unserem Land ist ein tragisches Missverständnis! Keine Bourgeoisie und keine Konterrevolution bedrohen uns. Unser Volk steht fest hinter seiner Regierung. ... Wir bitten Euch, kehrt in Euere Heimat zurück!«

Die DDR-Medien erklärten, die Niederschlagung des Reformprozesses erfolge »zum Schutz der sozialistischen Staatsordnung gegen konterrevolutionäre Umtriebe«. Kampfverbände der NVA lagen als Reserve an der Grenze zur ČSSR in Alarmbereitschaft. Aus »historischer Rücksichtnahme« – 1938 waren deutsche Truppen in die Tschechoslowakei einmarschiert – und wegen der unklaren völkerrechtlichen Stellung der DDR setzte Moskau die NVA-Verbände nur zur Absicherung des Hinterlandes und im Rahmen logistischer Maßnahmen ein. So wurde in der Nähe von Dresden der Propagandasender »Vltava« (Moldau) aufgestellt, der in tschechischer Sprache politische Verlautbarungen in die ČSSR sendete.

Viele Urlauber aus der DDR waren Zeugen des Einmarsches. Zu ihnen gehörte die 18-jährige Schülerin Sylvia-Marita Plath aus Leipzig. Sie hatte nur einen Gedanken: »Fotografiere, das glaubt dir kein Mensch!« Binnen weniger Stunden machte sie über

Ein Volkspolizist übermalt eine Parole, mit der Jugendliche gegen die Besetzung der ČSSR protestierten

100 Aufnahmen von der Besetzung Prags. Der Dresdener Maler Jürgen Schieferdecker drückte seine Enttäuschung in dem Bild »Prager Sommer 1968« aus: Die Hoffnung auf Reformen ist zunichte, der Weg nach Westen durch die Mauer versperrt, hilflos stehen Menschen im Regen; einzig der Schriftzug »Svoboda« (= Freiheit) kündet noch von ihrer Hoffnung und ihrem stummen Protest.

Mit dem Bild »Prager Sommer '68« drückte der Dresdener Künstler Jürgen Schieferdecker seine Trauer um eine verlorene Hoffnung aus

Rechte Seite: Fotos einer jungen Leipzigerin: Sowjetische Panzer, in Brand geschossene Fahrzeuge und protestierende Menschen in Prag am 21. August 1968

Losungen wie diese gab es im Herbst 1968 häufig in der DDR. Mutige Menschen – vor allem Schüler, Studenten und junge Arbeiter – protestierten mit Mauerinschriften, selbst verfassten Flugblättern und spontanen Demonstrationen gegen den Einmarsch. Die Staatssicherheit registrierte jede dieser »feindlichen Aktionen gegen die Hilfsmaßnahmen sozialistischer Bruderstaaten für die ČSSR« und verfolgte ihre Urheber unerbittlich. 422 »Delikte« der »Verbreitung selbst gefertigter Hetzschriften« ermittelte sie bis Ende 1968, konnte jedoch nur 90 davon aufklären. Insgesamt leitete sie gegen 506 Personen Ermittlungsverfahren ein. Drei von ihnen waren Bettina Wegner, Bernd Eisenfeld und Thomas Günther. Die 21-jährige Schauspielstudentin Bettina Wegner hatte in Ost-Berlin mit Freunden auf Flugblättern »Solidarität für Prag!« gefordert und ein Hoch auf Dubček ausgerufen. Dafür wurde sie zu 16 Monaten Haft auf Bewährung verurteilt. Sie musste das Studium abbrechen und sich für zwei Jahre als Fabrikarbeiterin im Elektro-Apparate-Werk Berlin »in der Produktion bewähren«. Erst 1973 durfte sie ihr Diplom als Sängerin ablegen.

ům módy

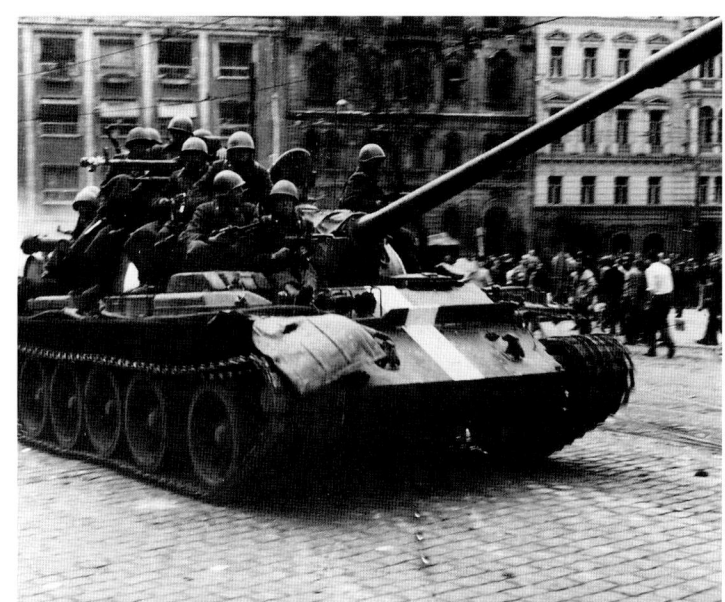

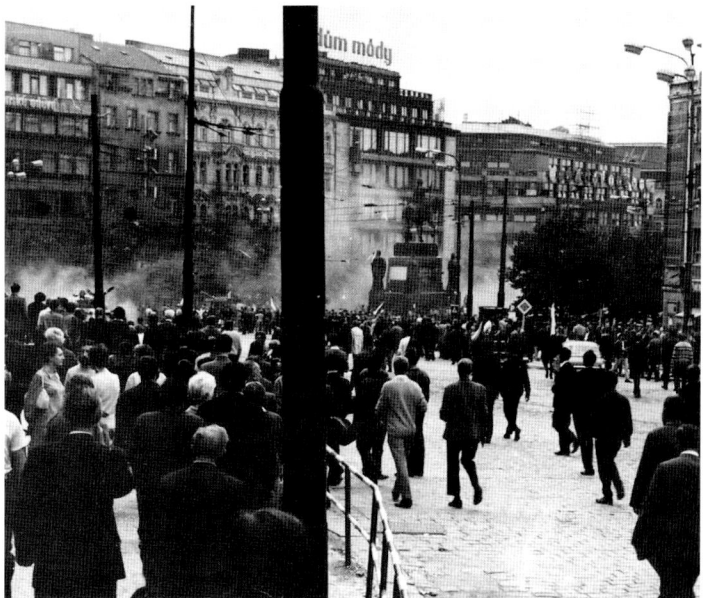

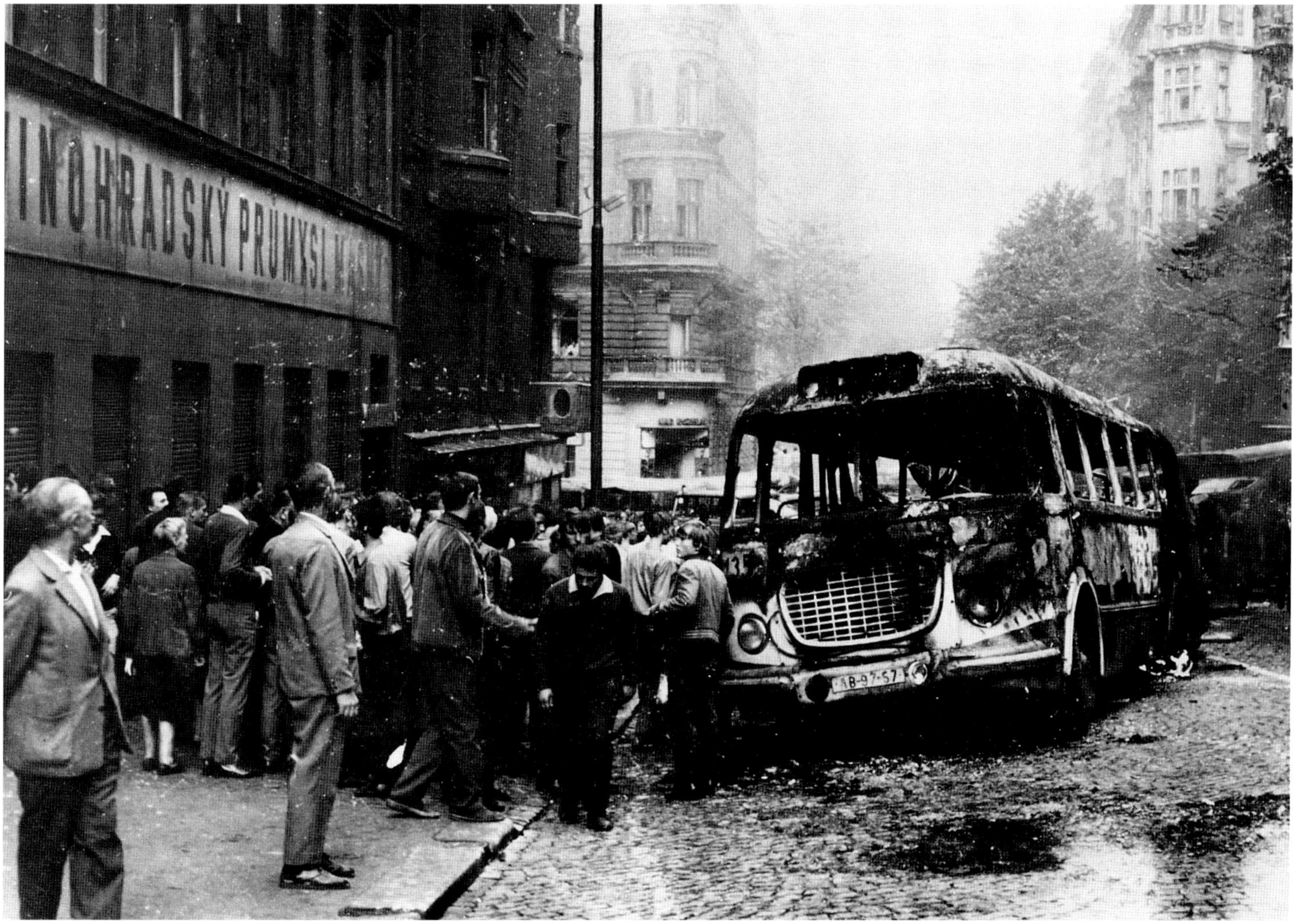
INOHRADSKÝ PRŮMYSL
AB-97-57

Bernd Eisenfeld im September 1968

Bernd Eisenfeld, 27-jähriger Angestellter aus Halle, verteilte im September 1968 vor städtischen Kultureinrichtungen ein mit Schreibmaschine abgetipptes Lenin-Zitat aus dem »Dekret über den Frieden« vom November 1917. Darin sprach sich Lenin am Ende des Ersten Weltkrieges gegen die Herrschaft über fremde Völker aus: »Wenn irgendeine Nation mit Gewalt ... entgegen ihrem zum Ausdruck gebrachten Wunsch – gleichviel, ob dieser Wunsch in der Presse oder in Volksversammlungen, in Beschlüssen der Parteien oder in Empörungen und Aufständen gegen die nationale Unterdrückung geäußert wurde – das Recht vorenthalten wird ... in freier Abstimmung über die Formen ihrer staatlichen Existenz ohne den mindesten Zwang selbst zu entscheiden, so ist eine solche Angliederung eine Annexion, d.h. eine Eroberung und Vergewaltigung.« Eisenfeld ergänzte das provokativ gewählte Zitat um die Aufforderung: »Denk bitte nach! Bitte, schweig nicht!!« Dafür erhielt er drei Jahre Gefängnis, die er vollständig verbüßte, war er in den Augen der Staatsmacht doch schon zuvor »negativ in Erscheinung getreten«, als er Mitte der sechziger Jahre den aktiven Wehrdienst mit der Waffe verweigert hatte.

Thomas Günther, Abiturient aus Schneeberg, wurde als Mitglied einer »staatsfeindlichen Gruppe« zu 27 Monaten Haft verurteilt. Das »Verbrechen« des 17-jährigen: Er rezitierte auf einem Literaturabend mit Gleichgesinnten – ein Jahr nach dem Einmarsch in die ČSSR – Brechts Gedicht: »Am Grunde der Moldau wandern die Steine / Es liegen drei Kaiser begraben in Prag / Das Große bleibt groß nicht und klein nicht das Kleine / Die Nacht hat zwölf Stunden, dann kommt schon der Tag. / Es wechseln die Zeiten. Die riesigen Pläne / der Mächtigen kommen am Ende zu Halt. / Und gehn sie einher auch wie blutige Hähne / es wechseln die Zeiten, da hilft kein' Gewalt.«

Thomas Günther, 19 Jahre, entlassen nach 16 Monaten Haft

*Nur wenige Erinne-
rungsstücke blieben
von der Universitäts-
kirche in Leipzig und
der Christuskirche in
Rostock, die 1968 bzw.
1971 gesprengt wurden*

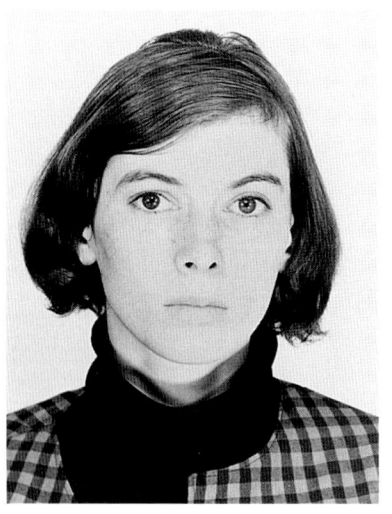

Bettina Wegner nach ihrer Verhaftung 1968

Die Erfahrungen des Jahres 1968 prägten den weiteren Lebensweg dieser drei nachhaltig: Bettina Wegner wurde eine kritische Liedermacherin, die mit ihren Konzerten in der DDR vielen Menschen Mut machte zu widerstehen. Ihre Lieder durften deshalb nur im Westen auf Schallplatten erscheinen. Bettina Wegner rief im Berliner Haus der Jungen Talente Veranstaltungsreihen ins Leben, die staatliche Stellen nach wenigen Abenden verboten, weil sie anderen bedrängten Künstlerkollegen dort ein Podium gegeben hatte. Später wurde sie, wie Bernd Eisenfeld auch, zur Ausreise in die Bundesrepublik gedrängt. Eisenfeld veröffentlichte dort das erste Buch über die Bausoldatenbewegung in der DDR.

Thomas Günther ging nach seiner Haftentlassung nach Ost-Berlin. Dort engagierte er sich als Autor, Grafiker und »Verleger« in der subkulturellen Szene vom Prenzlauer Berg. Seinen Unterhalt verdiente er halbtags als Aushilfskraft auf einem Friedhof, in seiner »Freizeit« verlegte er gemeinsam mit Freunden grafische Bücher in kleinen Auflagen mit eigenen Texten und Bildern und beteiligte sich an verschiedenen Zeitschriftenprojekten. Seine Bücher sind heute bibliophile Kostbarkeiten.

Reaktionen der SED

Die Parteiführung fürchtete sich vor einem Übergreifen der Reformideen auf die DDR. Sie duldete keine Kritik an ihrer Politik und wollte jeglichen Ansatz für Veränderungen im Land unterdrücken. Die Kirchen betrachtete sie dabei als eine besondere Gefahr. Unter dem Eindruck der »konterrevolutionären Entwicklungen in der ČSSR« ging die SED besonders restriktiv gegen sie vor: Ende der sechziger Jahre ließ Ulbricht – gegen Widerspruch aus der Bevölkerung – historische Kirchenbauten sprengen. Sie standen seinen Plänen im Weg, in allen Bezirksstädten sozialistische Stadtzentren zu errichten. Gleichzeitig sollten mit solchen Aktionen die Christen im Lande eingeschüchtert werden.

Anfang Mai 1968 wurde die im Krieg bereits stark beschädigte Garnisonkirche in Potsdam gesprengt. Diese galt der SED-Führung als ein unerwünschtes Relikt des Preußentums, welches sie aus der Erinnerung der Potsdamer löschen wollte. Wenige Wochen später wurde die Universitätskirche in Leipzig gesprengt, die das Bombardement des Zweiten Weltkrieges nahezu unbeschadet überstanden hatte. Nun musste sie der Neugestaltung des Karl-Marx-Platzes weichen. Viele Potsdamer und Leipziger protestierten gegen die Sprengungen. Die SED ließ sie durch die Polizei oder die Leiter ihrer Betriebe einschüchtern und drangsalieren. Studenten wurden, insbesondere in Leipzig, exmatrikuliert.

Historisch wertvolle Bauten und Kunstwerke waren für immer zerstört. Noch 1971 bestand die SED auf der Sprengung der katholischen Christuskirche in Rostock, obwohl längst klar war, dass die an dieser Stelle geplanten Neubauten aus Geldmangel nicht errichtet werden konnten. Dennoch war die SED durch den wachsenden Widerspruch gegen diese Art »Baupolitik« bereits zu Zugeständnissen gezwungen. Wurden die evangelischen Kirchen in Potsdam und Leipzig 1968 gesprengt, ohne dass die Gemeinden neue Gotteshäuser erhielten, musste drei Jahre später für die Christusgemeinde in Rostock ein neues Gemeindezentrum errichtet werden.

Trophäenfahne von der im Mai 1968
gesprengten Garnisonkirche in Potsdam

Sozialistis

lernen u

Ehrensache dei

h arbeiten,
d leben –
Arbeitskollektive

Anspruch und Wirklichkeit im »real existierenden Sozialismus«

Propagandistische Parolen prägten insbesondere zu Parteitagen und an hohen kommunistischen Feiertagen das öffentliche Bild. Das bessere Leben im Sozialismus war zumindest in der Propaganda der SED allgegenwärtig. Die DDR-Regierung unternahm in den sechziger und siebziger Jahren verschiedene Anläufe, um die selbst gesetzten Ansprüche zu realisieren. Die Reformansätze zeigten jedoch nur kurzfristig Wirkung. Der Alltag im Sozialismus hielt nicht, was die Propaganda versprach.

Neues Ökonomisches System – eine Reform ...

Prämien für Leistungen der Betriebe und einzelner Arbeiter, mehr Selbstverantwortung und Marktorientierung stellte das »Neue Ökonomische System der Planung und Leitung der Volkswirtschaft«, kurz NÖSPL, in Aussicht. Auf dem VI. Parteitag der SED 1963 von Walter Ulbricht angekündigt und im Juni 1963 auf einer Wirtschaftskonferenz ausführlich erläutert, sollte das Programm die marode Wirtschaft mobilisieren.

Geistige Väter der Reform waren die Wirtschaftsfunktionäre Günter Mittag und vor allem Erich Apel. Apel hatte im Jahr 1963 eine steile Karriere hinter sich: Von 1940 bis 1944 leitete er eine Abteilung in der Raketenversuchsanstalt Peenemünde unter Wernher von Braun. Nach Kriegsende konstruierte er sechs Jahre lang Raketen in der Sowjetunion und galt daher in der DDR lange Zeit als »Mann der Russen«. 1953 ging er in die DDR und wurde – ohne zunächst Mitglied der SED zu sein – kurz darauf Minister für Schwermaschinenbau. 1960 schrieb Apel seine Doktorarbeit über das »Chemieprogramm der Deutschen Demokratischen Republik« und amtierte 1963 als Vorsitzender der Staatlichen Plankommission und stellvertretender Vorsitzender des Ministerrates. Inzwischen war Erich Apel nicht nur Mitglied der SED, sondern Kandidat des Politbüros des Zentralkomitees der SED.

Der Leitfaden für die Realisierung des NÖSPL erschien kurz nach der Ankündigung der Wirtschaftsreform 1963

... und ihr Scheitern

Am 3. Dezember 1965 wurde Erich Apel mit durchschossenen Schläfen an seinem Schreibtisch tot aufgefunden. Selbstmord lautete die Diagnose des Regierungskrankenhauses. Im offiziellen Sprachgebrauch war davon allerdings nicht die Rede. Ein Schriftvergleich lässt vermuten, dass Ulbricht selbst den Wortlaut des ärztlichen Bulletins änderte. Die Gründe für den vermutlichen Freitod waren vielschichtig und sind bis heute nicht endgültig geklärt: Streitigkeiten mit Walter Ulbricht und Günter Mittag wegen eines Handelsabkommens mit der Sowjetunion und Schwierigkeiten mit den Gegnern des NÖSPL waren wohl ausschlaggebend.

Mit dem Tod Erich Apels zeichnete sich das Scheitern des NÖSPL ab. Auf dem VII. Parteitag 1967 sprach Ulbricht von notwendigen Veränderungen des Reformprogramms und meinte damit Rückkehr zum Zentralismus und zur Vorherrschaft der SED in der Wirtschaft. Spätestens die Zwangsverstaatlichung der letzten halbstaatlichen und privaten Betriebe im Jahr 1972 machte deutlich: Dezentralisierung und Mitbestimmung waren in der Zentralplanwirtschaft nicht gefragt.

In der satirischen Zeitschrift »Eulenspiegel« thematisierte der Karikaturist Karl Schrader 1968 die fehlende Mitbestimmung in den Betrieben

VI. PARTEITAG DER SED

15. – 21. Januar 1963

Das Plakat zum VI. Parteitag strahlte Optimismus aus: Nach dem Mauerbau 1961 sollte es mit der Wirtschaft aufwärts gehen

Chemie im Heim

Trotz des relativ raschen Scheiterns hatte das NÖSPL Spuren im Wirtschaftsleben und letztendlich im Alltag hinterlassen. So förderte die neue ökonomische Theorie getreu dem Motto des bereits 1958 verkündeten Chemieprogramms »Chemie gibt Brot, Wohlstand, Schönheit« neben anderen Industriezweigen besonders die chemische Industrie. Die Erzeugnisse der Plast- und Elastverarbeitenden Industrie machten den Alltag bunter: leicht, bruchfest, geschmacksneutral, farbenfroh – die Verbraucher schätzten die Vorzüge der Haushaltsprodukte aus Kunststoff. Kunstfasern brachten Farbe in die Modewelt. Die neuen Stoffe aus Dederon, Grisuten und Polycon waren pflegeleicht und knitterarm, wenn auch nicht »atmungsaktiv«. Künstlich war auch der Name DeDeRon, der die Initialen der DDR enthält. Pünktlich zum 20. Jahrestag der DDR erschien 1969 die Kunstfaser-Kollektion »Präsent 20«.

Leser des Comic-Heftes »Mosaik« wurden durch die Abenteuer der »Digedags« mit den Errungenschaften des Chemieprogramms vertraut. KF stand für Kunstfaser

»Chemie bringt Brot, Wohlstand, Schönheit« versprach schon 1958 die Bitterfelder Chemiekonferenz. Dank Plaste und Elaste wurde der Alltag bunter

Konsum im Konsum

Insgesamt stieg der Lebensstandard im Laufe der sechziger Jahre an. So verbesserte sich die Ausstattung der Haushalte mit technischen Geräten: 1970 verfügten rund 54 Prozent der Haushalte über Waschmaschinen, 56 Prozent über Kühlschränke und immerhin 69 Prozent über Schwarz-Weiß-Fernsehgeräte. Die Läden der Konsumgenossenschaft, Versandhandel, Centrum-Warenhäuser und Handelsorganisation (HO) bemühten sich, die Versorgung der Bevölkerung mit Waren des täglichen Bedarfs zu sichern.

Die Regale in den Lebensmittelgeschäften waren weitgehend gefüllt, wenn auch das Warensortiment nicht sehr vielfältig ausfiel. Offiziell gab es seit 1958 keine Rationierung von Lebensmitteln mehr. Dennoch waren Versorgungsengpässe alltäglich. Für bestimmte Lebensmittel wurden zeitweise so genannte Kundenkarten ausgegeben, die die Zuteilung regelten. Familienfeiern mussten langfristig vorbereitet werden, um rechtzeitig an die notwendigen Mengen hochwertiger Lebensmittel heranzukommen. In einem Schreiben einer Frau aus Karl-Marx-Stadt an das Amt für Handel und Versorgung von 1964 heißt es: »Bitte teilen Sie mir mit, wo, wann und wie viel Butter mir zusteht für eine Hochzeitsfeier mit ca. 30–35 Mann, die am 6. 2. 65 stattfinden wird. Meine Verkäuferin sagte mir, es stünde mir 1 Stück Butter und 1 Flasche Kondensmilch zur Verfügung.« Und weiter: »Ich würde mich freuen, wenn ich auf legalem Wege meine Gäste anständig bewirten könnte.« Letzteres sprach recht unverhohlen die Möglichkeit an, sich illegal – z.B. durch Beziehungen – die gewünschten Produkte zu beschaffen.

Sozialistisches Arbeitsethos

»Sozialistisch arbeiten, lernen und leben – Ehrensache der Arbeitskollektive!« hieß es auf einem Transparent des Volkseigenen Betriebes (VEB) Hutwerke Guben. Diese und zahlreiche ähnliche propagandistische Parolen veröffentlichte das »Neue Deutsch-

Brigadebücher dokumentierten das Leben und die Arbeit der Kollektive

»Jugendbrigade vom RAW Zwickau«
Gemälde von Edgar Klier

Im Wettbewerb um die Planerfüllung
wurden Auszeichnungen und
Prämien an Einzelne oder Kollektive
beinahe schon inflationär vergeben

land« anlässlich von Feiertagen wie dem 1. Mai oder dem 7. Oktober. Betriebe fertigten danach Schilder und Transparente an. »Sozialistisch leben«, so Walter Ulbricht in Dresden 1960, »das heißt: Nicht nur das Ich zu sehen, sondern das Wir, nicht nur die Produktionsziffern im Auge zu haben, sondern auch die Menschen, die produzieren.« Im Kollektiv kameradschaftlich produktiv sein, die Entwicklung des sozialistischen Bewusstseins höher schätzen als materielle Anreize – das Idealbild des Werktätigen war ständig präsent. Es spiegelte sich in zahlreichen Werken der Auftragskunst wider, wie dem Gemälde »Jugendbrigade vom RAW Zwickau« von Edgar Klier aus dem Jahr 1964, das den Beratungsraum des FDGB-Kreisvorstandes in Zwickau schmückte. Betriebe und Arbeiter erhielten Auszeichnungen in inflationärem Ausmaß. Verbunden mit Geldprämien sollten die Orden und Ehrentitel zu höherer Leistung motivieren.

So genannte Brigadetagebücher dokumentierten Leben und Arbeit des Kollektivs: Hier wurden Dienstbesprechungen protokolliert, Brigadeausflüge geschildert und liebevoll bebildert, über staatsbürgerliche Fragen philosophiert und Brigadeerfolge bilanziert. Die Einführung des Brigadetagebuches ging auf die 1. Bitterfelder Konferenz 1959 zurück, die unter dem Motto gestanden hatte: »Greif zur Feder, Kumpel! Die sozialistische Nationalkultur braucht dich!« Bis 1989 pflegten die Betriebe die Tradition der Brigadetagebücher oder Brigadebücher, wie sie auch genannt wurden. Sie dienten nicht nur zur Förderung des Gemeinschaftsgefühls innerhalb des Betriebes, sondern auch der sozialen Kontrolle: »Wenn wir heute zur Feder greifen, so um Kritik zu üben«, lautete beispielsweise ein Eintrag im Brigadebuch des VEB Kombinat Geodäsie aus Leipzig von 1969. »Die Disziplin des Koll. L. (...) läßt sehr zu wünschen übrig ...«, klagte der Brigadebuchführer und sprach die Hoffnung aus, »daß ... vielleicht nun endlich einmal ernsthaft darangegangen wird, diesen Mißstand zu beseitigen. Besser noch wäre es allerdings, wenn sich Koll. L. (...) endlich selbst bemühen würde, sein Verhalten zu ändern und zwar nicht nur vorübergehend, sondern dauerhaft.«

Schieflage

Abweichend von dem in leuchtenden Farben propagierten Wunschbild zeigte das reale Arbeitsleben eher Grautöne. »Das Kollektiv liegt schief. Ich bin der Einzelne, das Kollektiv hat sich von mir isoliert«, schrieb Wolf Biermann 1962 in seinem Gedicht »Rücksichtslose Schimpferei«. Rückständige Produktionsbedingungen – personalintensiv und kraftaufwändig – sowie ständiger Materialmangel untergruben die Motivation der Werktätigen. Zwar wurden auf der einen Seite hochmoderne Industrieanlagen wie z. B. das Petrochemische Kombinat (PCK) Schwedt aufgebaut. Auf der anderen Seite kämpften Betriebe gegen den Verfall an, es fehlte allerorten an Ersatzteilen für überalterte Maschinen.

Mit spitzer Feder kommentierte Karl Schrader 1971 den ständig herrschenden Materialmangel

Die rückständige Produktionstechnik war einer der Gründe für die hohe Beschäftigungszahl in der DDR. Das Problem der Arbeitslosigkeit war unbekannt, im Gegenteil, es herrschte ständiger Arbeitskräftemangel. Der technologische und technische Rückstand konnte jedoch auch mit weiteren Arbeitskräften nicht aufgeholt werden. Gemessen am Produktivitätsniveau der Bundesrepublik Deutschland hatte die DDR – nach eigenen statistischen Angaben – in den achtziger Jahren einen deutlichen Rückstand zu verzeichnen. Für ein vergleichbares Volumen der Industrieproduktion waren in der DDR 60 Prozent höherer Personalaufwand, 20 Prozent höherer Aufwand an Elektroenergie und 50 Prozent höherer Aufwand an Anlagegeräten erforderlich.

Hochmoderner Standard contra Verfall: Die Fotos von Peter Straube und Thilo Kühne zeigen die Kontraste im Produktionsalltag der DDR

Hinwendung zum »Konsumsozialismus«

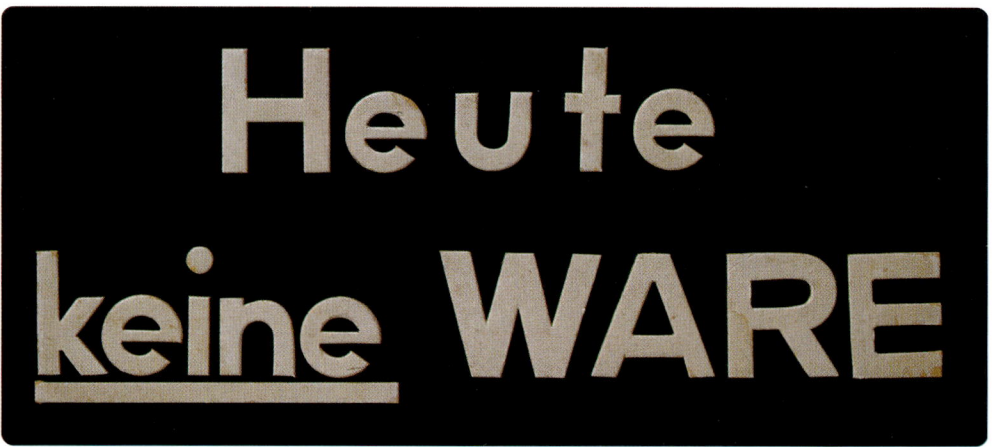

Bestand an ausgewählten industriellen Konsumgütern je 100 Haushalte

Elektrische Kühlschränke
1962 12,2
1966 31,5
1970 56,4

Elektrische Waschmaschinen
1962 13,4
1966 32,9
1970 53,6

Fernsehempfänger
1962 30,5
1966 54,0
1970 69,1

Personenkraftwagen
1962 5,6
1966 9,4
1970 15,6

Die Parteihochschule »Karl Marx« entwarf nach dem VIII. Parteitag 1971 günstige Prognosen für den Konsumgüterbestand der Privathaushalte

1971 löste Erich Honecker Walter Ulbricht in der Leitung von SED und Staat ab. Die überraschende Entmachtung Ulbrichts brachte nicht nur eine wichtige Veränderung an der Führungsspitze, sondern bedeutete auch eine strategische Neuorientierung. So verkündete Honecker auf dem VIII. Parteitag der SED 1971 die »weitere Erhöhung des materiellen und kulturellen Lebensniveaus des Volkes auf der Grundlage eines hohen Entwicklungstempos der sozialistischen Produktion, der Erhöhung der Effektivität des wissenschaftlich-technischen Fortschritts und der Steigerung der Arbeitsproduktivität« als die »Hauptaufgabe« der künftigen sozialen und ökonomischen Entwicklung. Verwirklicht werden sollte diese Hauptaufgabe durch die »Einheit von Wirtschafts- und Sozialpolitik«. An diesem Ziel hielt Honecker bis 1989 fest, auch als sich Anspruch und Realität weit voneinander entfernt hatten.

In den fünfziger Jahren hatte die Losung noch »So wie wir heute arbeiten, werden wir morgen leben« gelautet. In den siebziger Jahren änderte sich die offizielle Auffassung. Das bessere Leben im Sozialismus wurde nun nicht mehr erst für die Zukunft in Aussicht gestellt, sondern sollte in der Gegenwart beginnen: Programmatisch hieß es dann auch auf einem Plakat zum X. Parteitag der SED 1981 »Ich leiste was! Ich leiste **mir** was!«.

Die Parteihochschule »Karl Marx« beim ZK der SED veröffentlichte in Schulungsmaterialien zum VIII. Parteitag günstige Prognosen für den Konsumgüterbestand der Haushalte in der DDR. Nur für Kraftfahrzeuge wagte die Parteihochschule lediglich eine Bestandsaufnahme, jedoch keine Vorhersage. Tatsächlich verfügte die DDR über den höchsten Lebensstandard unter den sozialistischen Bruderstaaten.

Organisationstalent gefragt

Trotz der Steigerung des Lebensniveaus gehörten ab Mitte der siebziger Jahre Käuferschlangen vor Geschäften aller Art wieder zum Alltagsbild in der DDR. Insbesondere technische Konsumgüter, Stereoanlagen, Farbfernseher und Autos waren nur sehr schwer zu bekommen und zudem oft überteuert. So kostete ein Stern-Radiorekorder Anfang der achtziger Jahre rund 1200 Mark. Das war mehr als das Monatsgehalt eines Industriearbeiters. Technischer Standard, Design und Qualität ließen meist zu wünschen übrig. Viele Waren konnten nur als so genannte »Bückwaren« erstanden werden, wobei

Heute keine WARE

Schild eines Blumengeschäftes: Ab Ende der siebziger Jahre wurden die Waren wieder knapper

hier gute Beziehungen eine große Rolle spielten: Der Verkäufer »bückte« sich im übertragenen Sinne unter den Ladentisch (oder ging ins Lager), um dort für besondere Kunden zurückbehaltene Ware hervorzuholen. Begehrte Produkte des »gehobenen Bedarfs« wie modische Textilien oder Genussmittel gab es auch in Exquisit- und Delikatgeschäften – allerdings nur zu erhöhten Preisen. Die Mangelwirtschaft erforderte Organisationstalent, Beziehungen und eine Menge Geduld.

15 Jahre Wartezeit waren beispielsweise keine Seltenheit für den Erwerb eines PKWs der Marke »Trabant« oder »Wartburg«. Und zahlreichen Antragstellern erging es wie einer Familie aus Leipzig: 1972 bestellte sie erstmals einen »Trabi«, vier Jahre später erfolgte die Umbestellung zugunsten eines »Trabant-Kombi«. Bis zum Ende der DDR wartete die Familie vergeblich auf die Auslieferung des Fahrzeugs.

Zahlreiche Anträge und gute Beziehungen waren erforderlich, um einen Telefonanschluss zu bekommen. Angebot und Nachfrage klafften auch hier weit auseinander. Für den SED-Staat war das mangelhaft ausgebaute Telefonnetz auch ein Mittel zur Steuerung der Kommunikation.

In der Bevölkerung nahm der Unmut über die defizitäre Versorgung ab Ende der siebziger Jahre zu. Ein Gradmesser dieses Ärgers war die Zahl der Eingaben. In allen vier Jahrzehnten der DDR wandten sich Menschen mit Beschwerden an Behörden, Parteiämter und sogar an das Staatsoberhaupt. Diese Eingaben dienten der SED-Führung auch als Stimmungsbarometer, das in den achtziger Jahren zunehmend auf Sturm stand. Waren 1983 an den Staatsrat in Ost-Berlin rund 52 800 Beschwerden adressiert, so stieg die Zahl 1989 auf 134 000 an. Man beklagte die schlechte Versorgung mit Waren, aber auch Wohnraumprobleme und die mangelnde Reisefreiheit. Die Absender hofften zumeist auf Abhilfe, zumindest aber, dass die Verantwortlichen zur Rechenschaft gezogen würden. Einige drohten damit, einen Ausreiseantrag zu stellen. Andere wiesen sogar darauf hin, dass sie bei der nächsten Wahl zu Hause bleiben würden. Die zuständigen Behörden antworteten in der Regel, die Missstände beseitigen, konnten sie allerdings nicht.

Mit dieser Postkarte karikierte Joseph W. Huber 1986 den mangelhaften Ausbau des Telefonnetzes

Technische Konsumgüter waren schwer zu bekommen und oft überteuert. War eine Lieferung eingetroffen, hieß es Anstehen

Ein weiterer Devisenbringer für die DDR: Westverwandte konnten über GENEX für ihre »Brüder und Schwestern« in der DDR zollfrei Geschenke liefern lassen

Zweiter Versorgungsmarkt

Eine Familie aus Karl-Marx-Stadt unterstrich 1980 die Dringlichkeit ihrer Eingabe mit den Worten: »Auch verfügen wir über keine Forumschecks, um die notwendigen Wasch- und Pflegemittel im Intershop kaufen zu können.« Intershops waren eine Art zweiter Versorgungsmarkt und die Forumschecks das dort gültige Zahlungsmittel. Ursprünglich nur für westliche Besucher zugänglich, öffneten sich die Intershops 1974 auch für die Ostdeutschen, allerdings nur für Privilegierte mit Westwährung. Von Verwandten beim Besuch zugesteckt oder von Rentnern, die leichter in den Genuss von Westbesuchen kamen, eingeschmuggelt, brachte das Westgeld dem Staat notwendige Devisen. Seit 1979 musste es gegen Forumschecks eingetauscht werden, die fortan als Zahlungsmittel in den Intershops galten. Die Devisenabschöpfung erhöhte sich damit. Die westliche Warenwelt rückte durch die Intershop-Verkaufsstellen in greifbare Nähe. Hier gab es die Produkte, die im Westwerbefernsehen zu sehen waren und Sehnsüchte weckten. Hier hing der Duft der großen weiten Welt in der Luft: Jacobs Krönung – wunderbar, die Milka Schokolade lockte mit der zartesten Versuchung und für Camel-Filter ging man meilenweit.

»Lieber eine Tante im Westen, als 'nen Onkel im Politbüro« hieß es im Volksmund. Diese Weisheit traf nicht nur für den Bezug von Westgeld und Westpäckchen zu, sondern auch für den Erwerb hochwertiger Konsumgüter aller Art aus DDR-eigener Produktion. Westdeutsche konnten für ihre Verwandten in der DDR seit 1957 über die »Geschenkdienst- und Kleinexport GmbH«, abgekürzt GENEX, zollfrei Geschenke bestellen: Waschmaschinen, Autos, Reisen etc. Auch hier war der Devisengewinn für den Staat attraktiv.

Wer über Westgeld verfügte, konnte in den Intershops auch begehrte Westwaren einkaufen. Dem Staat brachten die Intershops wertvolle Devisen

Wohnungsbauprogramm

Ganz oben auf der Beschwerdeliste standen bei den Eingaben Klagen über die qualitativ und quantitativ unzureichende Wohnraumversorgung. Dabei war die Förderung des Wohnungsbaus einer der Eckpfeiler der Politik Honeckers seit 1971, ja sogar »Kernstück der Wirtschafts- und Sozialpolitik«.

1973 verabschiedete die SED das Wohnungsbauprogramm mit dem Ziel, bis 1990 »die Wohnungsfrage als soziales Problem zu lösen«. Dem Beschluss vorausgegangen war eine rückläufige Fertigstellung von Wohnungen in den sechziger Jahren, da der Industriebau einseitig gefördert worden war. Diesen Rückstand galt es aufzuholen. Der Wohnungsbau orientierte sich anfangs an der Großblock-, dann an der Plattenbauweise. Der »Siegeszug der Platte« begann 1957, als in Hoyerswerda der erste Plattenbau-Wohnblock errichtet wurde. Nach 1971 setzte sich die Montage aus vorgefertigten Betonfertigteilen endgültig durch, sie senkten den Aufwand zur Fertigstellung der Gebäude auf der Baustelle erheblich. 90 Prozent der bis 1989 gebauten Mehrfamilienhäuser wurden in der Montagebauweise errichtet.

Namen wie Halle-Neustadt, Jena-Lobeda, Berlin-Marzahn und Leipzig-Grünau stehen für Plattenbausiedlungen, die vornehmlich an den Stadträndern entstanden. Die Wohnungen in den Neubausiedlungen waren wegen ihres Komforts sehr begehrt: Sie boten Zentralheizung, Bad, Innen-WC und meistens eine Einbauküche. Die subventionierten Mieten waren stabil. Ein Quadratmeter kostete zwischen 0,80 und 1,25 Mark. Die Nachteile der Siedlungen am Rande der Stadt wie geringe Infrastruktur, Tristesse und Uniformität der Wohneinheiten, wurden vielen erst später bewusst: »Schlafsiedlungen«, »Arbeiterschließfächer« oder »Karnickelbauten« hießen die Neubauwohngebiete bald im Volksmund.

Übergabe der dreimillionsten Wohnung seit dem VIII. Parteitag 1971

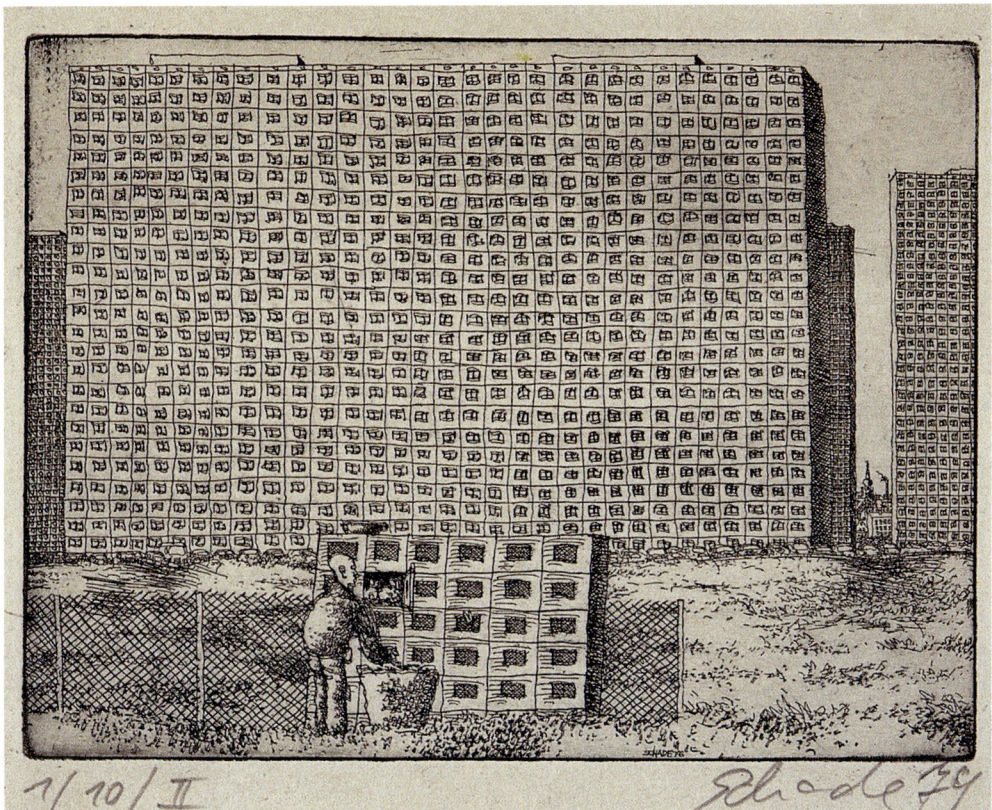

Der Leipziger Karikaturist Rainer Schade sah 1979 Parallelen zwischen Stallhaltung und Plattenbauwohnungen, die im Volksmund auch »Arbeiterschließfächer« genannt wurden

Den symbolischen Schlüssel erhielt die Familie Jüngel 1981 zusammen mit der 15 000. Wohnung in der Plattenbausiedlung Leipzig-Grünau

Wohnungsübergaben boten häufig Anlass für Meldungen über die Erfolge des Wohnungsbauprogramms. »Ein unvergesslicher Tag für die Jüngels und ›ihre‹ Bauleute«, titelte die Leipziger Volkszeitung 1981, als die vierköpfige Familie die 15 000. Wohnung der Neubau-Siedlung Leipzig-Grünau bezog. Den zu diesem Ereignis feierlich überreichten symbolischen Schlüssel ließ die Familie Jüngel – wie damals durchaus üblich – mit der Jubiläumszahl schmücken und nutzte ihn als Schlüsselhaken im Wohnungsflur. Die Übergabe der dreimillionsten seit 1971 fertiggestellten Wohnung in Berlin-Hohenschönhausen im Jahr 1988 wurde mit einer großen Jubelfeier zelebriert. Erich Honecker beglückwünschte selbst die neuen Mieter. Eine Gedenktafel über dem Hauseingang erinnerte an die erfolgreiche Bilanz. Fertigstellung war jedoch nicht mit Neubau gleichzusetzen, denn tatsächlich waren zu diesem Zeitpunkt knapp zwei Millionen Wohnungen neu gebaut, eine Million modernisiert.

Verfall der Altbausubstanz

Die Förderung des Wohnungsbaus seit 1973 brachte einen erheblichen Aufschwung auf dem Wohnungsmarkt mit sich. Bis dahin eingetretene Rückstände konnten aber nicht mehr eingeholt, geschweige denn – wie propagiert – »die Wohnungsfrage als soziales Problem« bis 1990 gelöst werden. 1989 gaben die Kommunen offiziell einen Bestand von sieben Millionen Wohnungen an. Selbst wenn diese Zahlen stimmen sollten, reichte dies weder quantitativ noch qualitativ aus. Die Wartezeit für eine Wohnung betrug eineinhalb bis zwei Jahre. Es gab weitaus mehr Anträge auf Zuteilung einer Wohnung als freien Wohnraum, wobei allerdings durch die billigen Mieten auch häufig Wohnungen »unterbelegt« waren. Gleichzeitig hatte die Konzentration auf den Neubau, Material- und Facharbeitermangel sowie die allgemeine wirtschaftliche Schwäche den weiteren Verfall der Altbausubstanz vornehmlich in den innerstädtischen Bereichen zur Folge: Marode Fenster, fehlende Sanitäranlagen, defekte Wasserleitungen, abbröckelnde Fassaden und undichte Dächer konnten auch mit Aktionen wie »Dächer dicht« oder »Schöner unsere Städte und Gemeinden – mach mit!« nicht behoben wer-

Vernachlässigte Altbausubstanz auf der einen, neuer Wohnungsbau auf der anderen Seite – das Foto von Helga Paris zeigt Halle/Saale im Jahr 1983

den. Auch die notwendige Pflege und Modernisierung des bereits vorhandenen Wohnungsbestands wurden vernachlässigt. Vor allem Privateigentümer konnten aufgrund der seit Jahrzehnten festgeschriebenen geringen Mieteinnahmen und fehlender Materialien keine Renovierungen geschweige denn Modernisierungen bestreiten, zumal sie auch vom Staat wenig Unterstützung erhielten.

Familienförderung

Neben dem Wohnungsbauprogramm waren sozialpolitische Maßnahmen der zweite wichtige Bestandteil der auf dem VIII. Parteitag 1971 von Erich Honecker verkündeten »Einheit von Wirtschafts- und Sozialpolitik«. Ein Jahr später beschlossen dann das ZK der SED, der FDGB-Bundesvorstand und der Ministerrat gemeinsam ein umfangreiches sozialpolitisches Programm. Dieses Programm und weitere flankierende Maßnahmen zielten auf die materielle Förderung junger Ehen und auf die Entlastung berufstätiger Frauen: Bessere Wohnraumversorgung für junge Familien, zinslose Kredite für junge Eheleute, staatlich garantierte Kinderbetreuungsplätze, Verkürzung der Wochenarbeitszeit für Mütter, Verlängerung des Schwangerschafts- und Wochenurlaubs, Verlängerung des Mindesturlaubs für berufstätige Mütter, freie Entscheidung über Schwangerschaftsabbruch und kostenlose Antibaby-Pille. Kurzum: Die Familienplanung sollte erleichtert werden und die Geburtenrate steigen. Gleichzeitig sollten die Frauen aber der Berufswelt erhalten bleiben.

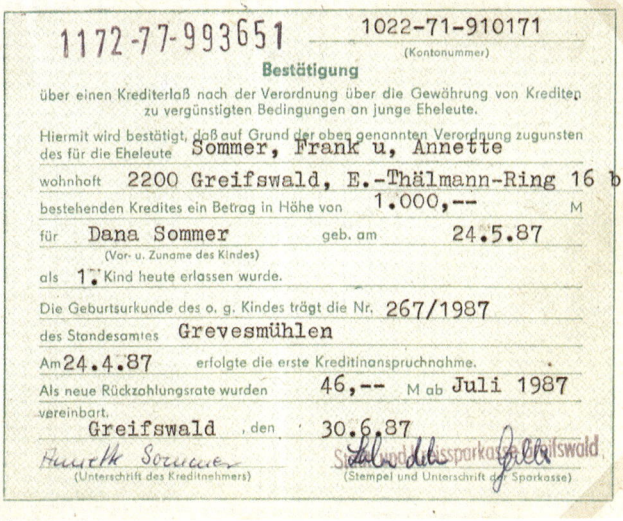

Tatsächlich stieg seit 1972 zunächst die Zahl der Eheschließungen an, pendelte sich aber bis Ende der achtziger Jahre mit knapp 131 000 wieder auf das Niveau von 1970 ein. Die Geburten stiegen von 1970 bis 1980 von knapp 237 000 auf 245 132, sanken dann aber bis 1989 auf rund 199 000. Einen erheblichen Anstieg gab es bei den Scheidungen. Von 1970 bis 1989 verdoppelte sich ihre Anzahl nahezu von 27 407 auf 50 063. Damit rangierte die DDR auf Platz 5 der Weltrangliste. In den meisten Fällen ging die Trennung von den Frauen aus, wobei ihre erwerbsbedingte relative wirtschaftliche Unabhängigkeit eine Rolle spielte. Zumeist waren die Ehen im Alter von durchschnittlich 21 Jahren früh geschlossen worden, oftmals hatten hier die staatlich geförderten Anreize wie Ehekredit und die bevorzugte Vergabe von Wohnungen an Ehepaare Wirkung gezeigt.

links: Dank sozialpolitischer Maßnahmen stieg die Zahl der Eheschliessungen seit dem VIII. Parteitag 1971 an

rechts: Junge Eheleute erhielten vom Staat zinslose Kredite. Bei Nachwuchs wurden diese stufenweise erlassen – »Abkindern« sagte der Volksmund dazu

Urlaub nach Plan

Allein erziehende berufstätige Mütter und kinderreiche Familien hatten bessere Chancen auf einen preisgünstigen Urlaub als kinderlose Werktätige. Die Betriebe und der FDGB-Feriendienst vergaben die begehrten Urlaubsplätze, die bis zu zwei Drittel von FDGB und Staat subventioniert waren. Unabhängig vom Einkommen standen die preiswerten Reisen allen Gewerkschaftsmitgliedern und ihren Angehörigen offen. Für den in der Regel dreizehntägigen Erholungsurlaub zahlten FDGB-Mitglieder zwischen 30 und 310 Mark. Die Reiseziele lagen vornehmlich innerhalb der DDR, maximal zwei Prozent der vom FDGB-Feriendienst vermittelten Reisen gingen ins Ausland. Obwohl die Bettenkapazität der Ferienheime nach dem VIII. Parteitag 1971 von 90 000 im Jahr 1970 auf über 133 000 im Jahr 1989 stieg, galt auch hier: Die Nachfrage war weitaus größer als das Angebot und jahrelanges Warten keine Seltenheit, denn auf einen Urlaubsplatz entfielen vier FDGB-Mitglieder. So erhielt beispielsweise im März 1977 eine Antragstellerin, die sich bei der Feriendienstkommission über die Ablehnung ihres Urlaubsplatzantrages beschwert hatte, eine weitere Absage: Der Ferienplatz sei einer allein stehenden Mutter mit zwei Kindern zugewiesen worden, die seit 1965 im Betrieb sei und bislang noch nicht berücksichtigt werden konnte.

Privatreisen waren um einiges aufwändiger zu organisieren als der staatlich oder betrieblich geplante Urlaub. Zahlreiche Behördengänge und vor allem Improvisationstalent gehörten zum Individualurlaub dazu. Camping bedeutete für viele Freiraum vom Zwang des Kollektivs. Noch 1960 bezeichnete die SED Camping als »typisch kapitalistisch«, da es »schädlichen Individualismus« unterstützen würde. Trotzdem stieg der Anteil der Camper zwischen 1962 und 1969 unter den Ostseeurlaubern um zehn Prozent. Auch hier konnte bald das Angebot an Campingplätzen mit den Nachfragen nicht mithalten. Ende der achtziger Jahre registrierten die 529 staatlichen Campingplätze der DDR schließlich über 20 Millionen Übernachtungen.

Ob im Winter zum Skifahren oder im Sommer zum Angeln – der FDGB-Feriendienst hatte ein Monopol für die Vergabe begehrter Urlaubsplätze

Sellin 1988, fotografiert von Siegfried Wittenburg. Die Benutzung der Strandkörbe war nur bestimmten Ferienheimen gestattet – Urlaub nach Plan

»Mitgestalterinnen des Sozialismus«

Zum VIII. Parteitag 1971 verkündete Erich Honecker: »Es ist in der Tat eine der größten Errungenschaften des Sozialismus, die Gleichberechtigung der Frau in unserem Staat sowohl gesetzlich als auch im Leben weitgehend verwirklicht zu haben. Kein kapitalistisches Land der Erde kann gleiches von sich behaupten.« Gleichberechtigt, qualifiziert und anerkannt – laut staatlich propagiertem Frauenbild standen die Frauen »ihren Mann«, wie es vielfach hieß, in Beruf, Politik und Familie. Als Belege wurden häufig der hohe Grad der Berufstätigkeit von Frauen – er lag bei rund 90 Prozent – sowie der hohe Frauenanteil in der Volkskammer mit ca. 32 Prozent angeführt.

Im Frauenleitbild der fünfziger Jahre dominierte die Berufstätigkeit. In den sechziger Jahren verschob sich dieses Bild zugunsten der qualifizierten berufstätigen Frau, ab Mitte der sechziger Jahre ergänzt um die Mutterrolle. Das machte aber auch die Mehrfachbelastung sichtbar, denn Frauenarbeit hieß neben Erwerbstätigkeit auch die gleichsam »natürliche« Zuständigkeit für Kinder, Familie, Hausarbeit. In den siebziger Jahren sollten die sozialpolitischen Maßnahmen vor allem berufstätigen Müttern zugute kommen. Die Verankerung des Frauenbildes in der sozialistischen Tradition einerseits, wonach Gleichberechtigung und Selbstständigkeit der Frau nur über ihre eigene Erwerbstätigkeit zu erreichen war, sowie der ständige Bedarf an Arbeitskräften andererseits bewirkten, dass sich die SED von Anbeginn an stark für die Belange der Frauen einsetzte. Einige Beispiele: Alljährlich am 8. März wurde mit Glückwunschkarten, Blumen am Revers, Brigadefeiern und der Verleihung der Clara-Zetkin-Medaille der Internationale Frauentag gefeiert. Dieser ging auf eine Anregung der sozialdemokratischen und später kommunistischen Politikerin und Frauenrechtlerin Clara Zetkin zurück, die 1910 einen »Kampftag der Frauen« gefordert hatte. Im Gegensatz zu den westlichen Staaten spielte in der DDR und anderen sozialistischen Ländern der Internationale Frauentag eine große, der Muttertag als Ehrentag jedoch keine Rolle.

Einmal jährlich zum Internationalen Frauentag am 8. März erhielten Frauen besondere Aufmerksamkeiten: Blümchen, Pralinen, Auszeichnungen

»Bauarbeiterlehrling Irene« von Barbara Müller aus dem Jahr 1971. Laut offiziell propagiertem Frauenbild standen Frauen »ihren Mann« in Beruf und Familie

In den sechziger Jahren fanden zwei Frauenkongresse mit programmatischen Parolen statt: 1964 lautete das Motto: »Unsere Republik braucht alle Frauen – alle Frauen brauchen unsere Politik«. 1969 hieß die Losung: »Der Frauen Herz, Wissen und Tat für unseren sozialistischen Friedensstaat«. Förderprogramme dienten als Bestandteil der »Betriebskollektivverträge« der gezielten Qualifizierung von Frauen in den Betrieben. 1967 wurden Frauenakademien und Frauensonderklassen gebildet, um das Direkt- oder Abendstudium an Fachschulen für berufstätige Frauen und Mütter zu erleichtern. Schon der polytechnische Unterricht an den Schulen bemühte sich, Mädchen verstärkt an technische Berufszweige heranzuführen.

Der Demokratische Frauenbund Deutschlands war die einzige offizielle Frauenorganisation. Als Interessenvertretung der SED wandte er sich vor allem an die nichtorganisierten erwerbslosen bzw. teilzeitbeschäftigten Frauen in den Wohngebieten. Diese Zielgruppe sollte für Tätigkeiten im sozialen oder Dienstleistungsbereich gewonnen werden, um damit wiederum vollberufstätige Frauen zu entlasten. In den rund 200 Beratungszentren des DFD gab es praktische Tipps für das alltägliche Haushalts- und Familienleben. Im »Internationalen Jahr der Frau« 1975 bot das Beratungszentrum Dresden beispielsweise Kurse zu den Themen »Fertiggerichte zur Erleichterung der Hausarbeit«, »Kaninchenbraten, aber wie?«, »Junge Ehe – junger Haushalt« oder »Ratschläge zur häuslichen Pflege von erkrankten Erwachsenen« an. Den Vorsitz der Frauenorganisation führte von 1953 bis 1989 Ilse Thiele. Über Jahrzehnte hinweg blieb die Mitgliederzahl mit rund 1,4 Millionen konstant. Eine von der SED unabhängige Politik für Frauen betrieb der DFD nicht, trotz seines vielfältigen sozialpolitischen Engagements.

Wirklich gleichberechtigt?

Die Fotografin Evelyn Richter dokumentierte 1975 mit ihrer Kamera eine Szene im Albertinum in Dresden, wie eine Besucherin vor dem Gemälde Wolfgang Mattheuers »Die Ausgezeichnete« stand. Mattheuer spürte in seinem Kunstwerk den Widersprüchlichkeiten des Alltags nach. Richter konfrontierte diese Aussage nochmals mit der Realität: Die Gesichter beider Frauen – das der Geehrten und das der Besucherin – sind dem Betrachter zugewandt. Die Augen der einen sind auf den Tisch mit dem kleinen, beinahe armseligen Blumenstrauß gerichtet – dass sie mit einer Auszeichnung bedacht wurde, war zur Routine geworden. Die Augen der anderen blicken konzentriert in den Saal. Von der fröhlichen Dynamik, die dem sonst propagierten Frauenleitbild entsprochen hätte, war weder auf dem Foto, noch auf dem Gemälde etwas zu sehen.

Ein Blick hinter die Kulissen zeigt: Die Gleichberechtigung war nicht überall vollzogen. Ob auf beruflicher oder politischer Ebene – Frauen waren in Spitzenpositionen selten vertreten. Als Erich Honecker auf dem VIII. Parteitag 1971 die »Lösung der Frauenfrage« proklamierte, präsentierte das »Neue Deutschland« die Mitglieder des Politbüros und des Sekretariats des ZK der SED: Als einzige Frau kandidierte Margarete Müller für das Politbüro. Dem Ministerrat gehörte als einzige Frau Margot Honecker an, seit 1963 Volksbildungsminister – die Amtsbezeichnung war natürlich männlich. Die Politik der SED war zwar Politik für Frauen, aber bei weitem nicht von Frauen: »Muttipolitik« wurde die Sozialpolitik auch genannt, da sie hauptsächlich die Lebensbedingungen der berufstätigen Mütter erleichterte. Am traditionellen Rollenverhalten hatte sich wenig geändert: Familienarbeit war nach wie vor Frauenarbeit. Auf der beruflichen Karriereleiter stiegen zumeist Männer in Leitungspositionen auf.

*Evelyn Richter fotografierte eine
Besucherin im Albertinum in
Dresden vor Wolfgang Mattheuers
»Die Ausgezeichnete«*

Beatgruppen müssen wieder spielen
setzt Euch dafür ein
Die Polizei ist
Machtlos !

BEAT-FREUNDE!

wir finden uns am Sonntag,den 31.10.65

10 Uhr-Leuschnerplatz

zum Protestmarsch ein.

Steine des Anstoßes –
Kunst und Jugendkultur in der DDR

Nach dem Bau der Mauer hofften in der DDR vor allem Künstler und Angehörige der Intelligenz auf eine innenpolitische Öffnung und die dringend notwendige Verständigung über die Probleme des Landes. Diese waren bis dahin immer von der SED-Führung unter Verweis auf die offene Grenze zur Bundesrepublik und die Gefahr westlicher Einmischung unterbunden worden. Anfangs schienen sich die Erwartungen zu erfüllen. Kritische Kunstwerke durften erscheinen und neue westliche Trends wie die Beatmusik konnten sich in der DDR zunächst ungehindert ausbreiten. Im Dezember 1965 war damit plötzlich Schluss. Auf ihrem 11. Plenum korrigierte die SED ihre Kultur- und Jugendpolitik. Kritische Filme und Theaterstücke waren fortan verboten. Beatgruppen wurde die Spielerlaubnis entzogen. Eine lange kulturelle Eiszeit begann.

Öffnung und Verbot

Brigitte Reimanns Romantitel »Ankunft im Alltag« formulierte 1961 einen Anspruch, dem sich viele Künstler in der DDR verpflichtet fühlten. Sie wollten mit ihren Werken Stellung nehmen zu den Problemen der Gesellschaft und Widersprüche aufdecken, die von den staatlich gelenkten Medien weitgehend verschwiegen wurden. Bücher wie Erwin Strittmatters »Ole Bienkopp« oder Erik Neutschs »Spur der Steine« lösten eine breite Diskussion in der Bevölkerung aus. Tausende besuchten Lyriklesungen junger Dichter; der Liedermacher Wolf Biermann sang vor überfüllten Sälen.

Weltoffener war nun auch die Jugendkultur: Das Beatfieber ergriff den Osten Deutschlands. Die Beatles wurden zu Idolen der Jugendlichen zwischen Saßnitz und Suhl. Ihre neuesten Titel vertrieb die staatliche Schallplattenfirma AMIGA als Lizenzpressung in der DDR.

Überall im Land entstanden – gefördert vom Zentralrat der FDJ – eigene Gitarrengruppen mit englischen Namen wie »The Butlers«, »The Shatters« oder »The Guitarmens«. Erste Langspielplatten mit ihren Titeln erschienen unter dem Slogan »Big Beat« Anfang 1965. Wenige Monate später waren die meisten dieser Bands schon wieder verboten. Zeitungen beschimpften die jugendlichen Anhänger der Beatmusik wegen ihrer langen Haare als »Amateurgammler«. Das »Neue Deutschland« schrieb am 17. Oktober 1965: »Sie waschen sich nicht und stinken, ihre zottlige Mähne ist verfilzt und verdreckt, sie gehen der Arbeit und dem Lernen aus dem Wege.« Zeitungskommentare forderten Arbeitskollektive und Schulklassen unverblümt auf, den »Gammlern« in ihren Reihen eine »Klassenlektion« zu erteilen und in »Selbsthilfe« einen »sauberen Messerformschnitt« zu verpassen. Selbst die Polizei legte mit Hand an und führte langhaarige Jugendliche auch gegen deren Willen zum Friseur.

Bücher von Autoren aus der DDR, die in den sechziger Jahren Diskussionen auslösten

Dennoch begannen Jugendliche vereinzelt, sich zur Wehr zu setzen. Mitte Oktober 1965 tauchten in Leipzig Flugblätter auf, die zu einer Protestdemonstration gegen das Verbot von Beatgruppen aufriefen. Trotz massiver Einschüchterungsversuche in Schulen und Betrieben versammelten sich am 31. Oktober über fünfhundert Jugendliche in der Leipziger Innenstadt zum friedlichen Protest – die größte Demonstration in der DDR seit dem 17. Juni 1953. Die Polizei trieb sie mit Schlagstöcken, Hunden und einem Wasserwerfer auseinander und verhaftete 267 Beatfans, die im Schnellverfahren zu mehreren Wochen »Arbeitserziehung« im Braunkohletagebau rund um Leipzig verurteilt wurden.

Die »Erfahrungen von Leipzig« alarmierten das Zentralkomitee der SED. In einem Brief an die 1. Sekretäre der SED-Bezirksleitungen vom 2. November 1965 urteilte die Parteiführung: »Es war falsch, daß von seiten des Zentralrates der FDJ der Wettbewerb von Beat-Gruppen organisiert und die Auffassung verbreitet wurde, daß im Unterschied zu Westdeutschland Westschlager und Beatmusik bei uns keine schädliche Wirkung hervorrufen können.«

Von der Zensur verboten: Kritische DEFA-Filme von 1965

Ironie schaffte Abstand zum System: Einladung Peter Herrmanns zum 1. Mai

Die SED-Führung verlor immer stärker die Kontrolle über die Jugend des Landes. Auf der Suche nach Sündenböcken machte die Partei »ernste ideologische Defizite … im künstlerischen Bereich« aus und wandelte das unmittelbar bevorstehende 11. Plenum des ZK der SED kurzfristig von einem Wirtschafts- zu einem Kulturplenum um. Ulbricht persönlich warf die Frage auf: » … wo ist von seiten zentraler Organe, des Fernsehens, der Kultur, der Literatur, so gewirkt worden, daß solche Auswirkungen auf die Jugend unvermeidbar waren?«

Als Beweis wurden den versammelten ZK-Mitgliedern zwei gerade fertig gestellte DEFA-Filme vorgeführt: »Das Kaninchen bin ich« und »Denk bloß nicht, ich heule«. Beide Filme fielen wie zehn weitere nach dem Plenum der Zensur zum Opfer, darunter auch »Spur der Steine« nach Erik Neutschs gleichnamigem Erfolgsroman. Zwar fand im Juni 1966 noch die Premiere statt, doch schon nach wenigen Vorführungen durfte er nicht mehr gezeigt werden. Als Begründung dienten lautstarke – von der SED inszenierte – Publikumsproteste. Der Regisseur des Filmes, Frank Beyer, erhielt wie viele seiner Kollegen Drehverbot. Nur wenige wagten Widerspruch: Die Schriftstellerin Christa Wolf, im Dezember 1965 noch Kandidatin des ZK, hatte bereits auf dem 11. Plenum als Einzige mutig vor den Folgen dieser Kahlschlag-Politik für die Kunst des Landes gewarnt. Unter Verweis auf die Kulturabteilung des ZK führte sie aus: »Sie werden alles abdrehen. Sie werden nicht nur jeden nackten Hals im Fernsehen zudecken, sie werden auch jede kritische Äußerung an irgendeinem Staats- oder Parteifunktionär als parteischädigend ansehen.« Das hatte auch für ihr Werk Folgen. Ihr neuer, von der Kritik im westlichen Ausland hoch gelobter Roman »Nachdenken über Christa T.« erreichte erst nach jahrelanger Verzögerung die Leser in der DDR. Im »Neuen Deutschland« war dagegen zu lesen: »Pessimismus wird zur ästhetischen Grundstimmung des Buches.«

Produktive Nischen

Der neue Kurs der SED schränkte die Arbeitsmöglichkeiten all jener Künstler stark ein, die sich weiterhin nicht anpassen wollten: keine Veröffentlichungen, keine Ausstellungen, keine Auftritte, Spiel- und Inszenierungsverbote. Der Öffentlichkeit beraubt,

Von der DDR-Kulturpolitik nicht erwünscht: Stilleben von Jürgen Böttcher-Strawalde von 1956 und Arbeiten seiner Freunde

waren sie auf sich und Freundeskreise verwiesen. Dass unter diesen Bedingungen dennoch richtungweisende Kunst entstand, belegt zum Beispiel der Kreis um den Maler Jürgen Böttcher-Strawalde in Dresden. Die Malerfreunde Winfried Dierske, Peter Graf, Peter Herrmann, Peter Makolies und Ralf Winkler hatten sich bereits 1954 bei einem Kunstkurs an der Volkshochschule Dresden kennen gelernt. Der junge Absolvent der Kunstakademie Jürgen Böttcher war ihr Lehrer. In seinem Schaffen selbst immer wieder von der Zensur bedroht, unterstützte er dennoch seine Schüler in ihrem Streben nach einem eigenständigen Kunststil.

Über Böttcher lernten sie die westliche Moderne kennen, aber auch andere unangepasste Künstler und Intellektuelle wie Wolf Biermann und Robert Havemann. Da sie zum Kunststudium nicht zugelassen waren, entwickelten sie als Autodidakten ihren Malstil weiter – nach der täglichen Arbeit als Kraftfahrer, Steinmetz oder Retuscheur. Die Dresdener Gruppe blieb auch zusammen, als Jürgen Böttcher nach Potsdam ging, um Filmregisseur zu werden. Die Freunde trafen sich weiter zum gemeinsamen Malen und Feiern in ihren auch als Ateliers genutzten kärglichen Wohnungen. Einer von ihnen – Ralf Winkler – wurde später unter dem Pseudonym A. R. Penck ein weltbekannter Maler. Jürgen Böttcher kollidierte auch als Filmemacher schnell mit der staatlichen Zensur. Bereits sein Diplomfilm, den er 1961 über die Maler und Freunde Graf, Herrmann und Makolies gedreht hatte, durfte nicht öffentlich gezeigt werden. 1965 geriet sein erster Spielfilm »Jahrgang 45« in die Mühlen des 11. ZK-Plenums und wurde ebenfalls verboten.

Zum großen Freundeskreis der Gruppe gehörte auch der Psychologe Jürgen Schweinebraden, der Jahre später, ohne offizielle Genehmigung, in einer Berliner Hinterhofwohnung eine private Galerie eröffnete. Hier zeigte er zwischen 1974 und 1980 in über 70 Ausstellungen Arbeiten von Künstlern aus dem In- und Ausland, die in den Museen der DDR nicht gezeigt werden durften. Schweinebraden verlegte Grafikmappen und

*Jürgen Schweinebraden eröffnete
1977 in seiner Privatgalerie
eine Ausstellung mit Arbeiten von
Gerhard Klampäckel*

149

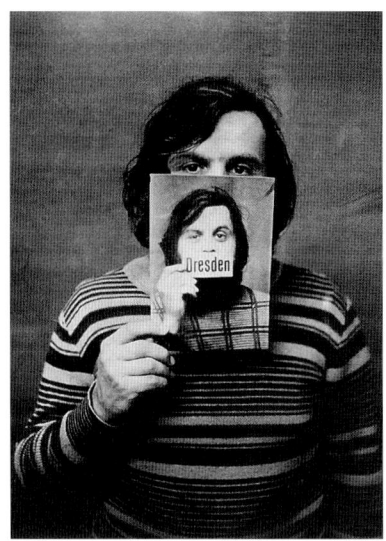

*Fixierbild von Ralf Winkler, alias
A. R. Penck*

Postkartenserien mit den Arbeiten seiner Freunde. Trotz ständiger Überwachung durch die Staatssicherheit veranstaltete er in seiner Galerie Happenings, Konzerte und Feste. Die erste Video-Performance der DDR fand in seiner Galerie statt. 1980 stellte er, von Verhaftung bedroht, einen Antrag auf Ausreise in die Bundesrepublik. Schnell erfüllte der Staat Schweinebradens Wunsch – froh, den unbequemen Galeristen loszuwerden. Im selben Jahr verließ auch A. R. Penck die DDR, wie viele Künstler vor und nach ihm.

Bereits 1975 war der Gitarrist Klaus Jentzsch – Mitbegründer der »Butlers« – gezwungen worden, in den Westen zu gehen. Nach dem Verbot der Band 1965 hatte sich Jentzsch einer FDJ-Singegruppe angeschlossen, um überhaupt Musik machen zu können. Damit hatte er sich in den Augen der Kulturfunktionäre rehabilitiert und konnte erneut eine Rockgruppe gründen – die legendäre Renft-Combo. Ihre Musik und ihre kritischen Texte trafen das Lebensgefühl vieler Jugendlicher in der DDR. Wochenende für Wochenende reisten ihnen ihre Fans zu den Konzerten quer durch die Republik hinterher, bis schließlich auch die Renft-Combo 1975 verboten wurde.

Besucher in der IX. Kunstausstellung der DDR 1982/83 vor Hans-Hendrik Grimmlings Gemälde »Schuld der Mitte«

»Weite und Vielfalt«

Der SED gelang es trotz ihrer unverändert restriktiven Haltung nicht, kritische Künstler und ihre Werke auf Dauer auszugrenzen. Immer wieder war sie gezwungen, im Nachhinein anzuerkennen, was sie jahrelang entschieden bekämpft hatte. So erging es ihr mit der Rockmusik, aber auch in der bildenden Kunst. Noch bis Mitte der sechziger Jahre sortierten Juroren – ganz im Sinne der SED-Kulturpolitik des sozialistischen Realismus – Werke der Leipziger Maler Bernhard Heisig, Werner Tübke oder Wolfgang Mattheuer bei großen Ausstellungen aus. Doch setzten sich deren Werke auf Grund ihrer Qualität letztlich durch. Ein wichtiger Bündnispartner war ihnen dabei das Kunstpublikum des Landes. Anfang der siebziger Jahre interessierten sich immer mehr Menschen für die nationale Gegenwartskunst, weil diese Bilder ihre alltäglichen Probleme behandelten. Sie schätzten die kritische Grundhaltung der Künstler, zunehmend aber auch die künstlerische Qualität ihrer Arbeiten. Zur VII. Kunstausstellung der DDR 1972/73 in Dresden kamen über 650 000 Besucher, dreimal so viele wie fünf Jahre zuvor. Die VIII. Kunstausstellung 1977/78 besuchten dann bereits über eine Million; eine Zahl, die bis zum Ende der DDR nicht mehr unterschritten wurde.

Gemälde wie Günter Glombitzas »Junges Paar« lösten heftige Diskussionen über den Realitätsgehalt des sozialistischen Menschenbildes aus, das die SED propagierte. Andere Arbeiten zeigten die Gefährdung der Umwelt oder den Zustand der Betriebe

Bassgitarre von Klaus Jentzsch

»Junges Paar« von Günter Glombitza sorgte auf der VII. Kunstausstellung in der DDR 1972/73 für lebhafte Diskussionen

151

und den Zerfall der Städte. Mit ihren Bildern unterliefen die Künstler ständig das von der SED beanspruchte Wahrheitsmonopol – auch wenn manche Kritik erst auf den zweiten Blick zu erkennen war. Das laut Besucherbefragung beliebteste Werk der letzten Kunstausstellung der DDR 1987/88 war Wolfgang Mattheuers Plastik »Der Jahrhundertschritt«. Je ein Abguss dieses Kunstwerkes, das die Zerrissenheit des 20. Jahrhunderts versinnbildlicht, steht heute vor dem Zeitgeschichtlichen Forum Leipzig und vor dem Haus der Geschichte in Bonn.

Rockmusik und Liedermacher

Um ihre Werke veröffentlichen zu können, gingen Künstler immer wieder Kompromisse mit der SED-Führung ein, sei es, dass sie Kritik nur versteckt in Anspielungen äußerten, sei es, dass sie auf manch kritische Passage lieber ganz verzichteten. Nicht wenige, die als »Kritiker des Systems« angetreten waren, ließen sich später um persönlicher Vorteile willen »kaufen«. Das Publikum registrierte solche Verhaltensweisen sehr genau. Manche Rockgruppe, die sich vom Geheimtipp der Szene zur staatlich geförderten Vorzeigeband wandelte, verlor rasch ihr jugendliches Publikum.

Die favorisierte Musik vieler Rockfans kam ohnehin aus dem Westen. Um Titel der Stones, Bob Dylans oder Led Zeppelins auf Tonband oder Kassette mitschneiden zu können, riskierten manche Jugendliche viel. Sie schickten ihre Musikwünsche über Deckadressen an den RIAS und SFB in West-Berlin oder an westdeutsche Radiosender. Fing die Staatssicherheit ihre Briefe ab, hatte dies noch in den sechziger Jahren nicht selten einen Verweis von der Erweiterten Oberschule, aus der Berufsausbildung oder der Universität zur Folge.

Selbst das Tragen westlicher Jeans war an vielen Schulen der DDR lange untersagt; zumindest musste das Markenetikett, auf das die Jugendlichen besonders stolz waren, entfernt werden. Doch auch dies konnte der Staat auf Dauer nicht durchsetzen. 1972 verkündete der junge Held Edgar Wibeau in Ulrich Plenzdorfs Erfolgsstück »Die neuen Leiden des jungen W.« von den Bühnen des Landes: »Ich meine, Jeans sind eine Einstellung und keine Hosen.« Wenig später begann die Bekleidungsindustrie der DDR mit der Produktion eigener Jeansmarken, ohne damit bei den Jugendlichen auf viel Gegenliebe zu stoßen.

Jugendliche, die aus dem Westen eine »echte Jeans« geschickt bekamen, trugen sie oft so lange, bis sie auseinander fiel. Andere kauften sich auf Märkten in Ungarn oder Polen für die Hälfte ihres Monatslohnes Levis- oder Wrangler-Jeans. Beliebte »Reisesouvenirs« aus dem »sozialistischen Ausland« waren auch Lizenzplatten oder Originalpressungen westlicher Rockbands, für die Jugendliche bereit waren, viel Geld auszugeben. Zwar brachte in den siebziger Jahren auch die staatliche Plattenfirma AMIGA pro Monat eine Lizenzplatte auf den Markt, doch war die Auflagenhöhe zu gering, um alle Kaufwünsche zu befriedigen. So blühte auch hier der Tausch- und Schwarzmarkt. Wenige Käufer fanden dagegen die Platten der FDJ-Singebewegung, mit der der Zentralrat des sozialistischen Jugendverbandes ab Mitte der sechziger Jahre versuchte, eine musikalische Alternative zur westlich geprägten Rockmusik zu entwickeln. 1966 hatte der in Ost-Berlin lebende kanadische Folkmusiker Perry Friedman dort einen Hootenanny-Klub gegründet, in dem amerikanische Folksongs nachgesungen wurden. Mit Versprechungen aber auch mit Druck gelang es FDJ-Funktionären, diesen Klub in eine staatlich geförderte Singegruppe umzuwandeln. Als »Oktoberklub« wurde er fortan zum Vorbild für die überall im Land zu gründenden Singeclubs er-

Markenjeans aus dem Westen, selbst genähte Taschen wegen ihres Motivs »Hirschbeutel« genannt und Trampstiefel gehörten zur »Standardausrüstung« jugendlicher Blues- und Rockfans

Bei Jugendlichen heiß begehrt: Rockmusik-Schallplatten aus dem Westen. Aber auch Musiker wie Cszesław Niemen aus Polen oder Manfred Krug aus der DDR waren beliebt

Der rote Spatz Oki war das Maskottchen des Berliner Oktoberclubs. Den gleich-namigen Preis vergab die FDJ an Nach-wuchstalente der Singebewegung

klärt. Doch die »Sänger im Blauhemd« fanden wenig Resonanz bei der Mehrheit der Jugendlichen. Kreative Liedermacher, die ihren Weg in der Singebewegung begonnen hatten, stießen bald an die Grenzen des Erlaubten: Stephan Krawczyk, Ende der sieb-ziger Jahre noch Leiter des FDJ-Singezentrums des Bezirkes Gera und 1981 Gewinner des Hauptpreises des Nationalen DDR-Chansonfestivals in Frankfurt/Oder, erhielt wegen seiner gesellschaftskritischen Lieder Berufsverbot. Ab 1985 konnte er nur noch in Kirchen auftreten. Im Januar 1988 verhaftete ihn die Staatssicherheit und schob ihn gegen seinen Willen in die Bundesrepublik ab.

Auch anderen einst geförderten Talenten wie Hans-Eckardt Wenzel, Stefan Körbel oder Gerhard Gundermann bot die Singebewegung bald keine Entfaltungsmöglichkeit mehr. Sie gründeten eigene Gruppen, veranstalteten Liedtheater-Projekte oder traten mit kritischen Soloprogrammen auf, immer von Verboten bedroht. So wurde die 1982 von Hans-Eckardt Wenzel und Steffen Mensching gemeinsam mit Freunden inszenierte spöttische »Hammer-Rehwü« zeitweise verboten und einigen der mitwirkenden Musikern die Spiellizenz entzogen. Auch ihre 1987 – im Zeichen der Perestroika – kreierte »Sicheloperette« begeisterte das Publikum und erboste die Kulturfunktionäre der SED. Doch hatten die Kulturpolitiker nicht mehr die Kraft, auch dieses Programm zu verbieten; ebenso wenig wie die »Da Da eR« – Programme, die Wenzel und Mensching als Duo seit Anfang der achtziger Jahre gemeinsam entwickelten. In Spottliedern, Slapsticknummern und Parodien, gewürzt mit Anspielungen auf die Tagespolitik, zeichneten sie als Clowns verkleidet ein surreales Bild der DDR-Realität. Mit »Letztes aus der Da Da eR« lieferten sie 1989 den Abgesang auf diesen Staat und zugleich die Vorlage für den letzten von der DEFA 1990 produzierten Film.

Alternative Kunstszene

Die meisten Mitglieder der alternativen Kunstszene hatten sich schon in den achtziger Jahren innerlich aus der DDR verabschiedet. Sie wollten mit dem Staat und der SED keine Kompromisse mehr eingehen, um ihre Gedichte veröffentlichen, ihre Bilder ausstellen oder ihre Lieder auf Platte pressen zu dürfen. Sie lebten in Altbauvierteln von Ost-Berlin, Dresden, Leipzig oder Jena und schufen sich unter geschickter Ausnutzung von Gesetzeslücken schrittweise eine eigene Öffentlichkeit mit Zeitschriften, Galerien und Festen. Das Druckgenehmigungsgesetz erlaubte eine unzensierte Veröffentlichung

links: Als Clownsduo präsentierten Hans-Eckardt Wenzel und Steffen Mensching seit 1982 ihr Bild von einer absurden Da Da eR

rechts: Das Bandoneon gehörte zum Liedermacher Stephan Krawczyk wie seine kritischen Lieder

von Büchern in Auflagen bis zu einhundert Stück, wenn sie originale Grafiken enthielten. Also taten sich junge Grafiker und Dichter aus der Szene zusammen und gaben in kleinen Auflagen Bücher, aber auch Zeitschriftenreihen heraus. Sie hießen »Anschlag«, »Ariadnefabrik«, »Entwerter/Oder«, »Schaden« oder »Glasnot« – die Titel sollten provozieren und waren zugleich Programm. Alternative Bands der Punk-, New Wave- und HipHop-Szene verkauften ihre Songs auf Kassette, in kleiner Auflage und mit selbst entworfenem Cover. Dutzende alternative Galerien entstanden in Hinterhöfen und in besetzten Häusern. Die Künstler und ihre Freunde veranstalteten in vielen Großstädten der DDR temporäre Ausstellungen, Happenings, Künstlerfeste und in Dresden sogar ein eigenes Schmalfilmfestival.

Bücher, Hefte und Druckmaschine der Berliner »radix-blätter« erinnern an das Wirken des einzigen illegalen Verlages in der DDR

155

1985 schufen Leipziger Künstler die unabhängige Galerie »Eigen+Art«

Die Staatssicherheit war jedoch immer dabei. In nahezu alle Gruppen hatte sie Spitzel eingeschleust. Die Dichterszene vom Prenzlauer Berg in Ost-Berlin wurde sogar von zwei inoffiziellen Mitarbeitern (IM) der Staatssicherheit maßgeblich geprägt und zugleich kontrolliert, ohne dass beide voneinander wussten: Sascha Anderson und Rainer Schedlinski. Doch stellt diese hochgradige Durchdringung der Szene mit inoffiziellen Mitarbeitern der Staatssicherheit die kreativen Leistungen der alternativen Künstler in der DDR im Nachhinein nicht grundsätzlich in Frage. Entscheidend war ihre Signalwirkung nach innen und außen. Allein ihre Existenz machte deutlich, dass die SED und

Drei von über 30 illegalen Künstlerzeitschriften, die in den achtziger Jahren in der DDR erschienen

ihr Staat nicht mehr allmächtig waren. Sie konnten den ersten und einzigen Unter-grundverlag der DDR, die »radixblätter« in Ost-Berlin mit seinem umfangreichen künstlerischen wie politischen Buchprogramm ebenso wenig verhindern wie die Leip-ziger Galerie »Eigen+Art«, die in der DDR Vorbildfunktion für viele andere alternative Galerien hatte. Noch heute ist diese Galerie auf dem internationalen Kunstmarkt erfolg-reich, unter anderem mit Künstlern wie Olaf Nicolai oder Neo Rauch, die sie bereits vor 1990 vertreten hat.

Faltrollos statt Leinwände: In den achtziger Jahren bedienten sich junge Künstler unkonventioneller Mal-gründe. In seiner Holzplastik »Der Fall« nahm Hans Scheib im Frühjahr 1989 das Ende der DDR vorweg

157

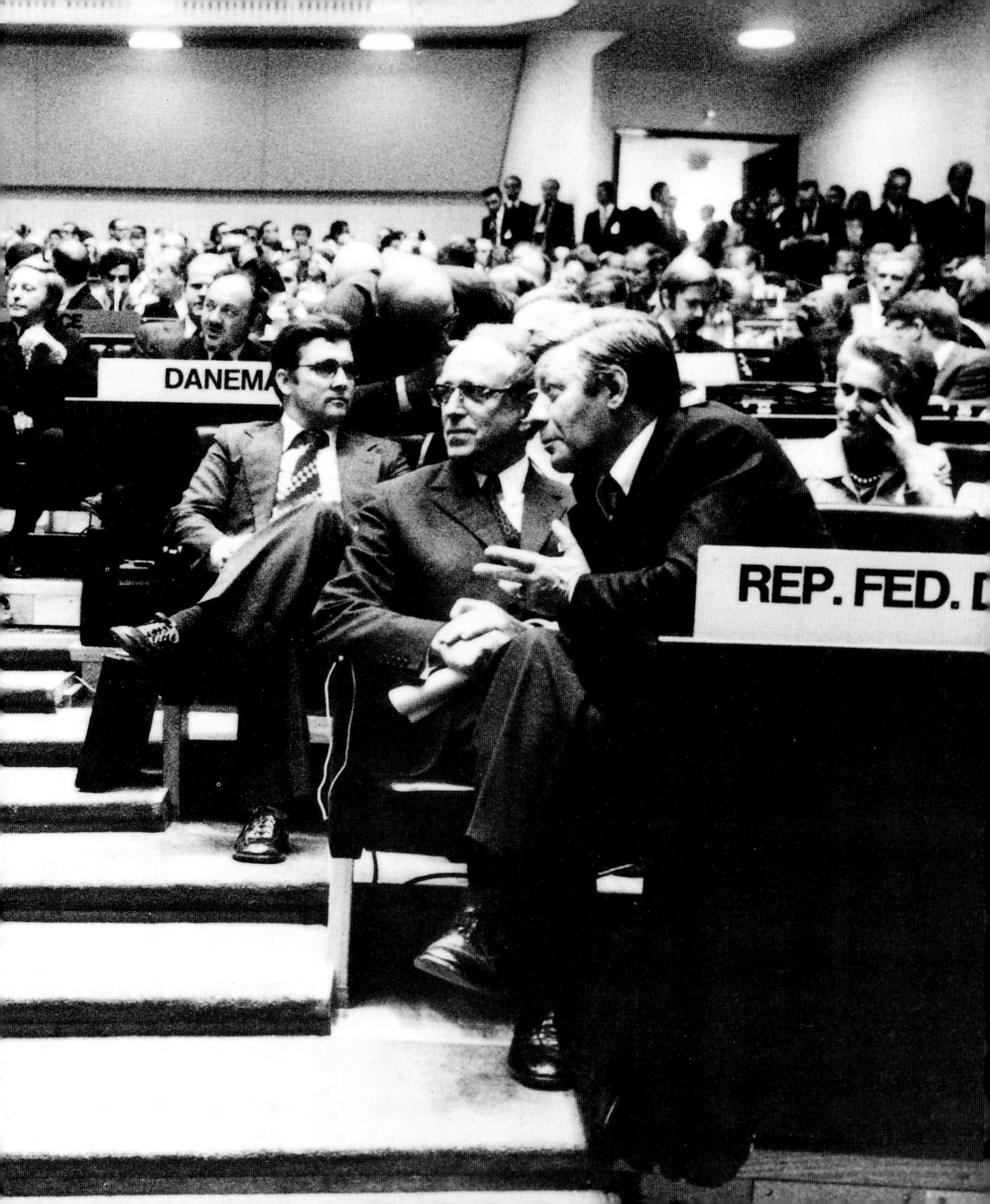
DANEMA
REP. FED. D

Öffnung wider Willen

Seit den siebziger Jahren agierte die Regierung der DDR zunehmend selbstbewusster auf dem diplomatischen Parkett. Im Zeichen der Entspannungspolitik nahm sie an der Konferenz für Sicherheit und Zusammenarbeit in Europa (KSZE) teil. Doch das Streben nach internationaler Anerkennung erzwang von der SED-Führung Zugeständnisse, die sich innenpolitisch bald als Bumerang erwiesen.

Sicherheit und Zusammenarbeit

Helsinki im Juli 1975: 35 Staats- und Regierungschefs aus Europa, den USA und Kanada versammelten sich in der finnischen Hauptstadt zur Konferenz über Sicherheit und Zusammenarbeit in Europa. Bereits 1967 hatten die Mitgliedstaaten des Warschauer Pakts eine europäische Sicherheitskonferenz mit dem Ziel vorgeschlagen, den Status quo in Europa festzuschreiben. Als mit der Ostpolitik der Regierung Brandt und dem SALT I-Vertrag (Strategic Arms Limitation Talks) 1972 zwischen der Sowjetunion und den USA die Chancen für eine Verständigung zwischen Ost und West wuchsen, erklärten sich auch die westlichen Staaten zur Teilnahme bereit. Die DDR war auf der Konferenz als gleichberechtigter Partner vertreten. Die SED-Führung sah darin einen außenpolitischen Erfolg und einen wichtigen Schritt hin zur internationalen Anerkennung.

Erich Honecker bei der Unterzeichnung der Helsinki-Schlussakte

Mit seiner Unterschrift unter die KSZE-Schlussakte sicherte auch Erich Honecker die Einhaltung der darin festgeschriebenen Prinzipien zu: die Unverletzlichkeit der Grenzen, die friedliche Regelung von Streitigkeiten und die Nichteinmischung in innere Angelegenheiten der Vertragspartner. Die Vereinbarungen wurden in so genannten Körben zusammengefasst. Korb 1 umfasste vertrauensbildende Maßnahmen im militärischen Bereich. Im Korb 2 verpflichteten sich die Unterzeichnerstaaten zur Zusammenarbeit auf wissenschaftlich-technischem Gebiet. Von besonderer Brisanz war Korb 3: Er enthielt die Verpflichtung, die Menschenrechte und Grundfreiheiten einschließlich der Gedanken-, Gewissens-, Religions- oder Überzeugungsfreiheit zu achten. Gemäß der Vereinbarung in der Schlussakte veröffentlichte das »Neue Deutschland« den vollständigen Text.

Dokument der Hoffnung

Viele Menschen vor allem in Osteuropa knüpften Hoffnungen an die Beschlüsse von Helsinki. Menschenrechtsgruppen wie die Charta 77 in der ČSSR und die »Helsinki-Gruppen« in der Sowjetunion beriefen sich auf die KSZE-Schlussakte. Auch in der DDR forderten immer mehr Menschen die Einhaltung der Menschenrechte sowie Reise- und Informationsfreiheit. Sie nahmen die Regierung beim Wort und beharrten auf den in Helsinki zugesicherten Rechten. So stieg die Zahl der Ausreiseanträge seit Mitte der siebziger Jahre sprunghaft an. Hatten im Jahr 1977 rund 8400 Personen erstmals einen Antrag gestellt, so waren es 1984 bereits über 57 000.

Die SED verstand jeden Ausreisewunsch als deutliche Absage an ihren politischen Kurs und reagierte trotz der Vereinbarungen von Helsinki mit Repressalien gegen die Antragsteller. Häufig waren die Betroffenen Diskriminierungen am Arbeitsplatz und in der Schule ausgesetzt. Sie durften ihren Wohnort nicht verlassen und mussten sich regelmäßig bei der Polizei melden; ihnen drohten Haftstrafen wegen »staatsfeindlicher Hetze«. Die Initiatoren der »Petition von Riesa«, mit der 1976 über siebzig Ausreise-

Hilfsorganisationen in der Bundesrepublik bemühten sich um die Freilassung von in der DDR inhaftierten Ausreisewilligen

willige gemeinsam ihre Rechte einforderten, wurden verhaftet. Im Juni 1983 versammelten sich jedes Wochenende im Zentrum von Jena Antragsteller in weißen Hemden oder Blusen und bildeten den so genannten »Weißen Kreis«. Mit dieser Aktion demonstrierten sie schweigend gegen staatliche Willkür und für ihre Ausreise. Auch in Dresden kam es zu ähnlichen Aktionen. Als die Medien in der Bundesrepublik darüber berichteten, durften rund siebzig Jenaer die DDR verlassen.

Ausreisewillige bildeten 1983 in Jena den »Weißen Kreis«

Zwischen Abgrenzung und Kooperation

Die DDR-Führung reagierte auf die innenpolitischen Folgen der KSZE-Beschlüsse mit verstärkter Abgrenzung gegenüber der Bundesrepublik. 1980 verkündete Erich Honecker die »Geraer Forderungen«: Die Anerkennung der DDR-Staatsbürgerschaft, die Umwandlung der Ständigen Vertretungen in Botschaften und die Auflösung der Zentralen Erfassungsstelle für DDR-Unrecht in Salzgitter sollten die Spaltung Deutschlands vertiefen. Durch die drastische Erhöhung der Mindestumtauschsätze ging die Zahl der Besucher aus der Bundesrepublik und West-Berlin vorübergehend um mehr als die Hälfte zurück.

Im Dezember 1981 folgte Bundeskanzler Schmidt der Einladung Erich Honeckers in die DDR. Sein Aufenthalt war überschattet von außenpolitischen Ereignissen: Die polnische Regierung hatte das Kriegsrecht über das Land verhängt. Sowjetische Truppen hielten Afghanistan besetzt. Das erste deutsch-deutsche Gipfeltreffen nach mehr als elf Jahren endete ohne konkrete Ergebnisse. In Erinnerung blieben die gespenstischen Bilder von einer Stadt im Belagerungszustand: Um ein zweites »Erfurt« mit Jubelrufen der Bevölkerung für den Kanzler zu verhindern, hatten Sicherheitskräfte die Güstrower Innenstadt hermetisch abgeriegelt. Trotz aller Bemühungen um Abgrenzung wuchs

Zuglaufschild eines Transitzuges

die wirtschaftliche Abhängigkeit von der Bundesrepublik. Jährlich flossen Beträge in Milliardenhöhe an die DDR: als Transit- und Postpauschale, für den Ausbau der Transit-wege und nicht zuletzt für den Freikauf von Häftlingen. Die Reisemöglichkeiten waren für die SED ein politisches Faustpfand, um immer wieder Gegenleistungen von der Bundesrepublik zu fordern. Seit 1972 erteilten die DDR-Behörden zwar auch an Antrag-steller unterhalb des Rentenalters Visa für Besuchsreisen in die Bundesrepublik; die Genehmigung war jedoch mit zahlreichen Hürden verbunden und die Entscheidung willkürlich. Einen Rechtsanspruch auf ein Visum gab es nicht. So blieben die Reise-möglichkeiten ein Gradmesser für den Zustand der deutsch-deutschen Beziehungen.

Güstrow während des Besuchs von Bundeskanzler Helmut Schmidt

Kontinuität

Die 1982 aus CDU/CSU und FDP gebildete Bundesregierung setzte den deutschlandpolitischen Kurs der sozialliberalen Koalition fort. Doch die außenpolitischen Bedingungen für die Fortsetzungen des Dialogs mit der DDR verschlechterten sich. Zwischen
den beiden Supermächten begann eine neue Runde des Wettrüstens: Weil die im »NATO-
Doppelbeschluss« genannte Frist für den Abbau der sowjetischen Mittelstreckenraketen SS 20 ergebnislos verstrich, begann im November 1983 die Stationierung neuer
westlicher Raketensysteme in Europa. Zudem setzten die USA die Sowjetunion mit ihrer
im März 1983 vom amerikanischen Präsidenten Ronald Reagan verkündeten Strategic
Defense Initiative (SDI) unter Druck. Dieses häufig auch als »Krieg der Sterne« bezeichnete Konzept, feindliche Atomraketen durch ein System von im Weltraum stationierten
Defensivwaffen unschädlich zu machen, war technisch und politisch heftig umstritten.
Doch weil ein Gegenhalten des Warschauer Paktes die Wirtschaftskraft dieses Militär-
bündnisses überstieg, förderte es letztlich ein Umdenken in der sowjetischen Führung.
Die Abrüstungsinitiativen Michail Gorbatschows ab 1985 trugen dem Rechnung.

*Programmheft von den Filmwochen
der Bundesrepublik in der DDR*

*Linke Seite: Das Ausreisegepäck ist
Symbol für den Wunsch vieler
Menschen, die DDR zu verlassen*

Trotz der neuen Phase des Wettrüstens zwischen Ost und West zu Beginn der achtziger Jahre bekannte sich die neue Bundesregierung zur »Politik des Dialogs, des Aus-
gleichs und der Zusammenarbeit«, mit der sie »die Teilung erträglicher machen« wollte.
Gleichzeitig rückte sie jedoch die Forderung nach dem Selbstbestimmungsrecht für alle
Deutschen wieder stärker in den Vordergrund, das nach Überzeugung der Regierungs-
koalition letztlich zur deutschen Einheit führen werde. Beim Besuch Erich Honeckers
im September 1987 in der Bundesrepublik fand Bundeskanzler Kohl deutliche Worte.
In seiner Tischrede erklärte er unter anderem: »Für die Bundesregierung wiederhole
ich: Die Präambel unseres Grundgesetzes steht nicht zur Disposition, weil sie unserer
Überzeugung entspricht. Sie will das vereinte Europa, und sie fordert das gesamte
deutsche Volk auf, in freier Selbstbestimmung die Einheit und Freiheit Deutschlands
zu vollenden.« Er erklärte jedoch auch, dass die deutsche Frage gegenwärtig nicht auf
der Tagesordnung stehe. Der Besuch bedeutete zwar einerseits eine formale Aufwertung
der DDR, andererseits nährte er aber bei der Mehrheit der Ostdeutschen die Hoffnung
auf einen »Wandel durch Annäherung«.

1983 übernahm die Bundesregierung die Bürgschaft für einen Milliardenkredit
westdeutscher Banken an die DDR, der durch maßgebliche Hilfe des CSU-Vorsitzenden
und bayerischen Ministerpräsidenten Franz Josef Strauß zustande gekommen war. Als
Gegenleistung bauten DDR-Grenzsoldaten die Selbstschussanlagen an der innerdeutschen Grenze ab. Doch diese wurde dadurch nicht durchlässiger, die Überwachung im
Hinterland sogar verstärkt.

Das nach zwölfjährigen Verhandlungen im Mai 1986 unterzeichnete Kulturab-
kommen zwischen beiden deutschen Staaten förderte einen intensiveren Austausch
von Wissenschaft, Kunst und Kultur. Ausstellungen und Filme aus der Bundesrepublik
entwickelten sich in der DDR zu Publikumsmagneten. Bücher aus dem Westen waren
begehrte »Bückware«. Umgekehrt fanden die Werke von Künstlern und Schriftstellern
aus der DDR auch in der Bundesrepublik Resonanz. Von einem offenen, unreglemen-
tierten Kulturaustausch blieb die DDR jedoch weit entfernt.

Suche nach Alternativen –
Die Opposition in der DDR

Der Gegensatz zwischen den Verheißungen des Sozialismus und der Realität zeigte sich seit Mitte der siebziger Jahre immer deutlicher: Die SED bekundete ihren Willen zur Entspannungs- und Friedenspolitik und zum gesellschaftlichen Fortschritt. Tatsächlich aber praktizierte sie eine Politik der Militarisierung, der Umweltzerstörung und der Repression gegenüber Andersdenkenden. Dies forderte den Widerspruch einer wachsenden Zahl von Menschen heraus.

Das Jahr 1976

Dieses Jahr hatte für die weitere Entwicklung in der DDR einen geradezu symbolischen Charakter. Unter einer scheinbar ruhigen Oberfläche begann es zu brodeln. Am 18. August 1976 setzte sich der evangelische Pfarrer Oskar Brüsewitz vor der Michaeliskirche in Zeitz in Brand, neben sich ein Transparent mit der Aufschrift: »Funkspruch an alle ... Funkspruch an alle ... Die Kirche in der DDR klagt den Kommunismus an! Wegen Unterdrückung in Schulen an Kindern und Jugendlichen.« Vier Tage später erlag Oskar Brüsewitz seinen schweren Verletzungen. Mit seiner Selbsttötung wollte er ein Zeichen setzen und die Öffentlichkeit und seine Kirche aufrütteln, dem Totalitätsanspruch der SED – besonders der atheistischen Jugenderziehung – entgegenzutreten.

Pfarrer Oskar Brüsewitz vor seiner Kirche in Rippicha

Die Tat löste eine heftige Diskussion in den evangelischen Landeskirchen aus, die zum Überdenken ihrer Haltung gegenüber dem repressiven Staat zwang. Die staatliche Propaganda versuchte, Brüsewitz als Psychopathen darzustellen. Doch viele begriffen sein Selbstopfer als einen Akt der Selbstbehauptung. Der Trauerzug bei seiner Beisetzung wurde zur politischen Demonstration.

Nach mehr als zehn Jahren Auftrittsverbot hatte der Liedermacher Wolf Biermann im November 1976 die Erlaubnis zu einer Konzertreise in die Bundesrepublik erhalten. Nach seinem Auftritt in Köln meldete das »Neue Deutschland« seine Ausbürgerung. Mit diesem vermeintlichen Befreiungsschlag versuchte das SED-Regime, sich eines kritischen Geistes zu entledigen.

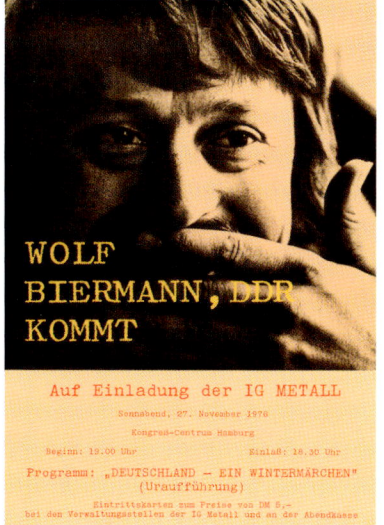

Plakat von der Konzertreise Wolf Biermanns in die Bundesrepublik im November 1976

Selbst gebaute Gitarre und Schreibmaschine von Wolf Biermann

In seinen Liedern und Texten hatte Biermann wie wenige andere Künstler die alltägliche Realität des DDR-Sozialismus beschrieben und sie der kommunistischen Utopie entgegengestellt. Damit forderte er die politische Führung heraus. Als Ermahnungen, sich mit seiner Kritik zurückzuhalten, keinen Erfolg zeigten, folgten Publikations- und Auftrittsverbot. Mit Wohnungskonzerten und in zahlreichen Abschriften fanden seine Texte dennoch Verbreitung. Biermann wurde zum Sprachrohr für viele, die Kritik an den politischen Verhältnissen in der DDR übten.

Die Ausbürgerung des Liedermachers verfehlte ihr Ziel: Statt »Ruhe im Land« zu erreichen, wuchs die Empörung. Zahlreiche Künstler wandten sich gegen diesen Akt staatlicher Willkür, darunter Stefan Heym, Stephan Hermlin, Franz Fühmann, Sarah Kirsch und Christa Wolf. Ihrem Protest schlossen sich Menschen aller Alters- und Berufsgruppen an. Allein in den ersten drei Wochen nach der Ausbürgerung registrierte die Staatssicherheit mehr als 450 »feindlich-negative Vorkommnisse« in der gesamten DDR. Besonders hart ging die SED gegen Solidaritätsaktionen junger und oft unbekannter Menschen vor. Sie ließ 101 Personen verhaften und 50 Ermittlungsverfahren wegen »staatsfeindlicher Hetze« und »Staatsverleumdung« einleiten. Zu dem außenpolitischen Gesichtsverlust kam auch der Verlust an kulturellem Prestige: Bestrafungen und Schikanen ausgesetzt, verließen zahlreiche kritische Künstler wie Sarah Kirsch, Jurek Becker, Günter Kunert und Manfred Krug die DDR.

»Demokratischer Sozialismus«

Rechte Seite: Robert Havemann und Wolf Biermann im Kreise ihrer Freunde in der Berliner Chausseestraße 131

Zu denen, die gegen die Biermann-Ausbürgerung protestiert hatten, gehörte Robert Havemann – Symbolfigur der DDR-Opposition. Der prominenteste Kritiker des SED-Regimes war schon lange im Visier der Stasi. Dabei hatte Havemann in den Anfangsjahren

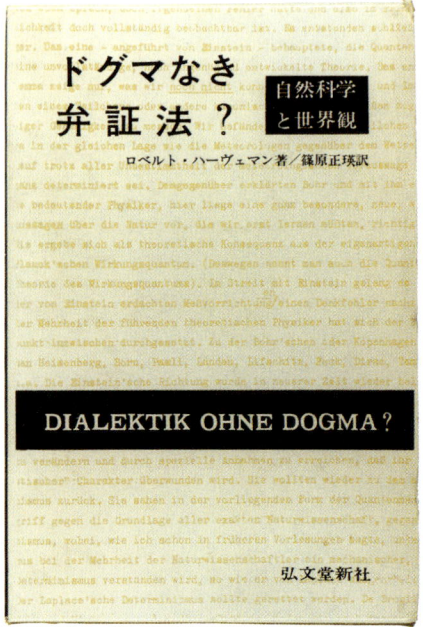

Die in der DDR verbotenen Schriften Robert Havemanns stießen weltweit auf großes Interesse

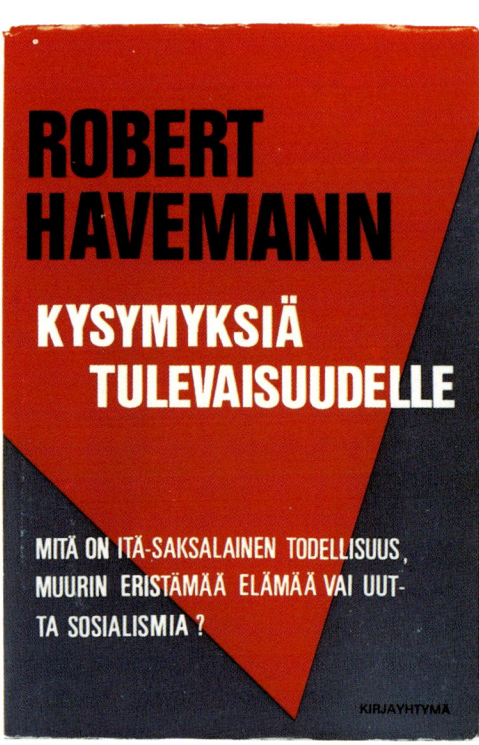

der DDR zu den überzeugten Anhängern des neuen Staates gehört. Als Gegner des Nationalsozialismus 1945 aus der Todeszelle des Zuchthauses Brandenburg befreit, fühlte er sich Stalin und der SED eng verbunden. 1949 wurde Havemann Abgeordneter der provisorischen Volkskammer. Doch der XX. Parteitag der KPdSU 1956 leitete den Sinneswandel ein. Die Verbrechen des Stalinismus brachten ihn zu der Überzeugung: »Wer andere Meinungen nicht achtet und zu unterdrücken versucht, schätzt offensichtlich die Überzeugungskraft seiner eigenen Ideen gering.«

In seiner Vorlesungsreihe »Naturwissenschaftliche Aspekte philosophischer Probleme«, zu der im Herbst 1963 über tausend Studenten aus dem ganzen Land in den Hörsaal der Ostberliner Humboldt-Universität strömten, forderte Havemann den offenen Meinungsstreit und die »Pflicht zum eigenen Urteil«. Er trat für eine Reformierung der SED und einen »demokratischen Sozialismus« ein. Das bedeutete den Bruch mit der SED. Er wurde aus der Partei ausgeschlossen, verlor seinen Lehrstuhl und seine wissenschaftlichen Ämter. Seine Bücher erschienen nur noch im Westen. In der DDR kursierten die Texte als Abschriften oder eingeschmuggelte Bücher. Havemanns Gartenhaus in Grünheide bei Berlin wurde zur Anlaufstelle für jene, die seine Kritik am real existierenden Sozialismus teilten und über gesellschaftliche Alternativen nachdenken wollten.

Havemanns Protestbrief gegen die Ausbürgerung Biermanns, den der »Spiegel« in der Bundesrepublik veröffentlicht hatte, nahm die SED zum Anlass, den unliebsamen Kritiker noch stärker zu isolieren. Eine willfährige Justiz verhängte gegen ihn Hausarrest. Ständig bewachte und kontrollierte die Staatssicherheit sein Haus und ließ nur wenige Besucher zu ihm. Trotzdem beeinflusste sein Wirken die sich entwickelnde Opposition in der DDR. Seine Bereitschaft, die Risiken seiner politischen Haltung zu tragen, in der DDR zu bleiben und für politische Veränderungen einzutreten, machten Havemann zum Vorbild für viele Gegner der SED.

»Frieden schaffen ohne Waffen«

– diesen Titel trägt der »Berliner Appell«, ein Grundsatzdokument der unabhängigen Friedensbewegung, 1982 von Robert Havemann und Pfarrer Rainer Eppelmann als Gegenprogramm zur wachsenden Militarisierung aller Lebensbereiche in der DDR verfasst.

SED-Agitation gegen den NATO-Beschluss

Ende der siebziger und Anfang der achtziger Jahre spitzte die Kontroverse um die Stationierung von Mittelstreckenraketen in Europa die Gegensätze zwischen den Militärblöcken zu. Im Juni 1978 erklärte Staats- und Parteichef Honecker, dass es »keinen Bereich des gesellschaftlichen Lebens« in der DDR gebe, »der nicht von den Belangen der Landesverteidigung durchdrungen« sei. Die SED feierte dies als Erfolg, denn in ihrem Friedensverständnis ging sie von der These aus: »Sozialismus ist gleich Frieden, Kapitalismus ist gleich Krieg«. Der Frieden sei deshalb in erster Linie von der Stärke – auch und vor allem der militärischen – des real existierenden Sozialismus abhängig. Unter »Friedenserziehung« verstand die SED, die Bevölkerung auf ein Feindbild gegenüber dem Westen, insbesondere gegenüber der Bundesrepublik, einzuschwören und sie in ihre wehrpolitischen Ziele einzubinden.

Die Entwicklung der Wehrbereitschaft wurde schon im Kindergarten als Erziehungsziel vorgeschrieben. Mit Liedern, Zeichnungen und Geschichten über die Soldaten der NVA sollte schon frühzeitig der Wunsch nach einer Laufbahn als Berufsoffizier geweckt werden.

Margot Honecker, Ministerin für Volksbildung, gab den Lehrern und Erziehern die Aufgabe vor: »... unsere Zeit braucht eine Jugend, die den Sozialismus ... mit der Waffe in der Hand verteidigt.« Die Einführung des Wehrunterrichts an den Schulen im Jahr 1978 und der Ausbau der so genannten Zivilverteidigung, die aus der Verantwortung des Innenministeriums in die des Verteidigungsministeriums überging, leiteten weitere Schritte zur militärischen Erfassung und Mobilisierung der Bevölkerung ein. 1982 erließ die Regierung ein neues Gesetz, das im Krisenfall auch Frauen in die Wehrpflicht einbezog.

Dagegen formierte sich wachsender Widerstand. In verschiedenen Städten bildeten sich Gruppen der »Frauen für den Frieden« und andere unabhängige Friedensgruppen, die mit Briefen, Eingaben und Demonstrationen gegen die Militarisierung protestierten. Innerhalb der Kirchen gab es bereits Voraussetzungen, an die sie anknüpfen konnten: die Bewegung der Wehrdienstverweigerer und Bausoldaten und die Aktivitäten der »Offenen Arbeit«.

Wehrerziehung vom Vorschulalter bis zur Rente sah der Beschluss des ZK von 1968 vor. Selbst die Kindergärten hatten nun wehrpädagogische Aufgaben zu erfüllen

Silberne Spaten

1964 hatte die DDR als einziges Land des Warschauer Pakts den Dienst ohne Waffe in ihrer Armee zugelassen – eine Reaktion auf die zahlreichen Wehrdienstverweigerer nach Einführung der allgemeinen Wehrpflicht. Bis 1989 leisteten mehr als 20 000 junge Männer ihren Dienst in den so genannten Baueinheiten, die sich zu einem Sammelpunkt für Andersdenkende entwickelten. Dennoch waren vielen die Soldaten mit dem silbernen Spaten auf dem Schulterstück unbekannt. Wehr- und Waffendienstverweigerung gehörten in der DDR zu den tabuisierten Themen. Staatliche Stellen wiesen auf die Alternative zum Dienst mit der Waffe bewusst nicht hin. Im Gegenteil: Durch Benachteiligung im Studium und Beruf und besonders schwierige Bedingungen während des Armeedienstes versuchte man die Zahl derjenigen, die sich zu den Bausoldaten meldeten, möglichst gering zu halten. Nur die Kirchen informierten in den Arbeitskreisen »Friedensdienst« Ratsuchende. Aus diesen Arbeitskreisen entwickelten sich die zentralen Tagungen der ehemaligen Bausoldaten in Leipzig.

links: *Transparent vom Olof-Palme-Friedensmarsch in der DDR 1987*

rechts: *Friedensseminar in Königswalde 1988*

Der Schriftsteller Erich Loest schrieb in seinen Erinnerungen: »Im Herbst 1989, als der Ulbricht-Honecker-Staat in die Luft flog, fragten mich manche, wie denn das alles so plötzlich gekommen sei. Ich antwortete, diese Eruption hätte eine lange Vorgeschichte, und ich erinnerte mich an Königswalde ...« Vor allem ehemalige Bausoldaten hatten 1973 in Königswalde bei Zwickau das erste Friedensseminar gegründet. Bis zu 600 Menschen versammelten sich regelmäßig, um über Fragen der Friedenserhaltung und der Menschenrechte zu diskutieren. Im Mittelpunkt stand die Aufklärung über Probleme, die in der Gesellschaft weithin verschwiegen wurden, sowie die Ermutigung, Denken und persönliches Handeln in Einklang zu bringen und Konflikten nicht auszuweichen, sondern mit Zivilcourage zu begegnen. Das MfS schätzte dies bereits als »feindlich-negativ« ein. Mit dem Seminar existiere eine Plattform, auf der »Auffassungen gegen den Sozialismus in der DDR diskutiert und verbreitet« würden. Hans-Jörg Weigel, einer der Initiatoren des Christlichen Friedensseminars Königswalde, wurde wegen »staatsfeindlicher Hetze« verurteilt: Er hatte an Teilnehmer des Seminars Bücher wie »Die wunderbaren Jahre« von Reiner Kunze und »Gedächtnisprotokolle« von Jürgen Fuchs weitergegeben, die wegen ihrer Kritik an den DDR-Verhältnissen nur im Westen erschienen waren. Doch die Idee der Friedensseminare war nicht mehr aufzuhalten. In Meißen, Naumburg, Ost-Berlin, Karl-Marx-Stadt, Leipzig, Saalfeld, Zittau, Frankenhausen, Leuna und in Mecklenburg entstanden weitere Seminare.

Plakat der von der evangelischen Kirche begründeten »Offenen Arbeit« in Erfurt

Offene Arbeit

In Gesprächskreisen, Werkstätten und bei Konzerten öffneten sich seit Anfang der siebziger Jahre Teile der evangelischen Kirche für Themen, die in der Öffentlichkeit tabuisiert wurden: Schwierigkeiten in Familie, Schule und Beruf sowie Suchtprobleme. Vor allem Jugendliche suchten in der Offenen Arbeit der evangelischen Kirche Ansprechpartner. Aus der zunächst sozialdiakonischen Arbeit entwickelte sich bald politisches Engagement: Die Ermutigung zum selbstbestimmten Leben geriet schnell in Widerspruch zu Realität und Normen des SED-Regimes.

Zentren der Offenen Arbeit mit Jugendlichen waren Jena, Rudolstadt und Halle-Neustadt. Große Anziehungskraft besaßen die so genannten Werkstatt-Tage in Halle-Neustadt und Jena. Bis zu 400 Jugendliche aus allen Teilen der DDR trafen sich hier, um über Themen wie die Einrichtung eines Sozialen Friedensdienstes und die Wahrung der Grundrechte in der DDR zu diskutieren. Anfang der achtziger Jahre ging aus der Offenen Arbeit unter anderem die »Jenaer Friedensgemeinschaft« hervor, die mit »Schweigeaktionen für den Frieden« auf sich aufmerksam machte.

»Schwerter zu Pflugscharen«

1980 fand die erste Friedensdekade der evangelischen Kirche auf Initiative der Landesjugendpfarrer in der DDR statt. Von nun an versammelten sich jedes Jahr zwischen dem 9. und 19. November in allen Teilen der DDR vor allem junge Leute zu Bittgottesdiensten, Friedensforen und Diskussionsabenden. Die Veranstaltungsreihen entwickelten sich zu einem festen Bestandteil der kirchlichen Friedensarbeit. Ihr Zeichen »Schwerter zu Pflugscharen« wurde zum Symbol der unabhängigen Friedensbewegung in der DDR. Die Plastik des sowjetischen Bildhauers Jewgeni Wutschetitsch, die der sowjetische Staatschef Chruschtschow der UNO gestiftet hatte und die sich auf ein Bibelwort des Propheten Micha bezog, diente als Vorlage.

»Schwerter zu Pflugscharen« – Symbol der unabhängigen Friedensbewegung in der DDR

Signale gegen die zunehmende Militarisierung in der DDR: zur Pflugschar umgeschmiedetes Schwert und eine Jacke mit dem Aufnäher »Schwerter zu Pflugscharen«

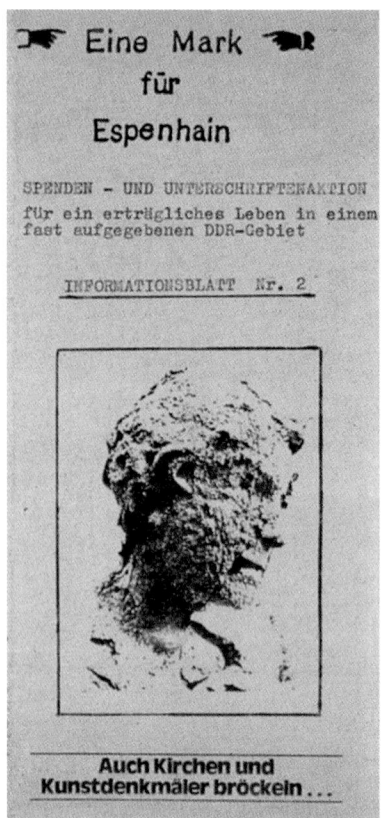

80 000 unterstützten den Aufruf zur Sanierung des Werkes in Espenhain

Mit dem Aufnäher an Jacken und Mänteln setzten vor allem junge Christen ein Signal gegen die zunehmende Militarisierung in der DDR. Der Staat verbot das öffentliche Tragen von pazifistischen Symbolen. Wer sich dem widersetzte, sah sich in Schule, Universität und Beruf massivem Druck ausgesetzt, wurde polizeilich »zugeführt« und mit Ordnungsstrafen belegt. Die evangelische Kirche erklärte, dass sie vor den Folgen des öffentlichen Bekenntnisses nicht mehr schützen könne. In dieser Situation war die Schmiedeaktion auf dem Kirchentag 1983 in Wittenberg eine politische Manifestation: Stefan Nau, Mitglied der Wittenberger Friedensgruppe, schmiedete auf Anregung von Pfarrer Friedrich Schorlemmer öffentlich ein Schwert zur Pflugschar um.

Umweltbewegung

Für die SED-Führung hatte die ökonomische Entwicklung eindeutig Vorrang vor dem Schutz der Umwelt. Landeskulturgesetz, Verlautbarungen des Umweltministeriums und SED-Propaganda verdeckten nur die Probleme der Verschmutzung von Boden, Wasser und Luft. Die Umweltzerstörung nahm ein immer bedrohlicheres Ausmaß an – Anlass für die erste unabhängige Umweltstudie in der DDR, die 1972 im Auftrag der Kirchenleitung der Kirchenprovinz Sachsen erschien. Die Studie markiert den Beginn der Auseinandersetzung mit ökologischen Themen in der evangelischen Kirche. In zahlreichen Gemeinden entstanden Umweltgruppen, die mit öffentlichen Baumpflanzaktionen und Initiativen wie »Eine Mark für Espenhain« oder »Mobil ohne Auto« auf die wachsenden Probleme hinwiesen.

Das Kirchliche Forschungsheim in Wittenberg entwickelte sich zum geistigen Zentrum der Umweltaktivisten. Seit 1983 fanden dort regelmäßig Treffen zur Bestandsaufnahme und zum Erfahrungsaustausch statt. Eine Teilnehmerliste aus dem Jahre 1984 nennt bereits 32 Umweltgruppen aus allen Teilen der DDR. Die überregionale Vernetzung dieser Gruppen betrieben daneben vor allem die Umweltbibliothek an der Ost-Berliner Zionskirche und das »Grünökologische Netzwerk Arche«.

Die Umweltzerstörung in der DDR, wie hier durch das Braunkohleveredelungswerk Espenhain bei Leipzig, war offensichtlich

Samisdatzeitschriften aus Berlin, Forst und Schwerin

Gegenöffentlichkeit

Eine der Hauptaufgaben der unabhängigen Umweltbewegung bestand im Sammeln und Verbreiten von Informationen über den Zustand der Umwelt in der DDR. Einige Kirchengemeinden und Umweltorganisationen aus der Bundesrepublik unterstützten die Gruppen in der DDR und beschafften ihnen Messgeräte und Drucktechnik. 1982 hatte der Ministerrat mit einer Anordnung Umweltdaten in den Rang von Staatsgeheimnissen erhoben. So hatten die Ostdeutschen keine Möglichkeit, durch Berufung auf offizielle Messdaten ihren Eingaben und Protesten Nachdruck zu verleihen. Um diese staatliche Geheimhaltungspolitik zu unterlaufen, schufen Umweltaktivisten eine Gegenöffentlichkeit und gaben eigene Zeitschriften im Samisdat heraus.

Benannt nach dem russischen Wort für Selbstverlag, erschien ab Mitte der achtziger Jahre eine Vielzahl nicht genehmigter Zeitschriften in der DDR, die über Umwelt-, Friedens- und Menschenrechtsthemen informierten. Mittels einfacher Technik und in geringer Auflage stellten engagierte Frauen und Männer die Hefte in Kirchenräumen her. Mit dem Aufdruck »Nur für den kirchlichen Dienstgebrauch« umging man die staatliche Druckgenehmigung. Doch die Verbreitung der Samisdatzeitschriften blieb gering. Eine größere Öffentlichkeit fanden Friedens- und Umweltgruppen oft nur über die Medien in der Bundesrepublik. Vor allem das West-Fernsehen stellte das Meinungsmonopol der SED nachhaltig in Frage, war es doch für viele eine wichtige Informationsquelle. Häufig waren es ehemalige DDR-Oppositionelle, die in den bundesdeutschen Medien das Bewusstsein für die Situation in der DDR weckten. Die gezielte Desinformation in den staatlichen Medien der DDR konnte so zumindest teilweise unterlaufen werden.

Schutzraum Kirche

Die SED sah in den Aktivitäten der Friedens- und Umweltbewegung eine Kampfansage. Zum Dialog mit Andersdenkenden war sie nicht bereit. Stattdessen verfolgte und kriminalisierte sie die »Störenfriede«. Einen Schutzraum für ihre Arbeit fanden die verschiedenen Gruppen unter dem Dach der Kirche – der einzigen Institution in der DDR, die sich eine beschränkte Autonomie gegenüber dem Staat bewahren konnte. Damit boten sie den Freiraum, Menschen zusammenzuführen, die offen und unabhängig von der offiziellen Staatsdoktrin über Probleme in der DDR-Gesellschaft sprechen, Erfahrungen austauschen und gesellschaftliche Alternativen entwickeln wollten. Einige engagierte Pfarrer vor allem der evangelischen Kirche boten den Gruppen ein Forum. Sie stellten ihnen Kirchenräume zur Verfügung und ermöglichten ihnen, Veranstaltungen durchzuführen. Konflikte zwischen den Kirchenleitungen und den Gruppen blieben dabei nicht aus – insbesondere dann, wenn deren Arbeit über den christlichen Leitgedanken von der Bewahrung der Schöpfung und eine systemimmanente Kritik an der DDR hinausging und damit den seelsorgerischen Auftrag der Kirchen gefährden konnte. Die Konflikte führten auch zu Auseinandersetzungen innerhalb der Kirche selbst – zwischen den auf Ausgleich mit dem Staat bedachten Kräften und jenen, die ein stärkeres politisches Engagement der Kirche forderten.

Im Osten viel Neues

Wichtige Impulse erhielt die Opposition in der DDR durch die Entwicklungen in Ostmitteleuropa. Die Gründung der »Charta 77« in der ČSSR und die Bildung des »Komitees zur Verteidigung der Arbeiter« (KOR) 1976 sowie der unabhängigen Gewerkschaft »Solidarność« 1980 in Polen motivierten und beeinflussten sie. Besonders die Aktivitäten der »Solidarność«, die sich trotz Verbots und Kriegsrechts in Polen zu einer politischen Massenbewegung für eine Demokratisierung des Landes entwickelte, inspirierten sie in ihrer Arbeit. Die SED versuchte, die politische »Ansteckung« zu verhindern und verfügte scharfe Abgrenzungsmaßnahmen. Sie schränkte die relativ großzügigen Reisemöglichkeiten zwischen Polen und der DDR ein und schürte antipolnische Ressentiments. Um die Kontakte zwischen oppositionellen Gruppen in der DDR und der osteuropäischen Bürgerbewegung zu unterbinden, erhielten einige Oppositionelle ein generelles Auslandsreiseverbot. Dennoch kam es zu Solidaritätsbekundungen mit der polnischen

Gewerkschaftsbewegung, wurden Texte des tschechischen Regimekritikers Václav Havel oder der »Solidarność« übersetzt und in Samisdatzeitschriften verbreitet.

Im Jahr 1985 begann ein grundlegender Wandel: Michail Gorbatschow wurde im März Generalsekretär der KPdSU und erklärte bei seinem Amtsantritt die Umgestaltung (Perestroika) der Sowjetunion und die Offenheit (Glasnost) in der Gesellschaft zu den vordringlichsten Zielen seiner Politik. Auch in der Außenpolitik wurde der Kurswechsel deutlich: Mit Aufsehen erregenden Abrüstungsvorschlägen wie dem einseitigen Moratorium für den Stopp von Kernwaffentests vom August 1985 setzte Gorbatschow Zeichen für ein »Neues Denken« auch in der Sicherheitspolitik. Im November 1985 traf sich der sowjetische Parteichef zum ersten Mal mit dem US-Präsidenten Ronald Reagan. Das Gipfeltreffen in Genf leitete das Ende des Wettrüstens ein.

Die Reformpolitik veränderte auch die Beziehungen zwischen den Staaten des sozialistischen Lagers. Im November 1986 verkündete Gorbatschow die Prinzipien der »Gleichheit und Nichteinmischung in die inneren Angelegenheiten der Partnerländer«. Er erteilte damit der »Breschnew-Doktrin«, die die Souveränität der Mitgliedsstaaten der »sozialistischen Gemeinschaft« eingeschränkt und der UdSSR und ihren Verbündeten bei einem Abweichen vom politischen Kurs das Recht zur militärischen Intervention eingeräumt hatte, eine Absage. Damit wurde der Weg frei für eine allmähliche Demokratisierung in den ostmitteleuropäischen Staaten. In Polen, wo die Gewerkschaft »Solidarność« seit 1980 zur Massenbewegung heranwuchs, war der Reformdruck am größten. Hier traf sich die Regierung im Februar 1989 erstmals mit der Opposition zu Gesprächen am Runden Tisch – Vorbild der Runden Tische im Herbst 1989 in der DDR. Im August 1989 trat Tadeusz Mazowiecki als erster nichtkommunistischer Ministerpräsident seit 1947 sein Amt an. Mit Skepsis oder Hoffnung registrierte man in der DDR die Ereignisse im östlichen Nachbarland.

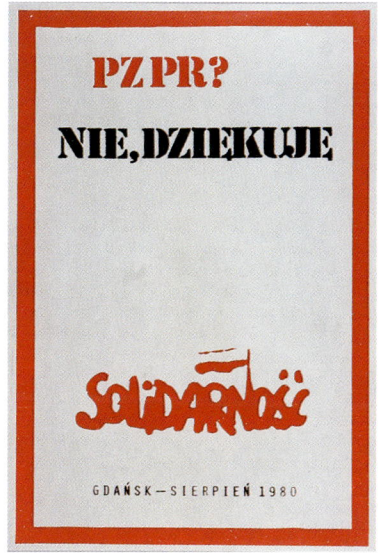

»PZPR? Nein, danke« –
das Plakat gegen die kommunistische
Partei Polens dokumentiert das
Selbstbewusstsein der unabhängigen
Gewerkschaft Solidarność

Das Gipfeltreffen zwischen Michail
Gorbatschow und Ronald Reagan
1985 in Genf leitete das Ende des
Wettrüstens ein

SED gegen Glasnost und Perestroika

Viele Menschen in der DDR nahmen die neuen Impulse aus dem Osten begierig auf. Sowjetische Zeitungen, Bücher und Filme wurden nun, da sie die Ideen von Glasnost und Perestroika verbreiteten, zur begehrten »Bückware«. Doch die SED zeigte sich unfähig, Reformen in der DDR zuzulassen. Die Formulierung von Politbüromitglied Kurt Hager in einem »Stern«-Interview »Würden Sie, wenn Ihr Nachbar seine Wohnung neu tapeziert, sich verpflichtet fühlen, Ihre Wohnung ebenfalls neu zu tapezieren?« wurde zum geflügelten Wort für den starren Kurs. Die SED-Führung weigerte sich weiterhin hartnäckig, mit politisch Andersdenkenden zusammenzuarbeiten. Das beweisen die MfS-Aktion gegen die Ost-Berliner Umweltbibliothek, die Verhaftungen am Rande der Liebknecht-Luxemburg-Demonstration 1988 und das Verbot sowjetischer Filme und Zeitschriften.

Plakat der Ost-Berliner Umweltbibliothek

In den frühen Morgenstunden des 25. November 1987 stürmten Stasi-Mitarbeiter den Keller der Ost-Berliner Zionsgemeinde, durchsuchten die Räume der Umweltbibliothek und beschlagnahmten alle vorhandenen Druckmaschinen und Exemplare der Zeitschrift »Umweltblätter«. Mitarbeiter der Bibliothek wurden verhaftet. Seit der Gründung 1986 hatten Angehörige der Staatssicherheit die Umweltbibliothek beobachtet. Mit der »Aktion Falle« versuchte das MfS nun, das wichtige Kommunikationszentrum der Friedens-, Ökologie- und Menschenrechtsgruppen auszuschalten. Den Vorwand sollte die Herstellung illegaler Druckerzeugnisse liefern. Doch statt des erwarteten »Grenzfall« – Zeitschrift der Initiative Frieden und Menschenrechte – druckten die Mitarbeiter der Umweltbibliothek in dieser Nacht die formal legalen »Umweltblätter«. Der Plan der Stasi schlug fehl. Stattdessen setzte in Ost-Berlin und der gesamten DDR eine breite Solidarisierung mit den Inhaftierten ein – mit Mahnwachen, Spenden, Gottesdiensten und Protesterklärungen aus Ost und West. Die Proteste und der Druck der internationalen Öffentlichkeit zwangen die SED-Führung schließlich zum Einlenken.

Freiheit für Andersdenkende

Wenige Wochen nach der fehlgeschlagenen Aktion gegen die Umweltbibliothek ging
die Staatssicherheit erneut gegen die Opposition vor. Ausreisewillige hatten im Januar
1988 dazu aufgerufen, sich mit eigenen Losungen an der traditionellen Demonstration
zu Ehren von Karl Liebknecht und Rosa Luxemburg zu beteiligen. Unter Berufung auf
das Zitat von Rosa Luxemburg »Freiheit ist immer die Freiheit der Andersdenkenden«
wollten sie ihren Forderungen Nachdruck verleihen. Doch die Stasi war über diese
Aktion bereits informiert und nutzte sie zu einem Schlag gegen die Opposition. Sie verhaftete Stephan Krawczyk, Freya Klier sowie führende Vertreter der Initiative Frieden
und Menschenrechte wie Bärbel Bohley und Wolfgang Templin und zwang sie durch
Androhung hoher Freiheitsstrafen zur Ausreise.

Ihre Glaubwürdigkeit verlor die SED selbst in den Augen vieler Mitglieder vollends
durch das Verbot der sowjetischen Zeitschrift »Sputnik« und fünf sowjetischer Filme
Ende 1988. Sie begründete diese Maßnahme mit einer angeblich verzerrten Darstellung der Geschichte – Antwort auf die kritische Auseinandersetzung mit den stalinistischen Verbrechen in der Sowjetunion unter dem Zeichen von Glasnost und Perestroika.
Von nun an war unmissverständlich klar, dass die Losung »Von der Sowjetunion lernen
heißt siegen lernen« für die SED-Führung nicht mehr galt. Sie lehnte die von Moskau
ausgehenden Reformen nicht nur ab, sondern suchte sie einzudämmen. Die DDR iso-
lierte sich mit ihrer starren Haltung innerhalb des Ostblocks.

*Plakate von in der
DDR verbotenen sow-
jetischen Filmen*

„Aufklärung"

Getarnte Kameras und Abhörgeräte
gehören zur Grundausstattung der MfS-Mitarbeiter.

Ausbau des MfS

Während sich die DDR im Zuge des KSZE-Prozesses nach außen öffnete, verstärkten die Machthaber im Innern den Druck. Sie bauten das Ministerium für Staatssicherheit aus mit dem Ziel, die Bevölkerung noch intensiver zu überwachen und gegen die Gegner des Regimes vorzugehen. Die Stasi perfektionierte ihre gleichermaßen perfiden wie brutalen Methoden.

Schild und Schwert der SED

Das MfS, für Erich Mielke ein »zuverlässiger Schild und scharfes Schwert der Partei«, war das wichtigste Machtinstrument der SED, die den Überwachungs- und Unterdrückungsapparat, nicht zuletzt durch enge personelle Verquickung, zu jeder Zeit unter ihrer Kontrolle hatte. Gesetzlich waren die Kompetenzen der Stasi nicht festgelegt; zu Aufgaben und Zuständigkeiten ergingen vielmehr interne Bestimmungen, die strenger Geheimhaltung unterlagen. Das MfS sollte auf der Grundlage des SED-Parteiprogramms sowie der Beschlüsse des Zentralkomitees und des Politbüros der SED handeln. Bis zum Herbst 1989 arbeitete es eng mit der sowjetischen Geheimpolizei KGB und der Geheimpolizei in den anderen Staaten des Warschauer Paktes zusammen.

Apparat

Das Netz der Stasi, deren Misstrauen sich gegen die gesamte Bevölkerung richtete, nahm ab der zweiten Hälfte der siebziger Jahre und dann nach dem Reformaufbruch im Osten ein bis dahin nicht gekanntes Ausmaß an: Zu den fast 90 000 hauptamtlich Tätigen kamen 174 000 »inoffizielle Mitarbeiter«. Allein die Personalkosten, die dieser Apparat verursachte, waren enorm: 1989 betrugen sie 2,4 Milliarden DDR-Mark.

Die Stasi suchte ihre hauptamtlichen Mitarbeiter gezielt aus, bewerben konnte man sich nicht. Die Führungskräfte bestimmte das Zentralkomitee der SED. Allen Einstellungen gingen – zum Schutz vor dem Eindringen von »Klassenfeinden« – umfangreiche Überprüfungen voraus. Die »Befähigung« der MfS-Kader verbesserte sich, gemessen an formalen Kriterien, im Laufe der Jahre deutlich. 1983 etwa verfügten 12 300 hauptamtliche Mitarbeiter über einen Universitäts- oder Hochschulabschluss, 30 000 waren Fachschulabsolventen. Zu berücksichtigen ist dabei allerdings, dass das wissenschaftliche Niveau etwa der juristischen Hochschule des MfS in Potsdam äußerst bescheiden war.

Die sorgfältige Auswahl garantierte in den allermeisten Fällen politische und ideologische Zuverlässigkeit. »Aussteiger« waren selten und mussten mit schwersten Restriktionen rechnen. Erich Mielkes Apparat setzte alles daran, sie nach ihrer Flucht gewaltsam aus West-Berlin oder der Bundesrepublik in die DDR »zurückzuführen«. Todesurteile gegen »Verräter« waren eine wirksame Abschreckung, zum letzten Mal vollstreckt im Juni 1981, als in Leipzig der frühere Hauptmann in der Hauptverwaltung Aufklärung Werner Teske wegen »Spionage im schweren Fall und Vorbereitung zur Fahnenflucht« hingerichtet wurde.

Täter und Opfer

Der Staatssicherheitsdienst der DDR agierte im rechtsfreien Raum. Angst und Argwohn sollten in der Bevölkerung gesät werden. 1985 drohte Erich Mielke: »Wer die Hand gegen unseren sozialistischen Staat und seine auf das Wohl des Volkes und die Sicherung des Friedens gerichtete Politik erhebt, bekommt die sozialistische Macht gebührend zu spüren. Gegen Feinde – unter welcher Tarnung sie auch glauben, gegen die sozialistische Ordnung operieren zu können – werden wir auch weiterhin konsequent vorgehen.« Dieses »konsequente Vorgehen« war mit einem immensen Aufwand verbunden: Stasi-Mitarbeiter hörten flächendeckend Telefonate ab, öffneten Briefe, installierten Wanzen in den Wohnungen verdächtiger Personen, richteten konspirative Wohnungen ein,

Für die Bevölkerung damals nicht zu erkennen: Mit dem umgebauten B 1000 wurden »Staatsfeinde« zu den Haftanstalten des MfS gebracht

beobachteten heimlich mit Videokameras öffentliche Plätze und hielten selbst die banalsten erlauschten oder beobachteten Details akribisch in Aktenvermerken fest. Von vielen Oppositionellen bewahrte die Stasi Geruchsproben in Einweckgläsern auf, um im Rahmen von Fahndungsmaßnahmen Hunde auf die »Staatsfeinde« ansetzen zu können.

Das MfS sammelte heimlich Geruchs-proben Oppositioneller. Nach der friedlichen Revolution konnten Bürgerkomitees hunderte solcher Gläser sicherstellen

Das MfS infiltrierte alle Vereine, Institutionen und Organisationen mit Spitzeln. Auch die Universitäten, wissenschaftlichen Institute und Forschungslabors wurden mit konspirativen Informationsnetzen überzogen. Der Einfluss der Stasi reichte auch hier so weit, dass ohne ihre Zustimmung eine wissenschaftliche Karriere kaum möglich war.

Die inoffiziellen Mitarbeiter, geworben, geschult und geführt von den hauptamtlich Tätigen, bespitzelten ihr persönliches und berufliches Umfeld und lieferten Berichte über Familienmitglieder, Freunde, Hausbewohner, Nachbarn und Arbeitskollegen. Sie bekamen für ihre konspirativen Dienste kein Gehalt, aber Aufwandsentschädigungen und Geschenke. In der Regel versprachen sie sich berufliche oder private Vorteile. Die Stasi scheute auch nicht davor zurück, Menschen unter Ausnutzung ihrer persönlichen Schwächen oder Probleme zur Mitarbeit zu zwingen.

Das bürokratisch-nüchterne Gebaren der Stasi ging oft einher mit ideologischem, mitunter fanatischem Eifer. Hinzu kamen eine geradezu grotesk anmutende Traditionspflege und Selbstbespiegelung. Einrichtungsgegenstände aus den Dienstzimmern von MfS-Mitarbeitern vor allem der Bezirksverwaltungen, Gastgeschenke, Orden und Auszeichnungen, Fahnen und andere Devotionalien sind dafür Zeugnisse.

Wer in die Fänge der Stasi geriet, musste mit Willkür, Gewalt und psychischem Terror rechnen. Dafür ließen sich unzählige Beispiele nennen. Zu ungewohnt starken Reaktionen führte das Schicksal des Jenaer Matthias Domaschk, den Mitarbeiter des MfS 1981 verhafteten. Domaschk gehörte zur Jungen Gemeinde und war wegen seiner

Kontakte zur Opposition in Polen und der ČSSR in das Visier der Geheimpolizei geraten. Nur wenige Stunden nach seiner Verhaftung starb er im Untersuchungsgefängnis Gera; die Stasi sprach von Selbstmord. Weder die Familie noch die Freunde Domaschks glaubten die offizielle Version. Zur Trauerfeier kamen etwa 150 junge Menschen, die allein durch ihr Erscheinen und mit Rufen wie »Ihr sollt in unseren Tränen ersaufen« den zahlreichen »Sicherheitskräften« deutlich ihre Empörung zeigten. Noch Jahre danach kam es in Jena zu Protesten wegen des Todes von Domaschk, der zu einer Symbolfigur der Jenaer Opposition wurde. Die Öffnung der MfS-Archive nach der friedlichen Revolution im Herbst 1989 brachte die Wahrheit an den Tag: Die Stasi hatte Domaschk bei den nächtlichen Verhören unter massiven psychischen Druck gesetzt und damit in den Tod getrieben.

In vielen Fällen war das verhängnisvolle Wirken des MfS weniger offensichtlich. Die Stasi beschädigte tausende Lebensläufe und zerstörte viele Menschen durch »Zersetzung«: Auf eine den Betroffenen nicht erkennbare Weise griff sie in persönliche Beziehungen und berufliche Werdegänge ein. Intrigen, Gerüchte, Schikanen, Drohungen hatten den Zweck, »Zielpersonen« zu verunsichern, zu isolieren und dadurch in psychische Nöte zu bringen. Viele Opfer leiden heute noch körperlich und seelisch unter den Folgen dieser Bedrängnis. Vereine, Bürgerkomitees und Opferverbände geben juristischen und psychologischen Beistand.

Matthias Domaschk wurde 1981 von der Stasi verhaftet und nach nächtlichen Verhören in den Selbstmord getrieben

Öffentliche Plätze, Eingänge zu öffentlichen Gebäuden, aber auch private Räume wurden von der Staatssicherheit systematisch überwacht

Friedliche Revolution

Fast unmerklich begann im Sommer 1989 ein Prozess, der innerhalb weniger Monate die politische Karte Europas grundlegend verändern sollte: Während die SED-Führung die Jubelfeiern zum 40. Jahrestag der Staatsgründung vorbereitete, wuchs in der Bevölkerung die Unzufriedenheit mit der reformunfähigen politischen Führung. Zunächst nur wenige, später immer mehr Menschen demonstrierten für die demokratische Erneuerung des Landes. Ohne militärischen Rückhalt durch die sowjetische Führung hatten die Machthaber in der DDR dem Aufbruch zur Demokratie nichts mehr entgegenzusetzen. Ihre Herrschaft brach zusammen, der Weg zur deutschen Einheit war frei.

Zuspitzung der Krise

Technologierückstand in den Betrieben, chronische Devisenknappheit und Versorgungsengpässe sowie der Zerfall vieler historischer Stadtkerne: Der desolate Zustand der DDR-Wirtschaft mit seinen katastrophalen Folgen für die Produktivität, die Umwelt und die Gesundheit der Menschen war Ende der achtziger Jahre unübersehbar. Angesichts der wachsenden wirtschaftlichen Probleme setzte die SED ihre Hoffnungen auf die Mikroelektronik. Von dieser Schlüsseltechnologie versprach sie sich internatio-

Mit Protestdemonstrationen machten Oppositionelle auf die Manipulationen bei den Kommunalwahlen 1989 aufmerksam

190

nale Wettbewerbsfähigkeit und Unabhängigkeit von westlichen Importen. Doch das Ziel erwies sich als unrealistisch: Obwohl jährlich Milliardenbeträge in den Bereich Mikroelektronik flossen, waren die Produkte nicht konkurrenzfähig. Die Mikrochip-Produktion hielt mit der internationalen Entwicklung nicht Schritt.

Selbst die Mitglieder des Politbüros konnten sich über den bevorstehenden Kollaps der Wirtschaft keine Illusionen mehr machen. Im Oktober 1989 legte Gerhard Schürer, Vorsitzender der Staatlichen Plankommission, eine schonungslose Bilanz vor: In bestimmten Bereichen der Volkswirtschaft sei die Ausrüstung so stark verschlissen, dass sich ein erhöhter Instandhaltungs- und Reparaturbedarf ergebe. Es werde mehr verbraucht, als aus eigener Produktion erwirtschaftet. Dies gehe vor allem zu Lasten der Verschuldung im so genannten nichtsozialistischen Wirtschaftsgebiet, die sich von zwei Milliarden 1970 auf 49 Milliarden Valutamark 1989 erhöht habe. Damit sei die Zahlungsfähigkeit der DDR in Frage gestellt. Um dies zu verhindern, wäre eine Absenkung des Lebensstandards um etwa 30 Prozent erforderlich.

Der erste in der DDR hergestellte Megabit-Chip wurde als Markstein auf dem Weg zum Hochtechnologieland gefeiert

Kommunalwahlen

Nicht nur im wirtschaftlichen Bereich mehrten sich die Zeichen für den drohenden Staatsbankrott. Der Verlauf der Kommunalwahlen im Mai 1989 und die demonstrative Solidarisierung der SED-Spitze mit der chinesischen Führung nach dem Massaker auf dem Platz des Himmlischen Friedens in Peking im Juni 1989 verschärften die politische Krise. Der Schulterschluss mit den Kommunisten in China war ein Signal an die innenpolitischen Gegner: Auch in der DDR würde man gegen »umstürzlerische Elemente« notfalls gewaltsam vorgehen.

Im Mai 1989 hatte das »Neue Deutschland« wieder einmal ein Ergebnis von nahezu 99 Prozent Ja-Stimmen bei den Kommunalwahlen für die Kandidaten der Nationalen Front gefeiert. Erich Honecker wertete dies als »ein eindrucksvolles Bekenntnis zu der auf Frieden und Sozialismus gerichteten Politik der SED«. Doch dieses Mal nahmen Teile der Bevölkerung die Erfolgsmeldung der Regierung nicht mehr einfach hin, Oppositionelle erhoben Einspruch.

Tatsächlich waren die Wahlmanipulationen vom 7. Mai kaum gravierender als bei früheren Wahlen in der DDR, doch das innen- und außenpolitische Umfeld hatte sich geändert: Der wichtigste Verbündete der DDR befand sich nunmehr auf Reformkurs, und für viele Menschen in der DDR hatte die Regierung aufgrund ihrer starren Haltung jede Autorität verloren. In einigen Wahllokalen versammelten sich Mitglieder kirchlicher Basisgruppen, um trotz Behinderung durch die Wahlvorstände die Auszählung der Stimmen zu kontrollieren. Mit Flugblättern verbreiteten sie die Ergebnisse ihrer Zählungen, die den offiziellen Angaben des Vorsitzenden der Wahlkommission Egon Krenz widersprachen. Die Oppositionellen machten mit Eingaben und Demonstrationen auf die Manipulation aufmerksam. Für jeden Siebten des Monats riefen sie von nun an zur Protestkundgebung auf.

Massenflucht und 40. Jahrestag der DDR

In dieser Situation entschlossen sich immer mehr Menschen, der DDR den Rücken zu kehren. Allein im Sommer 1989 stellten 120 000 einen Antrag auf Ausreise in die Bundesrepublik. Hunderte versuchten, durch die Besetzung bundesdeutscher Botschaften in Budapest, Warschau und Prag sowie der Ständigen Vertretung in Ost-Berlin ihre Ausreise zu erzwingen. Während am 13. August das »Neue Deutschland« den Jahrestag des Mauerbaus im gewohnten Stil mit dem Satz kommentierte »Dem Imperialismus wurde ein Strich durch die Rechnung gemacht«, musste die Botschaft der Bundesrepublik in Budapest wegen Überfüllung schließen.

Am 2. Mai hatte Ungarn mit dem Abbau der Grenzbefestigungen zu Österreich begonnen und damit ein Ventil für die wachsende Unzufriedenheit vieler Menschen in der DDR geöffnet. Hunderte nutzten am 19. August das »Paneuropäische Picknick« bei Sopron, zu dem das Ungarische Demokratische Forum und die Paneuropäische Bewegung Österreichs aufgerufen hatten, um über die ungarisch-österreichische Grenze zu fliehen. Der »Eiserne Vorhang« hatte erste Risse bekommen. Am 10. September entschied die Regierung in Budapest, dass Ostdeutsche Ungarn frei in Richtung Westen verlassen könnten. Die Flüchtlingszahlen schwollen daraufhin lawinenartig an. Bis Ende September kamen über 25 000 Menschen aus der DDR in die Bundesrepublik. Die »Abstimmung mit den Füßen«, die von Beginn an untrennbar zur Geschichte der DDR gehört hatte, wurde jetzt wieder zur Massenflucht.

Erinnerungsstücke aus dem Sommer 1989: Campingausrüstung und Tagebuch erzählen von der Flucht dreier Schwestern über Ungarn

Währenddessen spitzte sich die Situation in den Botschaften in Warschau und Prag dramatisch zu. Tausende drängten sich auf den Botschaftsgeländen. Nach Verhandlungen mit der DDR, der ČSSR und Polen konnte der Außenminister der Bundesrepublik, Hans-Dietrich Genscher, am 30. September den Flüchtlingen in der Botschaft in Prag endlich verkünden, dass ihre Ausreise in die Bundesrepublik genehmigt sei. Er selbst beschrieb diese Szene, bei der seine Nachricht im Jubel fast unterging, als den »bewegendsten Augenblick« seines Lebens. Etwa 6 000 Menschen fuhren mit Sonderzügen von Warschau und Prag über Dresden nach Hof. Aus Prestigegründen – um den Flüchtlingen im Sonderzug auf dem Territorium der DDR die Urkunden über die Entlassung aus der Staatsbürgerschaft aushändigen zu können – verlangte die SED, dass die Züge über DDR-Gebiet fuhren. Ausreisewillige versuchten, auf die fahrenden Züge aufzuspringen. Polizei ging in Dresden und Plauen gewaltsam gegen die Demonstranten vor. Bereits zwei Tage später befanden sich wieder tausende Flüchtlinge in den bundesdeutschen Botschaften in Prag und Warschau. Scheinbar unberührt von diesen Ereignissen beging die SED den 40. Jahrestag der DDR-Gründung am 7. Oktober mit Jubelfesten und Paraden. Auch der sowjetische Staats- und Parteichef Gorbatschow war unter den Ehrengästen. Unmissverständlich forderte er die SED-Führung zu Reformen auf. Gorbatschow mahnte: »Gefahren warten nur auf jene, die nicht auf das Leben reagieren.« Ein Dolmetscher machte daraus das geflügelte Wort: »Wer zu spät kommt, den bestraft das Leben.« Doch die Machthaber zeigten sich zum Politikwechsel unfähig. Während sich im Palast der Republik die politische Führung der DDR feierte, demonstrierten in vielen Städten Tausende gegen das SED-Regime, gingen Sicherheitskräfte rücksichtslos gegen Demonstranten vor.

Aufbruch zur Demokratie

Die Autorität der Staats- und Parteiführung war aufgezehrt. Die Proteste und Demonstrationen ließen sich nicht mehr eindämmen. Die Gegner der SED hatten begonnen, sich organisatorisch und programmatisch auf eine offene Teilnahme am politischen Prozess vorzubereiten. Am 24. August 1989 riefen Oppositionelle zur Gründung einer »ostdeutschen Sozialdemokratie« auf, am 7. Oktober fand die Gründung der Sozialdemokratischen Partei (SDP) in Schwante statt. Im September formierte sich das »Neue Forum«, das rasch zur stärksten Oppositionsbewegung wurde. Weitere Gruppen kamen hinzu: zunächst die Bürgerbewegung »Demokratie Jetzt« und der »Demokratische Aufbruch« (DA). Später folgten unter anderem die »Grüne Partei«, die »Vereinigte Linke« und der »Unabhängige Frauenverband«. Ihre Forderungen nach Demokratie und Menschenrechten machten die Oppositionsgruppen zu Hoffnungsträgern und zum Sprachrohr für die nach grundlegenden politischen Veränderungen strebenden Menschen.

Montagsdemonstration am 9. Oktober 1989 in Leipzig

Entscheidend für den weiteren Verlauf der friedlichen Revolution waren die Ereignisse am 9. Oktober in Leipzig. Bereits seit 1981 hatten Friedens-, Umwelt- und Menschenrechtsgruppen regelmäßig Friedensgebete in der Nikolaikirche organisiert. Von hier gingen im September 1989 die Montagsdemonstrationen aus. Protestierten zunächst vor allem Ausreisewillige mit dem Ruf »Wir wollen raus!«, forderten nun immer mehr Menschen mit »Wir bleiben hier!« Veränderungen im Land. Doch die Sicherheitskräfte gingen immer wieder gewaltsam gegen Demonstranten vor. Polizeiketten riegelten den Nikolaikirchhof ab, Festnahmen erfolgten. Trotz der Verhaftungen versammelten sich jeden Montag mehr Menschen in und vor der Nikolaikirche. Die Situation spitzte sich zu.

Der 9. Oktober sollte schließlich darüber entscheiden, ob es in der DDR zu einer »chinesischen« oder einer friedlichen Lösung kommen würde. Nach den Montagsgebeten in mehreren Leipziger Kirchen versammelten sich an diesem Tag mehr als 70 000 Leipziger zur größten Protestdemonstration seit dem Bestehen der DDR. »Wir sind das Volk!«, »Keine Gewalt!«, »Gorbi, Gorbi!« und »Neues Forum zulassen!« – mit diesen Rufen forderten sie politische Reformen. Die SED-Führung hatte starke Verbände der NVA, der Polizei und der Kampfgruppen um die Stadt zusammengezogen. Doch sie griffen nicht ein, der Einsatzbefehl blieb aus. Auch die sowjetischen Streitkräfte blieben in ihren Kasernen. Die Demonstration verlief friedlich. Dazu beigetragen hatten auch die Aufrufe zur Gewaltlosigkeit, die die Initiatoren der Friedensgebete und eine Gruppe um den Leipziger Gewandhauskapellmeister Kurt Masur verbreitet hatten. Die Unterschriften von drei Sekretären der SED-Bezirksleitung Leipzig unter dem Aufruf zum Dialog zeigten, dass sich die Front der Reformverweigerer selbst innerhalb der Partei aufzulösen begann. Die Bereitschaft, die Macht mit Waffengewalt gegen das eigene Volk zu verteidigen, nahm ab.

Der gewaltlose Verlauf der Demonstration wurde zum Signal für die friedliche Revolution. Schnell wuchs die Zahl der Menschen, die für ihre Forderungen nach Freiheit und Demokratie auf die Straßen gingen. Wie ein Flächenbrand breitete sich die Bewegung über das ganze Land aus. Die Weigerung der sowjetischen Führung, die Herrschaft der SED notfalls mit Waffengewalt aufrecht zu erhalten, und der Druck der

Demonstranten zwangen die SED zum Rückzug von der Macht. Am 18. Oktober entband das Zentralkomitee Erich Honecker »aus gesundheitlichen Gründen« von seinem Amt als Generalsekretär der Partei. Das Angebot seines Nachfolgers Egon Krenz zu einem innenpolitischen Dialog kam zu spät. Die zaghaften Kurskorrekturen waren vergebliche Versuche, der Protestbewegung die Spitze zu nehmen, und konnten die Entwicklung nicht mehr aufhalten. Das zeigte auch die größte Kundgebung am 4. November 1989 auf dem Ost-Berliner Alexanderplatz. Vor hunderttausenden Teilnehmern forderten 26 Redner, darunter die Schriftsteller Christoph Hein, Stefan Heym und Christa Wolf, unter dem Motto »TschüSSED« grundlegende Reformen in der DDR wie die Einhaltung der Meinungs-, Presse- und Versammlungsfreiheit. Kurz darauf traten Ministerrat und Politbüro der SED zurück.

Maueröffnung

9. November, 18.57 Uhr: Günther Schabowski, neu gewählter Sekretär des Zentralkomitees der SED für Informationswesen und Medienpolitik, verlas auf einer vom Fernsehen direkt übertragenen Pressekonferenz auf eine Frage zur neuen Reiseregelung einen Beschluss des amtierenden Ministerrats, der die Weltpresse ungläubig aufhorchen ließ:

»Privatreisen können ohne Vorliegen von Voraussetzungen … beantragt werden. Die Genehmigungen werden kurzfristig erteilt … Ständige Ausreisen können über alle Grenzübergangsstellen der DDR zur BRD beziehungsweise zu Berlin (West) erfolgen.« Auf die Nachfrage eines Journalisten erklärte er, diese Regelung trete »sofort« in Kraft.

Diese Meldung – noch nicht von der DDR-Regierung autorisiert – löste eine Kettenreaktion aus: In Windeseile verbreitete sich die Nachricht. Gerüchte wurden laut, die Grenzübergänge seien bereits geöffnet. Noch in der Nacht machten sich Tausende auf den Weg, um sich an Ort und Stelle davon zu überzeugen. Die Grenzposten, von den Ereignissen völlig überrascht, entschieden unter dem Druck der Massen schließlich, die Grenzen aufzumachen. Um 23.14 Uhr öffneten sich die Schlagbäume, zunächst am Übergang Bornholmer Straße, dann an weiteren Übergängen, auch außerhalb Berlins. Damit war die Mauer gefallen – 28 Jahre nach ihrer Errichtung. Noch in der Nacht strömten viele Tausende nach West-Berlin. Im Freudentaumel fielen sich fremde Menschen in die Arme und feierten das gesamte folgende Wochenende auf den Straßen. Endlose »Trabi«- und »Wartburg«-Schlangen setzten sich in Richtung Bundesrepublik und West-Berlin in Bewegung. Die Mehrheit der DDR-Bevölkerung konnte nun zum ersten Mal Freunde und Verwandte im Westen besuchen oder durch die »Einkaufsparadiese« bummeln.

Nach der Grenzöffnung:
Trabi-Karawanen in Richtung Westen

Das Ende der SED-Herrschaft

Mit dem Fall der Mauer wurden die Rufe nach Wiedervereinigung immer lauter. Die Idee einer Reformierung der DDR verlor in der Bevölkerung mehr und mehr an Rückhalt, die Forderung nach Herstellung der staatlichen Einheit mit der Bundesrepublik beherrschte die öffentliche Diskussion.

Für die meisten Menschen verkörperte die SED-Führung unter Egon Krenz keine glaubhafte Erneuerung der Partei und des Staates. Der Massenexodus von mehr als 2 000 Flüchtlingen und Übersiedlern täglich dokumentierte das fehlende Vertrauen in die Zukunft der DDR. Am 13. November 1989 wählte die Volkskammer den Dresdner SED-Bezirkssekretär Hans Modrow zum neuen Vorsitzenden des Ministerrats. Er besaß den Ruf eines Reformers und sollte die Glaubwürdigkeit von Partei und Regierung in der Bevölkerung wieder herstellen. In seiner Regierungserklärung kündigte er einschneidende Reformen an. Angesichts der prekären wirtschaftlichen Lage schlug er eine »Vertragsgemeinschaft« zwischen den beiden deutschen Staaten und die Einführung einer »sozialistischen Marktwirtschaft« in der DDR vor. Spekulationen über eine Wiedervereinigung wies er jedoch deutlich zurück.

Doch Modrows Reformversuche kamen zu spät. Inzwischen hatten die neuen politischen Kräfte um das Neue Forum und die Sozialdemokratische Partei mit Vertretern der Blockparteien nach polnischem Vorbild den Zentralen Runden Tisch konstituiert. Dieses Gremium arbeitete vom Dezember 1989 bis zu den ersten demokratischen Wahlen im März 1990 als eine Art Ersatzparlament und Kontrollinstanz der Modrow-Regierung. Auf regionaler und lokaler Ebene bildeten sich weitere Runde Tische und Bürgerräte, die die Demokratisierung vorantrieben: Sie kontrollierten Entscheidungen der Verwaltungen, sicherten die Arbeitsmöglichkeiten für die neu gegründeten Parteien und Gruppierungen und schufen Voraussetzungen für den freien Zugang zu den Medien.

Nach dem Zusammenbruch des SED-Regimes verschwanden die Herrschaftssymbole aus der Öffentlichkeit unten: Montagsdemonstration am 11.12.1989 in Leipzig

Neben der Erarbeitung einer neuen Verfassung und der Vorbereitung von Neuwahlen gehörte die Auflösung des Ministeriums für Staatssicherheit zu den zentralen Themen der Beratungen am Runden Tisch. Seit November liefen in den MfS-Dienststellen die Aktenvernichter auf Hochtouren. Das Verwischen der papierenen Spuren des Spitzel- und Unterdrückungsapparates hatte längst begonnen. Die Bevölkerung reagierte empört und verbittert auf die Versuche der Modrow-Regierung, die Staatssicherheit durch Umbenennung in »Amt für Nationale Sicherheit« zu erhalten und die Beseitigung der Spuren zuzulassen. In zahlreichen Orten entstanden Bürgerkomitees, die Stasi-Gebäude besetzten und Akten sicherten. Mit dem erzwungenen Beschluss zur Auflösung des Staatssicherheitsdienstes am 8. Februar 1990 verlor die SED die wichtigste Stütze ihrer Macht.

Am 7. Dezember 1989 erschien mit dem »Bürgerrat« in Rostock die erste unabhängige Zeitung in der DDR, die das jahrzehntelange Informationsmonopol der Parteipresse beendete. Das Bedürfnis der Bevölkerung nach unabhängiger und umfassender Information war sehr groß. Dem Beispiel des »Bürgerrats« folgten bald weitere Neugründungen in anderen Städten. Sie trugen wesentlich dazu bei, Fälle von Machtmissbrauch und Regierungskriminalität aufzudecken.

Die Stasi begann im Herbst 1989 mit der Vernichtung ihrer Akten. Bürgerkomitees besetzten die Zentralen und stoppten die Verwischung der Spuren

Volkskammerwahl

Am 18. März 1990 fand die erste demokratische Volkskammerwahl statt. 24 Parteien, politische Gruppierungen und Listenverbindungen bewarben sich um die Wählerstimmen. Die SED trat jetzt unter dem Namen »Partei des Demokratischen Sozialismus« (PDS) an. Obwohl zahlreiche Mitglieder der Partei den Rücken gekehrt hatten, verfügte sie immer noch über eine gut funktionierende Organisation, erhebliche technische und finanzielle Ressourcen und einen großen Mitgliederbestand. Zwar hatte der außerordentliche Parteitag im Dezember 1989 mit Gregor Gysi einen neuen Vorsitzenden gewählt und sich bei der Bevölkerung dafür entschuldigt, dass die SED-Führung die DDR in »diese existenzgefährdende Krise« geführt habe. Doch die Trennung von der alten Führung und die öffentliche Schuldanerkennung bedeuteten noch keine konsequente Erneuerung der Partei. Eine Auflösung der SED lehnte der Parteitag ab, stattdessen beschloss er die Umbenennung in SED-PDS, später in PDS.

Die Frage der Wiedervereinigung bestimmte den Wahlkampf, der bereits stark unter dem Einfluss westdeutscher Parteien und Politiker stand. Die »Allianz für Deutschland«, ein Wahlbündnis aus der ehemaligen Blockpartei CDU, der »Demokratisch-Sozialen Union« (DSU) und dem »Demokratischen Aufbruch«, siegte mit 48 Prozent der Stimmen. Dieses Ergebnis war ein deutliches Votum für eine möglichst rasche Vereinigung mit der Bundesrepublik und für die zügige Einführung der sozialen Marktwirtschaft. Es bedeutete gleichzeitig eine Absage an weitere wirtschaftliche und gesellschaftliche Experimente.

Am 12. April wählte die Volkskammer Lothar de Maizière (CDU) zum Ministerpräsidenten. Der Rechtsanwalt und Vizepräses der Synode des Bundes der Evangelischen Kirchen war im November 1989 Vorsitzender der CDU (Ost) geworden. Er bildete nach der Volkskammerwahl eine große Koalition aus CDU, SPD, DSU, DA und den Liberalen. In seiner Regierungserklärung nannte er als Ziel seiner Politik die staatliche Einheit Deutschlands mit »Tempo und Qualität«, bei der die Ostdeutschen nicht das Gefühl bekommen sollten, Bürger zweiter Klasse zu sein.

Vorsitzender der SPD-Fraktion in der Volkskammer ist von August 1990 an Wolfgang Thierse, der 1998 Bundestagspräsident wird.

Plakate zur Volkskammerwahl am 18. März 1990

DEUTSC

ein

VATERL

CHLAND
ig
LAND

Auf dem Weg zur Einheit

In den Monaten nach der Volkskammerwahl schufen beide deutsche Regierungen die wichtigsten Voraussetzungen für die deutsche Einheit. Eine Vielzahl von Verträgen regelte die außen- und innenpolitischen Fragen. Durch demokratische Entscheidung und im Einverständnis mit den Nachbarn wurde die Wiedervereinigung möglich.

Wirtschaftsunion

Zeigte sich die Bundesregierung zunächst von den Ereignissen in der DDR überrascht, übernahm sie spätestens mit dem Zehn-Punkte-Programm die Initiative im deutschen Einigungsprozess. Am 28. November 1989 erläuterte Bundeskanzler Helmut Kohl in einer Rede vor dem Bundestag die möglichen Stufen der Annäherung beider deutscher Staaten: Von sofortiger konkreter Hilfe sollte der Weg über die Vertragsgemeinschaft und die Bildung konföderaler Strukturen zur Einheit in einer bundesstaatlichen Ordnung führen. Gleichzeitig mahnte er zu Augenmaß und Rücksicht auf die Nachbarn. Es sei notwendig, den deutschen Einigungsprozess in die gesamteuropäische Entwicklung einzubetten.

Der Zerfall der wirtschaftlichen und sozialen Strukturen der DDR beschleunigte jedoch den Fahrplan zur Wiedervereinigung. Eine der Botschaften auf den Transparenten der Demonstranten vom Januar 1990 lautete: »Kommt die D-Mark, bleiben wir; kommt sie nicht, geh'n wir zu ihr!« Dies drohte in den Wochen und Monaten seit der Maueröffnung Realität zu werden. Allein von Anfang Januar bis Ende Mai 1990 kamen 185 000 Menschen aus der DDR in die Bundesrepublik. Angesichts des nicht einzudämmenden Stroms von Übersiedlern musste den Menschen in der DDR eine klare Perspektive zum Bleiben geboten werden.

Der Vorschlag der Bundesregierung zum Zusammenschluss von DDR und Bundesrepublik Deutschland in einer Währungs-, Wirtschafts- und Sozialunion war eine Antwort auf den Wunsch der Menschen nach Selbstbestimmung, Eigeninitiative und wirtschaftlicher Entfaltung. Gleichzeitig bedeutete dies einen gewaltigen Schritt auf dem Weg zur deutschen Einheit: die soziale und wirtschaftliche Angleichung. Viele Wirtschaftsexperten warnten vor den Folgen einer schnellen Währungsunion: Die Mehrzahl der DDR-Betriebe werde wegen ihrer geringen Produktivität der westdeutschen und internationalen Konkurrenz nicht gewachsen sein. Auch die Höhe des Umtauschkurses zwischen Mark der DDR und D-Mark war deshalb heftig umstritten.

Mit der Umwandlung einer zentralistisch gelenkten Planwirtschaft in eine nach marktwirtschaftlichen Prinzipien organisierte Volkswirtschaft stand eine gigantische Aufgabe bevor, für deren Lösung es bis dahin weltweit kein Vorbild gab. Im März 1990

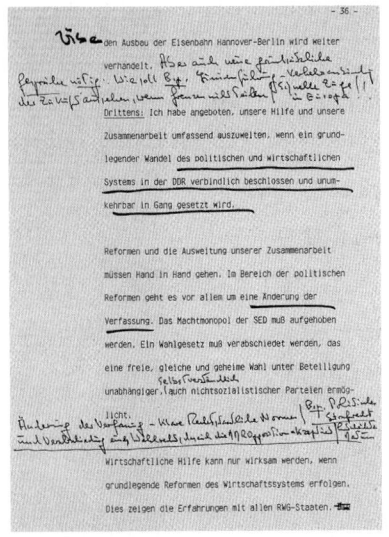

Am 28. November 1989 stellte Helmut Kohl sein Zehn-Punkte-Programm zur Wiederherstellung der deutschen Einheit dem deutschen Bundestag vor

begann die Treuhandanstalt, die mehr als 4000 volkseigenen Betriebe und Kombinate je nach Leistungsfähigkeit zu privatisieren, zu sanieren oder stillzulegen.

Am 1. Juli 1990 trat der Staatsvertrag zur Währungs-, Wirtschafts- und Sozialunion in Kraft. Damit übernahm die DDR große Teile der Wirtschafts- und Rechtsordnung der Bundesrepublik. In der Nacht zum 1. Juli warteten 10000 Menschen auf dem Alexanderplatz in Ost-Berlin auf die Öffnung der ersten Bankfiliale. Guthaben bis 4000 Mark wurden im Verhältnis eins zu eins umgestellt. Ältere Bürger ab dem 60. Lebensjahr durften bis zu 6000 Mark im Verhältnis 1:1 umtauschen, Kinder unter 14 Jahren 2000 Mark. Für höhere Beträge lag der Umstellungskurs grundsätzlich bei 2:1. Die Höhe der Löhne, Gehälter, Renten und Mieten sowie anderer wiederkehrender Zahlungen blieb unverändert.

Mit dem Inkrafttreten des Staatsvertrages entfielen die bisherigen Personenkontrollen. Von nun an konnten die Deutschen die Grenze zwischen beiden Staaten sowie zwischen Ost- und West-Berlin an jeder beliebigen Stelle und zu jeder Zeit ungehindert überschreiten.

Dass der Übergang zu D-Mark und sozialer Marktwirtschaft einen harten Anpassungsprozess mit sich bringen würde, war erwartet worden. Doch die wirtschaftliche Situation der DDR erwies sich als weitaus schwieriger, als dies offizielle Statistiken ausgewiesen hatten. Hinzu kam, dass das gesamte östliche Wirtschaftssystem und die Sowjetunion selbst sich auflösten und damit traditionelle Absatzmärkte wegbrachen. Viele Betriebe waren dem Wettbewerb unter den neuen Bedingungen nicht gewachsen. Arbeitslosigkeit wurde nun zu einem zentralen Problem.

1. Juli 1990 um 0.00 Uhr: Ansturm auf eine Bankfiliale am Ost-Berliner Alexanderplatz

203

»Zwei + Vier«-Gespräche

Mit dem 1990 beschlossenen Abzug der russischen Truppen aus Deutschland endete die Nachkriegsära

Parallel zu den innenpolitischen Schritten zur Wiedervereinigung wurden die außenpolitischen Voraussetzungen des Einigungsprozesses geschaffen. Die Herstellung der deutschen Einheit löste im Ausland nicht nur Zustimmung und Freude aus. In vielen Ländern, besonders in Großbritannien, Frankreich, Polen und Israel, wuchs die Sorge vor einem übermächtigen Deutschland und einem Wiederaufleben der Gefahren der Vergangenheit. Um die Stabilität in Europa zu wahren, kam es darauf an, die deutsche Einigung in einen europäischen und transatlantischen Rahmen einzufügen und so die Zustimmung aller benachbarten Länder für diese tief greifende Veränderung der Nachkriegslandkarte zu gewinnen.

Auf Initiative der USA vereinbarten die vier Siegermächte des Zweiten Weltkrieges und die beiden deutschen Staaten am Rande einer Konferenz von NATO und Warschauer Pakt im Februar 1990, die außenpolitischen Aspekte der Vereinigung Deutschlands in den so genannten »Zwei + Vier«-Verhandlungen zu regeln. Dem war die Zusage Michail Gorbatschows vorausgegangen, dass die Sowjetunion den Deutschen das Recht zugestehe, die Frage der Einheit selbst zu lösen und eigenständig zu entscheiden, in welcher Form und in welchem Tempo dies geschehen solle.

In einer Vielzahl von Gesprächen gelang es, Vorbehalte der Nachbarländer zu entkräften und die Zustimmung aller beteiligten Mächte zur Vereinigung Deutschlands zu erreichen. Dabei erwiesen sich die USA als verlässlicher Fürsprecher. Ein wichtiger Schritt, die Bedenken auszuräumen, war die Verabschiedung einer gemeinsamen Erklärung, mit der Bundestag und Volkskammer die deutsch-polnische Grenze in ihrem bestehenden Verlauf anerkannten.

Den Schlussstein bildeten die Gespräche zwischen Kohl und Gorbatschow am 15. und 16. Juli 1990 in Moskau und im Kaukasus. Die Sowjetunion bestätigte darin die Ergebnisse der Verhandlungen mit den USA vom 31. Mai in Washington: Sie stimmte der NATO-Mitgliedschaft und der vollen Souveränität des vereinigten Deutschlands sowie dem Abzug der sowjetischen Truppen zu. Damit waren die letzten Hindernisse beseitigt. Am 12. September 1990 unterzeichneten die Außenminister der UdSSR, der USA, Frankreichs, Großbritanniens, der Bundesrepublik und der DDR in Moskau den »Vertrag über die abschließende Regelung in Bezug auf Deutschland« (»Zwei+Vier«-Vertrag). Er verlieh dem vereinten Deutschland die volle Souveränität über seine inneren und äußeren Angelegenheiten und beendete so 45 Jahre deutsche Nachkriegsgeschichte.

Herstellung der staatlichen Einheit

Am 31. August 1990, 33 Tage vor dem Beitritt der DDR zur Bundesrepublik Deutschland, setzten Bundesinnenminister Wolfgang Schäuble und DDR-Staatssekretär Günther Krause ihre Unterschriften unter den Einigungsvertrag. Diesem Ereignis waren heftige Auseinandersetzungen um den Weg zur Wiedervereinigung vorausgegangen. Das Grundgesetz ließ zwei Möglichkeiten offen: Artikel 146 sah zunächst die Erarbeitung einer neuen Verfassung und deren Bestätigung durch eine Volksabstimmung in beiden Teilen Deutschlands vor. Artikel 23 ermöglichte dagegen den sofortigen Beitritt der DDR zum Geltungsbereich des Grundgesetzes. In der Nacht vom 22. auf den 23. August 1990 entschied sich die Volkskammer in einer Sondersitzung mit 294 gegen 62 Stimmen bei sieben Enthaltungen für die Herstellung der staatlichen Einheit nach Artikel 23 des Grundgesetzes zum 3. Oktober 1990.

In weniger als zwei Monaten hatte der Einigungsvertrag die Rechtsgrundlagen für die Vereinigung beider deutscher Staaten gelegt. Der Vertrag enthält auf rund 1 000 Seiten und in mehreren Anlagen detaillierte Regelungen, um die Voraussetzungen für die Herstellung vergleichbarer Lebensverhältnisse in den über 40 Jahre getrennten Teilen Deutschlands und für die Vollendung der inneren Einheit zu schaffen. Am 20. September stimmten die Abgeordneten der Volkskammer und des Bundestages dem Vertragswerk mit überwältigender Mehrheit zu. Der Bundesrat verabschiedete das Ratifizierungsgesetz einstimmig.

Zug um Zug trat die DDR von der internationalen Bühne ab: Am 24. September 1990 verließ sie den Warschauer Pakt. Am 2. Oktober löste sich die Volkskammer auf. In seiner letzten Ansprache als Ministerpräsident erklärte Lothar de Maizière, der Abschied der DDR aus der Staatengemeinschaft sei ein »Abschied ohne Tränen«.

In der Nacht vom 2. auf den 3. Oktober feierten die Deutschen auf dem Platz der Republik vor dem Reichstag in Berlin und an vielen anderen Orten die Vereinigung ihres Landes. 45 Jahre nach dem Ende des Zweiten Weltkrieges war Deutschland wieder ein vereintes, freies und souveränes Land. Beim Staatsakt am 3. Oktober in der Berliner Philharmonie erklärte Bundespräsident Richard von Weizsäcker: »Die Form der Einheit ist gefunden. Nun gilt es, sie mit Inhalt und Leben zu erfüllen. Parlamente, Regierungen und Parteien müssen dabei helfen. Zu vollziehen aber ist die Einheit durch das souveräne Volk, durch die Köpfe und Herzen der Menschen selbst.«

Feier zur deutschen Einheit in der Nacht vom 2. auf den 3. Oktober 1990 vor dem Reichstag in Berlin

205

Wege in die Gegenwart

Die Vereinigung beider deutscher Staaten am 3. Oktober 1990 weckt bei Ost- und Westdeutschen Zustimmung, Freude und vor allem Hoffnung: Hoffnung auf einen demokratischen Neubeginn und auf einen höheren Lebensstandard. Die Jahre seither zeigen Licht- und Schattenseiten. Für die Westdeutschen verändert sich wenig, für die Ostdeutschen fast alles in ihrem Leben. Die materiellen Verhältnisse haben sich noch nicht aneinander angeglichen. Unterschiedliche Bewusstseinsprägungen treten deutlich hervor. Das Zusammenwachsen beider Teile Deutschlands ist eine große Herausforderung.

Baustelle Deutschland

Im Vordergrund des Fotos liegt ein entwurzelter Baum. Im Hintergrund erhebt sich vor einem wolkenverhangenen Himmel die düstere Kulisse halbzerfallener Häuser. Dazwischen ein ungepflasterter Weg, zwei Menschen ziehen einen voll beladenen

Trümmerlandschaft im Leipziger Osten, dokumentiert von der Berliner Künstlerin Gundula Schulze Eldowy 1989

Handkarren. Trümmerlandschaft 1945? Mitnichten. Die gespenstisch anmutende Sze-
nerie hat die Berliner Künstlerin Gundula Schulze Eldowy 1989 in Leipzig fotografiert.
Nicht überall, aber vielerorts sieht es so Ende der achtziger Jahre in der DDR aus. Ein
Symbol für den Zustand des Staates, der 1989 untergeht? Jedenfalls eine Erinnerung
an das Ende der DDR und die Ausgangssituation im wiedervereinigten Deutschland
1990.

Kurze Zeit später prägen Baukräne die Kulisse ostdeutscher Stadtbilder. Es gilt,
Bausünden der Vergangenheit zu beseitigen und in die Zukunft zu investieren: Verfal-
lene Wohnungen sind zu renovieren, historische Altbauten zu rekonstruieren, Platten-
bauten zu modernisieren. In Wittenberg verwandelt sich von 1997 bis 1999 eine triste
Plattenbauschule dank der Initiative der Schüler und der finanzkräftigen Unterstützung von Stadt, Kreis, Land und Sponsoren in ein fantasievolles Gebäude nach den
Entwürfen von Friedensreich Hundertwasser. In Dresden beginnt 1994 die »Stiftung
Frauenkirche Dresden«, die 1945 zerstörte Frauenkirche mit Hilfe von Spenden-
geldern wieder aufzubauen. Das »Verkehrsprojekt Deutsche Einheit« baut seit 1992
die lange vernachlässigten Autobahnen und Bahnverbindungen in Ost-West-Richtung
aus. Die Marktwirtschaft mit ihrer bunten Warenvielfalt hält in den neuen Bundesländern Einzug: Großflächige Einkaufszentren wie das Paunsdorf-Center oder der Saale-
park bei Leipzig entstehen auf der grünen Wiese. Zahlreiche Existenzgründer nutzen
seit Einführung der Wirtschafts- und Währungsunion im Juli 1990 die Chance, Privatbetriebe zu gründen – eine Möglichkeit, die es in der DDR kaum gegeben hat. Das
»Gemeinschaftswerk Aufschwung Ost« nimmt Formen an.

*Modell für den 1999 nach Entwürfen
von Friedensreich Hundertwasser
fertig gestellten Umbau des Martin-
Luther-Gymnasiums in Wittenberg*

Die Sanierung hat ihren Preis

Die Sanierung der ostdeutschen Wirtschaft erweist sich als äußerst schwierig und kostenintensiv. Die Folgen jahrzehntelanger Misswirtschaft, Unproduktivität und verdeckter Arbeitslosigkeit, werden sichtbar. 1991 beschließt die Bundesregierung Steuererhöhungen und das so genannte Gemeinschaftswerk Aufschwung Ost. 1993 einigen sich Bund und Länder auf einen Solidarpakt zur Finanzierung der Folgen der deutschen Einheit. Über eine Billion DM sind durch dieses historisch einzigartige Aufbauprogramm bereits von West nach Ost geflossen und werden zur Modernisierung und Instandsetzung des Straßen- und Schienennetzes, des Wohnungs- und Städtebaus, des Hochschulwesens, der Werftindustrie verwendet. Auch weiterhin werden Steuergelder und Solidarzuschläge von West- und Ostdeutschen in Milliardenhöhe notwendig sein.

Die Treuhandanstalt, 1990 zur Privatisierung und Sanierung der Wirtschaft eingesetzt, muss zahlreiche Betriebe schließen. Viele können mit der westdeutschen Konkurrenz nicht mithalten, produzieren mit zu hohen Kosten und verfügen kaum über marktfähige Produkte. Unmittelbar nach der Wiedervereinigung verschwinden typische DDR-Marken aus den Regalen, sie sind zunächst nicht mehr gefragt. Schnell brechen auch die traditionellen Absatzmärkte in Osteuropa zusammen. Viele Menschen werden erstmals in ihrem Leben arbeitslos: Warten und Schlange stehen für einen Arbeitsplatz im Arbeitsamt sind gänzlich neue Erfahrungen. Die Sorge um Arbeitsplätze und die Angst vor einer ungewissen Zukunft überlagern immer wieder die Freude über die errungenen Freiheiten.

links: Arbeitsämter waren in der DDR eine unbekannte Einrichtung. Anstehen für einen Arbeitsplatz ist für viele eine neue und bittere Erfahrung

rechts: 1990 wird die Treuhandanstalt zur Privatisierung und Sanierung der ostdeutschen Wirtschaft eingerichtet

Liegenschaftsgesellschaft der Treuhandanstalt mbH Geschäftsstelle Chemnitz

»Bischofferode ist überall«

Eine der spektakulärsten Betriebsschließungen ist die Stilllegung der Kaligrube in Bischofferode im Dezember 1993. Ein Jahr lang haben die Kumpel für den Erhalt des Bergwerkes und der 700 Arbeitsplätze gekämpft, doch weder Demonstrationen noch Hungerstreik können den Beschluss der Treuhandanstalt abwenden. Der Slogan auf den Transparenten der Streikenden gilt gleichsam als Warnung vor der Situation in den neuen Bundesländern: »Bischofferode ist überall«.

Die Arbeit der Treuhandanstalt wird auch durch die im Einigungsvertrag 1990 fixierte Lösung ungeklärter Eigentumsverhältnisse nach dem Prinzip »Rückgabe vor Entschädigung« erschwert. Grundbesitz, der nach 1949 in der DDR enteignet wurde, soll an die ehemaligen Eigentümer oder ihre Erben zurückgehen. Obwohl der Deutsche

Bundestag bereits 1991 Ausnahmebestimmungen billigt, schrecken die oft über Jahre ungeklärten Besitzverhältnisse zahlreiche Unternehmen vor einer Investition in Ostdeutschland ab. Bis zu ihrer Auflösung 1994 sieht sich die Treuhandanstalt gezwungen, rund 3 700 Betriebe zu schließen und dabei über zwei Millionen Entlassungen vorzunehmen. Insgesamt aber zieht Birgit Breuel, seit April 1991 Nachfolgerin des von Linksterroristen ermordeten Detlev Karsten Rohwedder, als Präsidentin der Treuhandanstalt eine positive Bilanz: In viereinhalb Jahren hat die Treuhand 15 000 ostdeutsche Unternehmen privatisiert und 4 400 Betriebe an ihre Alteigentümer zurückgegeben. Dennoch: Die Arbeitslosenquote steigt weiter an. 1997 erreicht sie mit 11,4 Prozent im gesamten Bundesgebiet, das bedeutet mehr als 4,67 Millionen Meldungen, den Höchststand seit Kriegsende. Mit 18,1 Prozent liegt die Arbeitslosenquote in Ostdeutschland fast doppelt so hoch wie in den alten Bundesländern. Frustration, Verzweiflung und häufig auch Politikverdrossenheit breiten sich bei vielen Betroffenen aus. Nicht von ungefähr erzielt die PDS bei den Bundestagswahlen 1998 in den neuen Bundesländern 19,5 Prozent der Wählerstimmen, während sie im Westen lediglich 1,1 Prozent erhält.

1993 musste trotz erbitterter Proteste der Kumpel die Kaligrube in Bischofferode geschlossen werden. Der Slogan »Bischofferode ist überall« ist in aller Munde

Gefährlicher Nährboden

Die Unzufriedenheit über die wirtschaftliche Situation bildet einen gefährlichen Nährboden für rechtsradikale Parolen und Anschläge gegen Ausländer – in Ost und West. Die Ursachen für den Zulauf rechtsextremistischer Strömungen sind vielschichtig: Mangelndes Demokratieverständnis, Angst vor einer perspektivlosen Zukunft, Langeweile und Frustration suchen sich hier ihr Ventil. Vor allem Jugendliche und junge Männer beherrschen die neonazistische Szene: Mit martialischem Gehabe, Glatzköpfen, in Militarylook mit Bomberjacke, Armeehose und Springerstiefeln treten sie in der Öffentlichkeit zumeist im Gruppenverband auf, der ihnen die notwendige Stärke verleiht.

Bereits 1990 ziehen Neonazis durch die Straßen von Leipzig. Rechtsradikale Tendenzen werden zu einem ernsten gesellschaftlichen Problem

Seit 1990 häufen sich im vereinten Deutschland Übergriffe rechtsextremer Gewalttäter. Einige Beispiele aus der traurigen Bilanz: Im September 1991 greifen Neonazis in der sächsischen Kreisstadt Hoyerswerda tagelang ein Ausländerwohnheim und eine Unterkunft für Asylsuchende an. Unter dem Jubel herbeigeeilter Schaulustiger fliegen Brandsätze, Steine und Stahlkugeln. Ähnliches wiederholt sich 1992 in Rostock-Lichtenhagen. Ende 1992 werden in der schleswig-holsteinischen Kleinstadt Mölln zwei von Türken bewohnte Häuser in Brand gesteckt: Drei Türkinnen sterben, neun Menschen erleiden schwere Verletzungen. Im Mai 1993 kommen bei einem Brandanschlag im westdeutschen Solingen fünf türkische Mädchen und Frauen ums Leben. 1999 hetzen im ostdeutschen Guben rechtsradikale Jugendliche einen algerischen Asylbewerber zu Tode.

Lichter gegen den Fremdenhass

Die Gewalttaten bleiben nicht unwidersprochen, in vielen Städten protestieren Hunderttausende. Unter dem Motto »Eine Stadt sagt nein« finden sich in München 300 000 Menschen zusammen, um mit einer Lichterkette gegen Fremdenhass und Rechtsradikalismus zu demonstrieren. Ein Zeichen setzt auch das brandenburgische Städtchen Altlandsberg, dessen Einwohner erstmals 1993 und zum zweiten Mal 1999 den aus Indien stammenden Arzt Ravindra Gujjula zum ehrenamtlichen Bürgermeister wählen.

Zeichen setzen gegen den Fremdenhass: Im brandenburgischen Altlandsberg behauptet sich der aus Indien stammende Ravindra Gujjula als Bürgermeister

DUNKELHÄUTIGER BÜRGERMEISTER

„Wenn es geht, meide ich öffentliche Verkehrsmittel"

Als einziger dunkelhäutiger Bürgermeister der Republik regiert Ravindra Gujjula seit sechs Jahren das märkische Altlandsberg – Erfahrungen eines Deutschen indischer Abstammung.

VON PETER GÄRTNER

Seinen Namen kennen selbst die rechten Schläger, auch wenn sie ihn nicht korrekt aussprechen können. Aber einige der Glatzköpfe, erzählt Ravindra Gujjula, „grüßen mich sogar." „Wenn der kleine, dunkelhäutige Mann seine Tochter aus der Schule abholt, dann rufen ihre Mitschüler nur knapp, aber höflich: „Guten Tag, Herr Bürgermeister!" In Altlandsberg, einer knapp 5000 Einwohner zählenden Kleinstadt vor den Toren Berlins, ist der aus Südindien stammende Mann bekannt wie ein bunter Hund. „Als ich vor über 16 Jahren in die Stadt zog, war ich der erste Ausländer. Guck mal, ein Neger, hieß es damals." Heute ist Gujjula, der 1973 als Austauschstudent der Medizin in die DDR kam, angesehen und beliebt.

Nur einmal Streit

Mittlerweile leben 20 Ausländer in Altlandsberg. Seit kurzem wohnt auch ein Afrikaner bei einer deutschen Gastfamilie. „Ist das einer von hier?" hatten ihn Patienten gefragt, als sie den Schwarzen in seiner Praxis erblickten. Streit gab es bislang nur einmal mit Fremden: Gujjula wollten ein Asia-Imbiß

von dem herausgeputzten alten Marktplatz in eine Nebenstraße verbannen. „Da haben der Vietnamese und der Chinese einfach angefangen, bei ihren deutschen Kunden Unterschriften für den Imbiß zu sammeln", ärgert sich der Bürgermeister noch heute. Letztlich einigte man sich dann auf einem Kompromiß: der Imbißwagen steht nun nicht mehr in der Mitte, sondern am Rand des Marktplatzes.

Diese Art der Konfliktlösung gefällt dem Arzt für Inneres, der nun bereits in der zweiten Legislaturperiode als ehrenamtlicher Bürgermeister die Stadt regiert. Als er vor knapp sechs Jahren erstmals für die Initiative „Bürger für Altlandsberg" antrat, galt es als kleine Sensation, daß sich Gujjula gegen die Kandidaten von SPD, CDU, PDS und FDP durchsetzen konnte. Im vergangenen Herbst benötigte er nicht einmal mehr eine Stichwahl: über 81 Prozent der Bürger votierten für den „dunkelhäutigen Deutschen", wie der 44jährige formuliert.

Über Parteigrenzen

Mit dieser an DDR-Zeiten erinnernden Unterstützung im Rücken engagiert sich der agile Familienvater für Gesundheits- und Sozialpolitik sowie gegen Rechtsradikalismus und Fremdenfeindlichkeit. Im Rahmen seiner „Altlandsberger Initiative" hat er so unterschiedliche Leute wie den Chef der Berliner „Republikaner" und den Eberswalder Polizeipräsidenten an einen Tisch geholt. Berlins Regierungschef Eberhard Diepgen (CDU) und Joachim Gauck waren bei den „Kaffeegesprächen" schon zu

Arzt und Bürgermeister in Altlandsberg vor den Toren Berlins: Ravindra Gujjula (Foto: Jochen Wermann)

Amt Altlandsberg

Öffentliche Verwaltung für

Stadt	Altlandsberg
Gemeinde	Buchholz
Gemeinde	Bruchmühle
Gemeinde	Gielsdorf
Gemeinde	Wegendorf
Gemeinde	Wesendahl

Sprechzeiten:
Dienstag 9°°–12°° U[h]r
13°°–18°° U[h]r
Freitag 9°°–12°° U[h]r

Gast. Bei einem Aktionstag für die doppelte Staatsbürgerschaft sollen demnächst unter anderen Bundestagspräsident Wolfgang Thierse (SPD) und FDP-Generalsekretär Guido Westerwelle über dieses umstrittene Thema diskutieren. Gujjula hatte 1993 die deutsche Staatsbürgerschaft angenommen, „um das Wahlrecht zu erlangen." Heute möchte der Bürgermeister am liebsten auch wieder ein Inder sein. Denn im vergangenen Jahr starben seine Eltern; doch als Deutscher könne er nur sehr schwierig über sein Erbe verhandeln. „Für mich ist das kein lebenswichtiges Problem," betont er gleichwohl. „Nach über 25 Jah-

ren bin ich mir sicher, daß ich auch weiter hier leben will." Aber, so schimpft Gujjula, der vor einem Jahr der SPD beigetreten ist, „alle Parteien haben es versäumt, die Bürger über die doppelte Staatsbürgerschaft wirklich aufzuklären. Das macht die Debatte so kompliziert." Die Unterschriftenaktion der CDU lehnt er gerade des-

halb strikt ab: „Es wird nur Stimmung gegen Ausländer gemacht. Viele, die unterschreiben, wissen gar nicht, worum es geht."

Der Einwanderer aus dem fernen Land setzt hingegen aus eigener Erfahrung auf Aufklärung. Insbesondere in den neuen Bundesländern sei noch viel zu tun, um Vorurteile abzubauen. „Wo man mich nicht kennt, passe ich genau auf," sagt Gujjula. „Wenn es geht, meide ich öffentliche Verkehrsmittel." An die Drohanrufe, die an bestimmten Tagen wie Hitlers Geburtstag in seiner Arztpraxis und im nur zwei Türen entfernten Dienstzimmer im Rathaus eingehen, will er sich zwar nicht gewöhnen, aber sich davon auch nicht provozieren lassen.

Seine Popularität und Exoten-Rolle als einziger dunkelhäutiger Bürgermeister in Deutschland nutzt Gujjula längst für die Belange der Kleinstadt. Wenn er beim Bundespräsidenten, der SPD-Spitze oder bei der indischen Botschaft zu Gast ist, bringt er stets den Namen Altlandsberg ins Gespräch. „Die Leute sollen bei uns investieren, Arbeitsplätze schaffen und Fördermittel lockermachen."

Zweiter Inder

Daran hat sich inzwischen auch ein guter Freund gehalten, der kürzlich als zweiter Inder nach Altlandsberg gezogen ist und in seinem Betrieb rund 50 Deutsche beschäftigt. „Wenn wir uns treffen, machen wir schon mal einen indischen Abend mit Filmen und Essen", erzählt Ravindra Gujjula. „Aber wir unterhalten uns auf deutsch."

Justizbehörden und Polizei nehmen sich verstärkt der Problematik an: Die Asservatenkammer des Landeskriminalamtes Sachsen ist gefüllt mit beschlagnahmten Utensilien verurteilter rechtsradikaler Jugendlicher. Die Palette reicht von neonazistischer Literatur, Musik von Gruppen wie den »Böhsen Onkelz« oder »Störkraft« mit programmatischen Texten wie »Dreckig – kahl und hundsgemein« und NS-Devotionalien bis hin zu Waffen wie Schlagringen, Messern, Knüppeln, Springerstiefeln und Baseballschlägern. Sportgeschäfte reagieren auf die Vorliebe rechtsradikaler Schläger für Baseballschläger und verkaufen diese in der Regel nur gegen Vorlage einer Sportvereinsbescheinigung.

Mut zum Rückblick

Trotz aller Probleme, die im Zuge der Wiedervereinigung auftreten, ist es aber auch ein Anliegen vieler, das während der DDR geschehene Unrecht nicht in Vergessenheit geraten zu lassen. Wissenschaftler und Öffentlichkeit beginnen sofort, sich mit der Geschichte der DDR auseinander zu setzen. Der Deutsche Bundestag selbst sorgt für die Aufarbeitung der Vergangenheit und verabschiedet im November 1991 das so genannte Stasi-Unterlagengesetz. Im März 1992 setzt er die erste Enquete-Kommission »zur Aufarbeitung von Geschichte und Folgen der SED-Diktatur« ein. Die zweite Enquete-Kommission zur »Überwindung der Folgen der SED-Diktatur im Prozess der deutschen Einheit« folgt 1995. Im Juni 1998 konstituiert sich die »Stiftung zur Aufarbeitung der SED-Diktatur«.

Das Stasi-Unterlagengesetz tritt im Januar 1992 in Kraft. Die Opfer des MfS können sich nun umfassend über die Akten informieren, die die Staatssicherheit über sie angelegt hat. »Herr der Akten« wird der Rostocker Pfarrer Joachim Gauck. Die ihm unterstehende Behörde heißt im Volksmund bald »Gauck-Behörde«. Millionen Berichte von Spitzeln befinden sich in ihrer Obhut, allein in der zentralen Personenkartei liegen 180 km Akten. Anträge auf Akteneinsicht stellen Millionen Menschen und das Interesse lässt nicht nach.

Zu den ersten prominenten Antragstellern gehören der CDU-Abgeordnete und DDR-Minister für Abrüstung und Verteidigung Rainer Eppelmann, die Bürgerrechtlerin Bärbel Bohley und die Bundestagsabgeordneten Gerd Poppe und Vera Wollenberger. Wollenberger muss bei der Durchsicht ihrer Akten erkennen, dass ihr Ehemann Knut sie jahrelang für die Staatssicherheit ausspioniert hat.

Recht oder Gerechtigkeit?

Das in der DDR begangene Unrecht stellt Polizei, Staatsanwälte und Richter in der Bundesrepublik vor große juristische und praktische Probleme. 1990 richten die Justizminister der Länder eine Arbeitsgruppe Regierungskriminalität beim Berliner Kammergericht ein, um die Verbrechen des SED-Regimes strafrechtlich zu verfolgen. Laut Einigungsvertrag ist das DDR-Strafrecht für eine Verurteilung zu Grunde zu legen.

Ab Ende 1992 muss sich zusammen mit Ex-Staats- und Parteichef Erich Honecker die DDR-Prominenz im so genannten »Politbüro-Prozess« wegen der Todesschüsse an Mauer und Grenze verantworten. Auch hier stellt sich die Rechtslage als äußerst schwierig heraus, obwohl laut Beschluss des Bundesverfassungsgerichts die Schüsse gegen grundlegende Prinzipien des Völkerrechts und der Menschenrechte verstießen,

Der Karikaturist Jean Veenenbos kommentiert 1992 die schwierige Lage der deutschen Rechtsprechung gegen die Machthaber der DDR

in diesem Fall das DDR-Recht also nicht ausschlaggebend ist. Das Verfahren gegen Erich Honecker wird im Januar 1993 aufgrund dessen fortschreitender Krebserkrankung eingestellt. Nach seiner Freilassung reist er zu Frau und Tochter nach Santiago de Chile, wo er im Mai 1994 stirbt.

Ebenfalls aus gesundheitlichen Gründen wird das Verfahren gegen den ehemaligen DDR-Ministerpräsidenten Willi Stoph und den ehemaligen Chef des MfS, Erich Mielke, eingestellt. Das Landgericht Berlin verurteilt Mielke dann allerdings wegen Mordes an zwei Berliner Polizisten im Jahre 1931 zu sechs Jahren Haft. Die vorzeitige Entlassung erfolgt im August 1995. Mielke stirbt fünf Jahre später in Berlin-Hohenschönhausen. Gegen Verteidigungsminister Heinz Keßler, dessen Stellvertreter Fritz Streletz und Hans Albrecht, SED-Chef in Suhl, sowie gegen den letzten Staats- und Parteichef der DDR, Egon Krenz, und den Ost-Berliner SED-Bezirkschef Günter Schabowski werden 1997 Haftstrafen verhängt.

Einige der Angeklagten, unter ihnen auch Egon Krenz, interpretieren die Urteile als »Siegerjustiz«. Vielen Opfern der SED-Diktatur erscheinen sie eher als zu milde.

Wertewandel

Wie empfinden die Menschen die Veränderungen, die sie seit der Wiedervereinigung erfahren? Insbesondere für die Bevölkerung der neuen Bundesländer gilt es, sich mit neuen Regelungen zurechtzufinden. Manche Erfahrungen und Qualifikationen sind plötzlich nutzlos und viele Jahre sozialistische Sozialisation in Frage gestellt. Aus dem öffentlichen Bild verschwinden die Helden der kommunistischen Vergangenheit wie Lenin oder Thälmann. Vielerorts werden Denkmäler demontiert und Straßen umbenannt – Zeichen setzen für den Aufbruch in eine neue Zeit.

So wie das Ernst-Thälmann-Denkmal in Eisenach werden nach 1990 vielerorts Denkmäler demontiert

Rechte Seite: Fotopaare aus dem Projekt »Zeitenwende« des Neubrandenburger Fotografen Lasdin. Zwischen den Aufnahmen liegen zehn Jahre und der Fall der Mauer

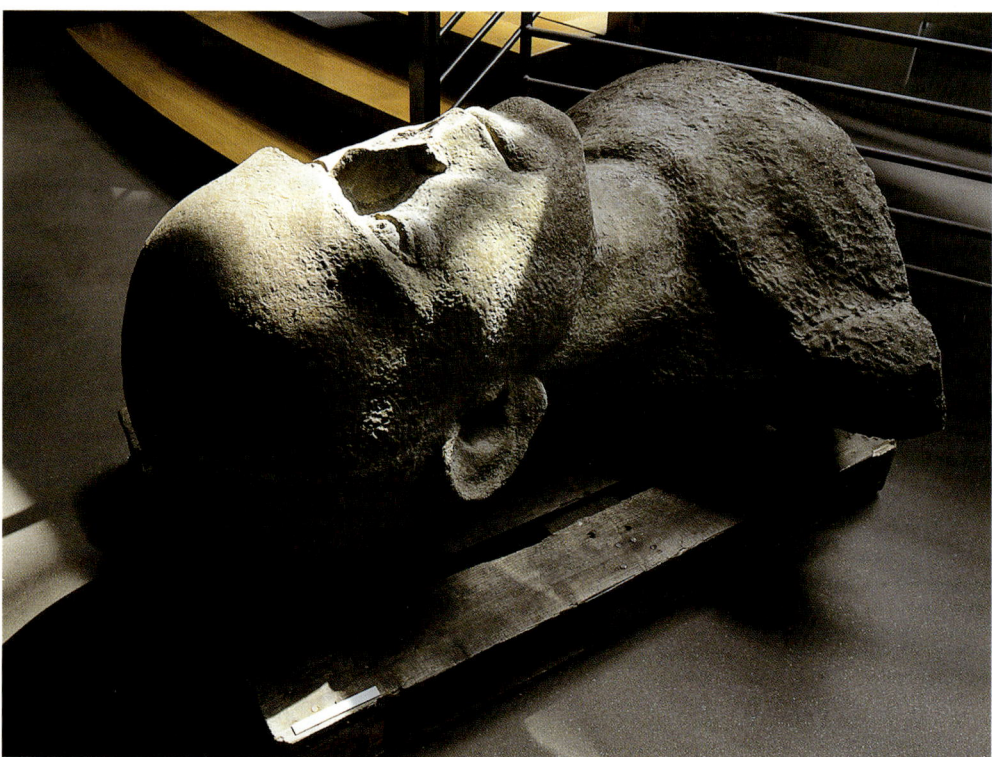

Auch, weil wir Wirkung wollen, trotzdem nur wir selbst sind,
werden wir von der Uniformiertheit der Intoleranten nicht akzeptiert.
... und jemand sagt, es wäre Frieden!

5 März 1987

Eva-Maria + Beate Bachmann

"Der ist beglückt, der sein darf, was er ist", ein Zitat von
Friedrich von Hagedorn, welches heute wesentlich leichter zu realisieren
ist als damals, auch wenn sich die Menschen nicht unbedingt verändert
haben.
Wir können uns verwirklichen.

13 Dezember 1997

Beate + Eva-Maria Bachmann

Ich freue mich über dieses Foto, weil es uns friedlich und
freundlich zeigt. Unser Großer ist sonst ein "Terrorist, und
wir sind auch nicht viel besser

25 Januar 1987
Harald wander
Manuela Geißhorn

Kein Glück gehabt. Auf jeden Betrüger reingefallen. Ich bin in
diesem Land nicht angekommen. Wenn meine Familie nicht
wäre - könnte ich schon abtreten.

04 Mai 1997
Harald wander

*»Daran müssen wir noch arbeiten«
nennt Rainer Schwalme seine Karikatur von 1992*

Der Dokumentarfilmer Winfried Junge und der Fotograf Bernd Lasdin gehen – unabhängig von einander – den Befindlichkeiten der Menschen nach. Winfried Junge hat bereits 1961 begonnen, Kinder einer Schulklasse in Golzow/Oderbruch mit der Kamera zu begleiten. In unregelmäßigen Abständen setzt er seine Beobachtungen der »Kinder von Golzow« bis in die Gegenwart fort: Schulzeit, Jugend, Beruf, Familie, den Fall der Mauer und das Leben nach 1989. Die Filme gelten allein schon durch ihre Beobachtungsdauer über drei Jahrzehnte als weltweit einzigartig in der Dokumentarfilmgeschichte. Die Erfahrungen, die Marieluise, Jürgen, Elke und Willy aus Golzow in den Jahren seit der Wiedervereinigung gesammelt haben, sind typisch für viele in Ostdeutschland: Hoffnung auf Neubeginn, Angst um den Arbeitsplatz, Frustration und Verzweiflung über die anhaltende Arbeitslosigkeit, Scheitern von Beziehungen auf der einen, enger Familienzusammenhalt auf der anderen Seite, erste Begegnungen mit Westdeutschen etc. – »ein ganz normales Leben eben«, wie es Elke als Resümee »ihres« Filmes formuliert.

Der Neubrandenburger Bernd Lasdin hat Menschen kurz vor dem Ende der DDR fotografiert – Landarbeiter, Funktionäre, Ingenieure, Künstler. Die Porträtierten kommentieren ihre Fotos selbst. Rund zehn Jahre später nimmt Lasdin dieselben Menschen abermals auf. »Zeitenwende« nennt der Fotograf sein Projekt. Zwischen den Aufnahmen liegen der Fall der Mauer und die Wiedervereinigung Deutschlands. Licht- und Schattenseiten dieser Zäsur spiegeln sich im Leben der Fotografierten.

Ein ähnliches Projekt schließt Bernd Lasdin 1999 mit »Westzeit-Story« ab. Hier porträtiert er in gleicher Weise Bewohner Flensburgs kurz nach dem Mauerfall 1989 und zehn Jahre später. Bei einer Gegenüberstellung beider Fotoprojekte lassen sich Unterschiede, aber auch Gemeinsamkeiten zwischen Ost- und Westdeutschen erkennen.

Truppeneinsatz

Durch die deutsche Einheit und den damit verbundenen Status der vollen Souveränität sieht sich Deutschland auch einer gewachsenen weltpolitischen Verantwortung gegenüber. Die Bundeswehr beteiligt sich seit 1991 an Auslandseinsätzen außerhalb des Bundesgebietes: 1991 werden während des Golfkrieges deutsche Soldaten in die gefährdete Türkei verlegt und Minensuchboote im Persischen Golf eingesetzt. 1993 nehmen 162 Bundeswehrangehörige an dem NATO-Einsatz zur Überwachung des Flugverbots über dem Kriegsgebiet in Bosnien teil, ebenfalls 1993 werden rund 1700 Soldaten nach Somalia zur logistischen Unterstützung der Hilfsorganisation entsandt. 1994 billigt das Bundesverfassungsgericht die Teilnahme der Bundeswehrsoldaten an so genannten Out-of-Area-Einsätzen im Rahmen der UNO oder der NATO. Im Dezember 1995 stimmt der Bundestag erstmals dem Einsatz bewaffneter Streitkräfte zu, um den Frieden in Bosnien-Herzegowina zu sichern. Deutsche Soldaten beteiligen sich an den Einsätzen der multinationalen Friedenstruppe der NATO. Sie fliegen im Frühjahr 1999 Luftangriffe gegen das Regime des Serbenführers Milosevic und kontrollieren den Abzug der serbischen Truppen nach Beendigung des Krieges am 10. Juni 1999. Der Einsatz bewaffneter deutscher Streitkräfte im ehemaligen Jugoslawien bleibt nicht ohne Kritik in der Bevölkerung, wobei mehr Ostdeutsche als Westdeutsche die Entsendung von deutschen Bodentruppen in den Kosovo ablehnen.

EU – neue Herausforderungen

Während in Deutschland die innere Wiedervereinigung zwischen Ost- und Westdeutschen auch zehn Jahre nach der Vereinigung beider deutscher Staaten noch lange nicht abgeschlossen ist, vollzieht sich der weitere Zusammenschluss Europas. 1992 wird in Maastricht die Schaffung der Europäischen Union besiegelt. 1999 folgt die Einführung des »Euro«, der ab 2002 allein gültiges Zahlungsmittel sein wird. Für die Ostdeutschen ist es die zweite Währungsumstellung innerhalb relativ kurzer Zeit. Allen Hinweisen auf ein Auseinanderklaffen der Bewusstseinslage der Ost- und Westdeutschen zum Trotz sind sich die Deutschen bei der Einschätzung des Euro einig. Skepsis und Zustimmung halten sich bei einer Umfrage des renommierten Institutes für Demoskopie Allensbach 1996 die Waage: Auf die Frage »Halten Sie eine gemeinsame europäische Währung für den Fortgang des europäischen Einigungsprozesses für notwendig?« halten 29 Prozent der Westdeutschen und 29 Prozent der Ostdeutschen die Einführung des Euro für notwendig, 49 Prozent (West) bzw. 47 Prozent (Ost) sehen darin keine Notwendigkeit. Die Angst, eine gemeinsame europäische Währung könnte die Kaufkraft schwächen, ist zu diesem Zeitpunkt noch bei vielen zu bemerken. Zwischen 1997 und 1999 verdoppelt sich der Anteil der Befürworter. Bei seiner Einführung im Januar 1999 hat der Euro einen spektakulären Start an den internationalen Devisenmärkten. Durch den starken US-Dollar wird er im Laufe des Jahres 1999 schwächer. Obwohl das Inflations- und Zinsniveau innerhalb der Europäischen Union insgesamt niedrig bleibt, schwindet das Vertrauen in die europäische Währung: Im Juli 2000 sprechen sich laut Allensbach nur noch 19 Prozent der Ostdeutschen und 34 Prozent der Westdeutschen für den Euro aus.

Etwa 10 000 Frankfurter umrahmen am 1. Januar 1999 zur Einführung des Euro ein riesiges Euro-Zeichen vor dem Gebäude der Europäischen Zentralbank

Publikationen zur deutschen Zeitgeschichte

Bahrmann, Hannes/Links, Christoph:
Chronik der Wende, Berlin 1999.

Baring, Arnulf: Der 17. Juni 1953,
3. Auflage, Stuttgart 1983.

Barth, Bernd-Rainer/Links, Christoph/
Müller-Enbergs, Helmut/Wieglohs, Jan
(Hrsg.): Wer war Wer – DDR.
Ein biographisches Handbuch,
Frankfurt am Main 1995.

Bennewitz, Inge/Potratz, Rainer:
Zwangsaussiedlungen an der inner-
deutschen Grenze. Analysen und
Dokumente, Berlin 1994.

Benz, Wolfgang: Die Gründung der
Bundesrepublik. Von der Bizone zum
souveränen Staat, 5. Auflage,
München 1999.

Besier, Gerhard: Der SED-Staat und die
Kirche, 3 Bände, Berlin 1993-1995.

Bessel, Richard/Jessen, Ralph (Hrsg.):
Die Grenzen der Diktatur.
Staat und Gesellschaft in der DDR,
Göttingen 1996.

Bögeholz, Hartwig: Die Deutschen
nach dem Krieg. Eine Chronik,
Reinbek bei Hamburg 1995.

Bracher, Karl Dietrich/Eschenburg,
Theodor/Fest, Joachim C./Jäckel,
Eberhard (Hrsg.): Geschichte der
Bundesrepublik Deutschland, 5 Bände,
Stuttgart, Wiesbaden 1981-1987.

Broszat, Martin/Weber, Hermann (Hrsg.):
SBZ-Handbuch. Staatliche Verwaltungen,
Parteien, gesellschaftliche Organisa-
tionen und ihre Führungskräfte

in der Sowjetischen Besatzungszone
Deutschlands 1945-1949, 2. Auflage,
München 1993.

Bundesministerium der Justiz (Hrsg.):
Im Namen des Volkes? Über die Justiz
im Staat der SED. Katalog zur Ausstellung des Bundesministeriums der Justiz,
3 Bände, Leipzig 1994.

Dennert, Dorothee: Contemporary History
and National Identity, in: Museum and
Communities. Proceedings of the
Annual Conference of the International
Committee for Education and Cultural
Action (CECA) of the International
Council of Museums,
Stavanger 1995, S. 29-36.

Dies./Wersebe, Helena von:
Direkte Kommunikation mit dem
Besucher – Struktur und Aufgaben
eines Besucherdienstes, in:
Landschaftsverband Rheinland,
Rheinisches Archiv- und Museumsamt
(Hrsg.): Das besucherorientierte
Museum, Köln 1997, S. 54-63.

Deutscher Bundestag (Hrsg.): Materialien
der Enquête-Kommission »Aufarbeitung
von Geschichte und Folgen der SED-
Diktatur in Deutschland«,
9 Bände in 18 Teilbänden, Baden-Baden/
Frankfurt am Main 1995.

Ders.: Materialien der Enquête-Kommission
»Überwindung der Folgen der SED-
Diktatur im Prozess der deutschen
Einheit«, 8 Bände in 14 Teilbänden,
Baden-Baden/ Frankfurt am Main 1999.

Eckert, Rainer/Kowalczuk, Ilko-Sascha/
Poppe, Ulrike (Hrsg.): Zwischen
Selbstbehauptung und Anpassung.
Formen des Widerstandes und der
Opposition in der DDR, Berlin 1995.

Eppelmann, Rainer/Möller, Horst/Nooke,
Günter/Wilms, Dorothee (Hrsg.):

Lexikon des DDR-Sozialismus.
Das Staats- und Gesellschaftssystem
der Deutschen Demokratischen
Republik, 2 Bände, 2. Auflage,
Paderborn, München, Wien, Zürich 1997.

Erler, Peter/Laude, Horst/Wilke, Manfred:
»Nach Hitler kommen wir«. Dokumente
zur Programmatik der Moskauer
KPD-Führung 1944/45 für Nachkriegsdeutschland, Berlin 1994.

Fricke, Karl Wilhelm: Die DDR-Staats-
sicherheit, 3. Auflage, Köln 1989.

Ders.: Opposition und Widerstand in der
DDR. Ein politischer Report, Köln 1984.

Ders.: Politik und Justiz in der DDR.
Zur Geschichte der politischen
Verfolgung 1945-1968. Bericht
und Dokumentation, Köln 1979.

Ders.: Der Wahrheit verpflichtet.
Texte aus fünf Jahrzehnten zur
Geschichte der DDR, Berlin 2000.

Fröhlich, Jürgen (Hrsg.): »Bürgerliche
Parteien« in der SBZ/DDR.
Zur Geschichte von CDU, LDPD, DBD
und NDPD 1945-1953, Köln 1995.

Garton Ash, Timothy: Ein Jahrhundert
wird abgewählt. Aus den Zentren
Mitteleuropas 1980-1990,
München, Wien 1990.

Ders: Im Namen Europas: Deutschland und
der geteilte Kontinent, München 1993.

Görtemaker, Manfred: Geschichte der
Bundesrepublik Deutschland.
Von der Gründung bis zur Gegenwart,
München 1999.

Graml, Hermann: Die Alliierten und die
Teilung Deutschlands. Konflikte und
Entscheidungen 1941-1948,
Frankfurt am Main 1985.

**Grieder, Peter/Klein, Thomas/Otto,
Wilfriede (Hrsg.):** Visionen.
Repression und Opposition in der DDR,
2 Bände, Frankfurt/Oder 1996.

Grosser, Dieter: Das Wagnis der Währungs-
Wirtschafts- und Sozialunion. Politische
Zwänge im Konflikt mit ökonomischen
Regeln, Stuttgart 1998.

Härtel, Christian/Kabus, Petra (Hrsg.):
Das Westpaket. Geschenksendung,
keine Handelsware,
Berlin 2000.

Heidemeyer, Helge: Flucht und Zuwande-
rung aus der SBZ/DDR 1945/1949-1961.
Die Flüchtlingspolitik der Bundesrepublik Deutschland bis zum Bau der
Berliner Mauer, Düsseldorf 1994.

**Helwig, Gisela/Nickel, Hildegard Maria
(Hrsg.):** Frauen in Deutschland 1945-
1992, Berlin 1993.

**Henke, Klaus Dietmar/Steinbach, Peter/
Tuchel, Johannes (Hrsg.):**
Widerstand und Opposition in der DDR
1949 bis 1989, Köln, Weimar, Wien 1999.

**Herbst, Andreas/Ranke, Winfried/Winkler,
Jürgen:** So funktionierte die DDR,
3 Bände, Reinbek bei Hamburg 1994.

Ders./Stephan, Gerd-Rüdiger: Die SED.
Geschichte – Organisation – Politik. Ein
Handbuch, Berlin 1997.

Hertle, Hans-Hermann: Der Fall der Mauer.
Die unbeabsichtigte Selbstauflösung
des SED-Staates, Opladen 1996.

Hildebrand, Klaus: Das Dritte Reich,
5. Auflage, München 1995.

Hillgruber, Andreas:
Deutsche Geschichte 1945-1986. Die
»deutsche Frage« in der Weltpolitik,
8. Auflage, Stuttgart 1995.

Hütter, Hans Walter: Bestselling durch
Erlebnis Geschichte. Zum Museumsshop
im Haus der Geschichte der Bundes-
republik Deutschland, in: Werner
Heinrichs/Hermann Schäfer (Hrsg.):
Merchandising und Licensing in Kultur-
betrieben. Ein Handbuch für Fach- und
Führungskräfte, Stuttgart 1999, S. 41-61

Ders.: Kulturmerchandising. Kultur und
Kommerz – Chance oder Widerspruch?,
in: Handbuch Kulturmanagement.
Die Kunst, Kultur zu ermöglichen,
Oktober 1997, F 2.7, S. 1-30.

Jäger, Wolfgang: Die Überwindung der
Teilung. Der innerdeutsche Prozess der
Vereinigung 1989/90, Stuttgart 1998.

Judt, Matthias (Hrsg.):
DDR-Geschichte in Dokumenten. Beschlüsse, Berichte, interne Materialien
und Alltagszeugnisse, Berlin 1997.

**Kaelble, Hartmut/Kocka, Jürgen/Zwahr,
Hartmut (Hrsg.):**
Sozialgeschichte der DDR,
Stuttgart 1994.

Kaiser, Paul/Petzold, Claudia: Bohème
und Diktatur in der DDR. Gruppen,
Konflikte, Quartiere 1970-1989.
Katalog zur Ausstellung des Deutschen
Historischen Museums, Berlin 1997.

Kielmansegg, Peter: Nach der
Katastrophe. Eine Geschichte des
geteilten Deutschland, Berlin 2000.

Klessmann, Christoph: Die doppelte
Staatsgründung. Deutsche Geschichte
1945-1955, 5. Auflage, Göttingen 1991.

Ders.: Zwei Staaten, eine Nation. Deutsche
Geschichte 1955-1970, 2. Auflage,
Bonn 1998.

Koop, Volker: »Den Gegner vernichten«.
Die Grenzsicherung der DDR, Bonn 1996.

Korte, Karl-Rudolf: Deutschlandpolitik
in Helmut Kohls Kanzlerschaft.
Regierungsstil und Entscheidungen
1982-1989, Stuttgart 1998.

**Kowalczuk, Ilko-Sascha/Mitter,
Armin/Wolle, Stefan (Hrsg.):** Der Tag X
– 17. Juni 1953. Die »innere Staatsgründung« der DDR als Ergebnis der
Krise 1952/54, Berlin 1995.

**Kuhrt, Eberhard/Buck, Hansjörg F./
Holzweißig, Gunter (Hrsg.):**
Am Ende des realen Sozialismus: Bei-
träge zu einer Bestandsaufnahme der
DDR-Wirklichkeit in den 80er Jahren,
4 Bände, Opladen 1996-1999.

**Kunstkombinat DDR. Daten und Zitate zur
Kunst und Kunstpolitik der DDR** 1945-
1990, 2. Auflage, Berlin 1990.

Leonhard, Wolfgang: Die Revolution ent-
läßt ihre Kinder, Neuauflage, Köln 1990.

Lindner, Bernd: Die demokratische Revolution in der DDR 1989/90, Bonn 1998.

Maibaum, Werner: Geschichte der
Deutschlandpolitik, Bonn 1998.

Maier, Charles S.: Das Verschwinden
der DDR und der Untergang des Kommunismus, Frankfurt am Main 1999.

Meuschel, Sigrid: Legitimation und
Parteiherrschaft. Zum Paradox von
Stabilität und Revolution in der DDR
1945-1989, Frankfurt am Main 1992.

**Mironenko, Sergej/Niethammer,
Lutz/Plato, Alexander von (Hrsg.):**
Sowjetische Speziallager in Deutschland
1945 bis 1950, 2 Bände, Berlin 1998.

Mitter, Armin/Wolle, Stefan:
Untergang auf Raten. Unbekannte
Kapitel der DDR-Geschichte,
München 1993.

Morsey, Rudolf: Die Bundesrepublik Deutschland. Entstehung und Entwicklung bis 1969, 4. Auflage, München 2000.

Muschter, Gabriele: Jenseits der Staatskultur. Traditionen autonomer Kunst in der DDR, München 1992.

Naimark, Norman M.: Die Russen in Deutschland: Die sowjetische Besatzungszone 1945 bis 1949, Berlin 1997.

Neubert, Ehrhart: Geschichte der Opposition in der DDR 1949-1989, Berlin 1997.

Pauer, Jan: Prag 1968. Der Einmarsch des Warschauer Paktes. Hintergründe, Planung, Durchführung, Bremen 1995.

Pollack, Detlef/Rink, Dieter (Hrsg.): Zwischen Verweigerung und Opposition. Politischer Protest in der DDR 1970-1989, Frankfurt am Main 1997.

Prieß, Lutz/Kural, Václav/Wilke, Manfred: Die SED und der Prager Frühling, Berlin 1996.

Rauhut, Michael: Beat in der Grauzone. DDR-Rock 1964-1972. Politik und Alltag, Berlin 1993.

Reif-Spirek, Peter/Ritscher, Bodo (Hrsg.): Speziallager in der SBZ. Gedenkstätten mit »doppelter Vergangenheit«, Berlin 1999.

Ritter, Gerhard A.: Über Deutschland. Die Bundesrepublik in der deutschen Geschichte, München 1998.

Ritter, Jürgen/Lapp, Peter Joachim: Die Grenze. Ein deutsches Bauwerk, 2. Auflage, Berlin 1998.

Rüddenklau, Wolfgang: Störenfried. DDR-Opposition 1986-1989, Berlin 1992.

Schäfer, Hermann (Hrsg.): Ploetz – 50 Jahre Deutschland. Ereignisse und Entwicklungen, Freiburg im Breisgau 1999.

Ders.: Stiftung Haus der Geschichte der Bundesrepublik Deutschland. Museums- und Managementkonzept, in: Handbuch Kulturmanagement, Mai 1999, C 1.7, S.1-25.

Ders.: Zur Erinnerungskultur am Beispiel des »Hauses der Geschichte der Bundesrepublik Deutschland«, in: Jürgen Wilke (Hrsg.): Massenmedien und Zeitgeschichte, Konstanz 1999, S. 284-295.

Schroeder, Klaus: Der SED-Staat. Partei, Staat und Gesellschaft 1949-1990, München 1998.

Schulze, Edeltraud (Hrsg.): DDR-Jugend. Ein statistisches Handbuch, Berlin 1995.

Schwarz, Hans-Peter: Vom Reich zur Bundesrepublik. Deutschland im Widerstreit der außenpolitischen Konzeptionen in den Jahren der Besatzungsherrschaft 1945 bis 1949, 2. Auflage, Stuttgart 1980.

Sommer, Stefan: Lexikon des DDR-Alltags. Von »Altstoffsammlung« bis »Zirkel schreibender Arbeiter«, Berlin 1999.

Stöss, Richard: Rechtsextremismus im vereinten Deutschland, Bonn 1999.

Süß, Walter: Staatssicherheit am Ende. Warum es den Mächtigen nicht gelang, 1989 eine Revolution zu verhindern, Berlin 1999.

Vollnhals, Clemens (Hrsg.): Die Kirchenpolitik von SED und Staatssicherheit. Eine Zwischenbilanz, 2. Auflage, Berlin 1997.

Walther, Joachim: Sicherungsbereich Literatur. Schriftsteller und Staatssicherheit in der Deutschen Demokratischen Republik, Berlin 1996.

Weber, Hermann: Geschichte der DDR. Aktualisierte und erweiterte Neuausgabe, München 1999.

Weidenfeld, Werner: Außenpolitik für die deutsche Einheit: die Entscheidungsjahre 1989/90, Stuttgart 1998.

Ders./Korte, Karl-Rudolf (Hrsg.): Handbuch zur deutschen Einheit: 1949-1989-1999, Frankfurt am Main 1999.

Werkentin, Falco: Politische Strafjustiz in der Ära Ulbricht. Vom bekennenden Terror zur verdeckten Repression, 2. Auflage, Berlin 1995.

Wersebe, Helena von: Das Haus der Geschichte der Bundesrepublik Deutschland als touristisches Ziel: Aufbau und Möglichkeiten eines Besucherreservierungssystems im Museum, in: Deutsches Seminar für Fremdenverkehr, Berlin (Hrsg.): Kulturtourismus: »Besucherlenkung versus Numerus clausus«, Berlin 1996. S.185-208.

Winkler, Heinrich-August: Der lange Weg nach Westen. 2 Bände, München 2000.

Wolle, Stefan: Die heile Welt der Diktatur. Alltag und Herrschaft in der DDR 1971-1989, Berlin 1998.

Zelikow, Philip/Rice, Condoleezza: Sternstunde der Diplomatie. Die deutsche Einheit und das Ende der Spaltung Europas. Berlin 1997.

Zwahr, Hartmut: Ende einer Selbstzerstörung. Leipzig und die Revolution in der DDR, Göttingen 1993.

Veröffentlichungen der Stiftung Haus der Geschichte / Einzelbeiträge aus dem Haus der Geschichte

Haus der Geschichte der Bundesrepublik Deutschland (Hg.):
Erlebnis Geschichte. Das Buch zur Ausstellung, 3. Auflage, Bonn, Bergisch-Gladbach 2000.

Ders. (Hg.): Annäherungen – Zblizenia. Deutsche und Polen, Düsseldorf 1996.

Ders. (Hg.): Bilder, die lügen, 2. Auflage, Bonn 2000.

Ders. (Hg.): Endlich Urlaub! Die Deutschen reisen. Köln 1996.

Ders. (Hg.): Kriegsgefangene – Wojennoplennyje. Sowjetische Kriegsgefangene in Deutschland – Deutsche Kriegsgefangene in der Sowjetunion, Düsseldorf 1995.

Ders. (Hg.): Markt oder Plan. Wirtschaftsordnungen in Deutschland 1945-1961, Frankfurt am Main 1997.

Ders. (Hg.): Rosinenbomber. Luftbrücke in der Berlin-Blockade, Bonn 1996.

Ders. (Hg.): Suchdienst-Kartei. Millionen Schicksale in der Nachkriegszeit, Bonn 1996.

Ders. (Hg.): / Ernst Klett Verlag (Hg.): Erlebnis Geschichte. CD-ROM, Bonn/Stuttgart 1997.

Ders. (Hg.): Museums-Fragen. Museen und ihre Besucher. Herausforderungen in der Zukunft, Berlin 1996.

Ders. (Hg.): Museums-Fragen. Informationstechnologie im Museum, Berlin 1998.

Ders. (Hg.): Nach-Denken. Carlo Schmid und seine Politik, Berlin 1997.

Ders. (Hg.): Nach-Denken. Gustav Heinemann und seine Politik, Berlin 1999.

Ders. (Hg.): Nach-Denken. Konrad Adenauer und seine Politik, Berlin 1993.

Ders. (Hg.): Nach-Denken. Kurt Schumacher und seine Politik, Berlin 1996.

Ders. (Hg.): Nach-Denken. Ludwig Erhard und seine Politik, Berlin 1997.

Ders. (Hg.): Nach-Denken. Thomas Dehler und seine Politik, Berlin 1998.

Ders. (Hg.): Zeit-Fragen. Der Weg zur Wiedervereinigung, Berlin 2000.

Ders. (Hg.): Zeit-Fragen. Deutschland-Bilder, Berlin 2000.

Ders. (Hg.): Zeit-Fragen. Europäische Geschichtskultur im 21. Jahrhundert, Berlin 1999.

Ders. (Hg.): Zeit-Fragen. 50 Jahre Marshall-Plan, Berlin 1998.

Ders. (Hg.): Zeit-Fragen. Israel und die Bundesrepublik Deutschland, Berlin 1996.

Ders. (Hg.): Zeit-Fragen. Ungleiche Schwestern? Frauen in Ost- und Westdeutschland, Berlin 1998.

Lindner, Bernd (Hg.): Zum Herbst '89. Demokratische Bewegung in der DDR, Leipzig 1994.

Preißler, Dietmar: Das moderne Museum in der Informationsgesellschaft. Zur Sammlungskonzeption des Hauses der Geschichte der Bundesrepublik Deutschland. In: Inform, 1, 1997, S. 14-19.

Schäfer, Hermann: Medien im Museum – besucherorientiert und interaktiv. Konzept des Hauses der Geschichte der Bundesrepublik Deutschland. In: Lehmann, Rolf G. (Hg.): Corporate Media. Handbuch der audio-visuellen und multimedialen Lösungen und Instrumente. Landsberg/Lech 1993, S. 181 ff.

Mitarbeiterinnen und Mitarbeiter
Stand: 1. Januar 2001

Schäfer, Hermann, Prof. Dr.
Direktor

Hütter, Hans Walter, Dr.
Stellvertretender Direktor, Leiter der
Abteilung II – Öffentlichkeitsarbeit

Braam, Wilhelm
Leiter der Abteilung Z – Zentrale
Dienste

Eckert, Rainer, Dr.
Leiter des Zeitgeschichtlichen
Forums Leipzig

Preißler, Dietmar, Dr.
Leiter der Abteilung III – Sammlungen

Reiche, Jürgen, Dr.
Leiter der Abteilung I – Ausstellungen

Arnold, Hans-Jürgen
Hausmeister
Zeitgeschichtliches Forum Leipzig
Barths, Hermann
Fahrer
Baumgart, Christel
Inventar- und Dokumentations-
sachbearbeiterin
Beck, Ralf
Techniker
Behr, Sabine
Dipl. Bibliothekarin
Berg, Hardy
Sachbearbeiter Verwaltung
Beschmann, Heinrich
Elektriker
Biermann, Harald, Dr.
Direktionsassistent
Boch, Gerald
Depotverwalter
Brambach, Hans-Dieter
Verwaltungsmitarbeiter
Braun, Andrea
Direktionssekretärin
Dennert, Dorothee
Museumspädagogin
Dombrowski, Maren
Sekretärin
Dreiser, Sascha
Medientechniker
Zeitgeschichtliches Forum Leipzig
Dumon, Stefan
Inventar- und Dokumentations-
sachbearbeiter
Ehrmann, Ingrid
Leiterin IT-Koordination
Engelhardt, Isabelle, Dr.
wiss. Volontärin
Ewenz, Adelheid
Auskunftsassistentin/Informationszentrum
Fausser, Katja
Veranstaltungskoordinatorin
Fiévet, Manfred
Betriebsingenieur
Frevert, Astrid
Ausstellungsassistentin
Girmond, Henrike, Dr.
wiss. Mitarbeiterin
Zeitgeschichtliches Forum Leipzig

Glomb, Lilo Dipl.
Bibliothekarin
Grasso, Cordula
Mitarbeiterin Verwaltung
Grobien, Andrea
Bibliotheksassistentin
Handwerk, Dirk
Schlosser
Hanfland-Gödde, Hildegard
Auskunftsassistentin
Zeitgeschichtliches Forum Leipzig
Hansen, Vanessa
Auszubildende
Haunhorst, Regina
Sachbearbeiterin Besucherdienst
Henk, Reinhard
Techniker
Herbner, Detlef, Dr.
Veranstaltungskoordinator
Hermann, Corinna
Auskunftsassistentin
Hodžić, Gabriele
Bibliothekarin
Zeitgeschichtliches Forum Leipzig
Hoffmann, Manuela
Bibliotheks- und Informations-
assistentin
Zeitgeschichtliches Forum Leipzig
Hoffmann, Peter
Pressereferent
Höfer, Günter
Depotverwalter
Hölzer, Regina
Sekretärin
Hulle, Heidemarie van
Sekretärin
Jacobs, Stephanie, Dr.
Ausstellungsassistentin
Jensch, Michael
Fotograf
Jöbgen, Edgar
Schlosser
Johns, Gerald
Sicherheitsmitarbeiter
Kath, Bettina
Restauratorin
Zeitgeschichtliches Forum Leipzig
Kefferpütz, Heinz-Peter
Hausarbeiter

Kellermann, Gabriele
Registraturleiterin
Kessemeier, Gesa, Dr.
wiss. Volontärin
Keßler, Inge
Leiterin der Bibliothek
zur Geschichte der DDR
Keuchen, Manfred
Auskunftsassistent
Kihn, Gerd
IT-Koordinator
Klippel, Ruth
Malerin
Kneiß, Susanne
Sachbearbeiterin Verwaltung
Zeitgeschichtliches Forum Leipzig
Kniest, Torsten
Sachgebietsleiter Verwaltung
Koberstein, Judith
Inventar- und Dokumentations-
sachbearbeiterin
Köhler, Bernd
IT-Koordinator
Zeitgeschichtliches Forum Leipzig
Köstler, Uta
Bibliotheks- und Informations-
assistentin
Zeitgeschichtliches Forum Leipzig
Kosthorst, Daniel, Dr.
wiss. Mitarbeiter
Zeitgeschichtliches Forum Leipzig
Kozub, Beate
Restauratorin
Kreutzer, Wolfgang
Objektdisponent
Krüsmann, Ulrike
Dipl. Bibliothekarin
Kurth, Brigitte
Inventar- und Dokumentations-
sachbearbeiterin
Küster, Volker
Magazinverwalter
Lange, Anja
Pressereferentin
Langer, Babara
Publikationsreferentin
Langwagen, Kerstin
Dokumentationssachbearbeiterin
Zeitgeschichtliches Forum Leipzig

Lehmann, Mandy
Bürosachbearbeiterin Verwaltung
Zeitgeschichtliches Forum Leipzig
Lieb, Ralf
Medieningenieur
Lierz, Manfred
Leitender Restaurator
Lindner, Bernd, Dr. habil.
wiss. Mitarbeiter
Zeitgeschichtliches Forum Leipzig
Lobmeier, Kornelia, Dr.
wiss. Mitarbeiterin
Zeitgeschichtliches Forum Leipzig
Lutz, Carmen
Dokumentationssachbearbeiterin
Zeitgeschichtliches Forum Leipzig
Marschner, Diana
Inventar- und Dokumentions-
sachbearbeiterin
Martin, Anne, Dr.
wiss. Mitarbeiterin
Zeitgeschichtliches Forum Leipzig
Meyer, Christa
Mitarbeiterin Mediathek
Mork, Andrea, Dr.
wiss. Mitarbeiterin
Müggenburg, Andrea
Sachgebietsleiterin Verwaltung
Zeitgeschichtliches Forum Leipzig
Näkel, Volker
Elektriker
Neumann, Maria
Schreibkraft
Zeitgeschichtliches Forum Leipzig
Neveling, Siegfried
Techniker
Niessen, Alfred
Leitender Betriebsingenieur
Nowak, Brigitte
Bibliotheksassistentin
Nowinski, Jan
Hausmeister
Nüßgen, Petra
Inventar- und Dokumentations-
sachbearbeiterin
Oehms-Sahl, Andrea
Auskunftsassistentin
Op de Hipt, Ulrich
wiss. Mitarbeiter

Otto, Thomas
Lager- und Depotverwalter
Zeitgeschichtliches Forum Leipzig
Overath, Ursula
Personalreferentin
Pauli, Gudrun
IT-Koordinatorin
Peters, Christian, Dr.
wiss. Mitarbeiter
Pietz, Norbert
Techniker
Piontek, Jana
Dokumentationssachbearbeiterin
Zeitgeschichtliches Forum Leipzig
Popella-Leicht, Christiane
Auskunftsassistentin
Quaas, Elke
Schreibkraft
Zeitgeschichtliches Forum Leipzig
Reich, Carsten
Techniker
Reinartz, Sandra
Bibliotheksassistentin
Retzmann, Ferdinand
Werkstattmitarbeiter
Rodenbach, Monika
Dipl. Bibliothekarin
Rösgen, Petra
Pressereferentin
Rother, Detlef
Hausmeister
Zeitgeschichtliches Forum Leipzig
Schade, Wolfgang
Sicherheitsmitarbeiter
Schaefer, Helene
Sekretärin
Schäfer, Josef
Dipl. Bibliothekar
Schebben, Sabine
Direktionssekretärin
Schlenker, Katja, Dr.
wiss. Volontärin
Schlewitz, Karl-Heinz
Depotverwalter
Schmidt, Dorothee
Bibliotheksassistentin
Schmitt, Norbert
Restaurator

Schmitz, Daniela
Sekretärin

Schmitz, Walter
Hausmeister

Schneemelcher, Thomas
Leiter IT-Koordination

Schrandt, Birgit
Dipl. Bibliothekarin

Schwabe, Uwe
Sammlungssachbearbeiter
Zeitgeschichtliches Forum Leipzig

Schwalge, Gabriele
Restauratorin

Schweisfurth, Frank
Auszubildender

Seidel, Berthold
Schreiner

Sowade, Hanno, Dr.
wiss. Mitarbeiter

Spieß, Uwe
Depotverwalter

Stadler, Martina
Leiterin des Informationszentrums

Staudenmaier, Gerhard
Sachbearbeiter Verwaltung

Stirken, Angela, Dr.
wiss. Mitarbeiterin

Stöckigt, Tilla
Museologin
Zeitgeschichtliches Forum Leipzig

Straßberger, Dorothea
Sekretärin

Teichmann, Katrin
Objektdisponentin
Zeitgeschichtliches Forum Leipzig

Thelen, Helmut
Bürosachbearbeiter Verwaltung

Thiel, Volker
Objektdisponent

Thiere, Cornelia
Auskunftsassistentin
Zeitgeschichtliches Forum Leipzig

Thiesen, Helene, Dr.
wiss. Mitarbeiterin

Thünker, Axel
Fotograf

Tiefensee, Klaus
IT-Koordinator

Urselmann, Karin, Dr.
wiss. Volontärin

Warndorf, Dagobert
Werkstattleiter

Weck, Martina
Bibliotheksassistentin

Welle, Thomas
Installateur

Weller, Sonja
Auszubildende

Wersebe, Helena von
Besucherdienstkoordinatorin

Westholt, Hans-Joachim
wiss. Mitarbeiter

Weule, Kai-Ingo
Sachgebietsleiter Verwaltung

Würtz, Walter
Auszubildender

Ziegler, Stefan
Medieningenieur

Zumbeck, Thomas
Hausarbeiter

Leih- und Lizenzgeber

Agrar- und Freilichtmuseum
Schloss Blankenhain
Herbert Ahrens, Bad Harzburg
Alexander von Humboldt-Gymnasium,
Werdau
Roland Altznauer, Gotha
AMIGA, Berlin
Thomas Ammer,
Euskirchen-Flamersheim
Arbeitskreis Grenzinformation e. V.,
Bad Sooden-Allendorf
Archiv Bürgerbewegung Leipzig e.V.
Archiv der Akademie der Künste, Berlin
Archiv der Hansestadt Rostock
Archiv für Kunst und Geschichte, Berlin
Bärbel Arendt-Hilgenberg, Heidelberg
Jörg Arnscheidt, Gotha
ARTE, Straßburg
Associated Press GmbH, Frankfurt/Main
Auswärtiges Amt, Berlin
Automobilmuseum Eisenach
Michael Backhaus, Chemnitz
Bayerischer Rundfunk, München
Heinz Behling, Berlin
Fritz Behrendt, Amstelveen
Johannes Beleites, Berlin
Wolfgang Bera, Berlin
Bergbaumuseum Oelsnitz
Wilhelm Berlin, Wolfsburg
Berliner Verlag GmbH & Co
Berliner Zeitung
Paul Bernharend, Jessen
F. O. Bernstein, Düsseldorf
Andree Bertel, Leipzig
Achim Beyer, Erlangen
Frank Beyer, Berlin
Bezirksamt Pankow von Berlin
Wolf Biermann, Berlin
Bistumsarchiv Erfurt
Karl Bohley, Berlin
Christian Borchert, Berlin
Botschaft der Bundesrepublik
Deutschland, Prag
Brandenburgisches Landeshauptarchiv,
Potsdam

Brüsewitz-Zentrum, Woltersdorf
Roland Bude, Swisttal
Bundesamt für Wehrtechnik und
Beschaffung, Koblenz
Bundesarchiv
– Militärarchiv, Freiburg/Breisgau
Bundesarchiv Koblenz, Erinnerungsstätte
für Freiheitsbewegungen in der deut-
schen Geschichte, Rastatt
Bundesarchiv, Koblenz
Bundesbeauftragter für die Unterlagen des
Staatssicherheitsdienstes der ehemali-
gen DDR, Berlin
Bundesbeauftragter für die Unterlagen des
Staatssicherheitsdienstes der
ehemaligen DDR, Außenstelle Gera
Bundesbeauftragter für die Unterlagen des
Staatssicherheitsdienstes der
ehemaligen DDR, Außenstelle Leipzig
Bundesbildstelle, Berlin
Bundespresseamt, Bonn
Rainer Butzke, Halle/Saale
Bill Caldwell, Fordersaltash
Carl Zeiss Jena GmbH
Center- und Facility Management, Leipzig
Jewgenij Chaldeij, Moskau
Christliches Friedensseminar
Königswalde
Christusgemeinde Rostock
Demokratischer Frauenbund Sachsen e. V.,
Dresden
Der Spiegel, Hamburg
Deutsch-Deutsches Museum Mödlareuth
Deutsch-russisches Museum
Berlin-Karlshorst
Deutsche Bücherei Leipzig
Deutsche Presse-Agentur GmbH,
Frankfurt/Main
Deutsche Wochenschau GmbH, Hamburg
Deutscher Evangelischer Kirchentag, Fulda
Deutsches Historisches Museum, Berlin
Deutsches Landwirtschaftsmuseum,
Markkleeberg
Deutsches Rundfunkarchiv, Berlin
Deutsches Technikmuseum Berlin
Deutschlandfunk, Köln
Deutschlandradio, Berlin
Kai-Uwe Dietrich, Halle/Saale
Horst Dietz, Auerbach

Matthias Dietz, Lüdenscheid
Diözesanarchiv Berlin
Dokumentationszentrum Alltagskultur der
DDR, Eisenhüttenstadt
Dokumentations- und Informationszentrum
München GmbH
Rainer Dorndeck, Borsdorf
Dresdner Bank AG Kommunikation, Leipzig
E. Driesel, Meiningen
Nik Ebert, Mönchengladbach
Edition Temmen, Bremen
Inge Eichhorn, Merkers
Eisenbahnmuseum Obergräfenhain
Bernd Eisenfeld, Berlin
EKO Stahl GmbH, Eisenhüttenstadt
Elf Oil Deutschland GmbH, Berlin
Margit Emmrich, Leipzig
Erinnerungsstätte Notaufnahmelager
Marienfelde e. V., Berlin
Evangelische Kreuzgemeinde, Potsdam
Evangelisches Zentralarchiv, Berlin
Laszlo Farkas, Chemnitz
Michael Federlin, Markneukirchen
Markus Fedolfi, Berlin
Film ART Potsdam
Steffen Fischer, Dresden
Uwe Fischer, Plauen
Martin Flach, Plauen
Fotoagentur Third Eye, Berlin
Fotoagentur Transit, Leipzig
Freie Wählergemeinschaft Gotha
Karl Wilhelm Fricke, Köln
Anton Friedel, Aachen
Friedrich-Ebert-Stiftung, Bonn
Friedrich-Naumann-Stiftung,
Gummersbach
Gerhard Gäbler, Leipzig
Gedenkstätte Bautzen
Gedenkstätte Buchenwald, Weimar
Generalstaatsanwaltschaft Braunschweig
Steffen Giersch, Dresden
Georg Girardet, Leipzig
Henrike Girmond, Leipzig
Hans-Joachim Goelitz, Böhlen
Peter Graf, Dresden
Christoph Grunow, Leipzig
Marian Günther, Dresden
Thomas Günther, Berlin
Rainer Hällfritzsch, Berlin

Walter Hanel, Bergisch-Gladbach
Joram Harel, Wien
Waltraud Harre, Berlin
Bettina Hasselbrink, Bayerischer
    Rundfunk, München
Haus am Checkpoint Charlie, Berlin
Haus der Geschichte Baden-Württemberg,
    Stuttgart
Harald Hauswald, Berlin
Heimatmuseum Berlin-Hohenschönhausen
Heimatmuseum des Bezirkes Workuta
Kurt Heine, Bautzen
Henkel Waschmittel GmbH Werksarchiv,
    Düsseldorf
Peter Hermes, Bonn
Hessischer Rundfunk, Frankfurt/Main
Wolfgang Hicks, Hamburg
Hilfsorganisation für die Opfer politischer
    Gewalt in Europa e.V., Berlin
Christiane Hilgenberg, Göttingen
Ulrike Hilgenberg, Frankfurt/Main
Historisches Filmarchiv Buschko,
    Filderstadt
Hochschule für Film und Fernsehen
    Potsdam-Babelsberg
Hochschule für Grafik und Buchkunst,
    Leipzig
Hof Film, Amersfoort
Meigl Hoffmann, Leipzig
Konrad Hoffmeister, Berlin
Initiative Frieden und Menschenrechte,
    Leipzig
Internationale Gesellschaft für
    Menschenrechte, Frankfurt/Main
Jürgen Jänel, Leipzig
Marco Jindrich, Prag
Winfried Junge, Berlin
Lutz Jüngel, Leipzig
Dirk Jungnickel, Berlin
Jürgens Ost+Europa-Photo, Berlin
Keystone Pressedienst GmbH, Hamburg
Kindheit e.V., Berlin
Thomas Kläber, Kolkwitz
Hans-Joachim Klein, Leipzig
Barbara Klemm, Frankfurt/Main
Kurt Klingner, Berlin
Matthias Kluge, Crimmitschau
Hans-Jürgen Knabe, Rittersgrün
Klaus Knabe, Pforzheim

Wilhelm Knabe, Mühlheim/Ruhr
Ulrich Kniese, Eisenach
Jens Knobloch, Dresden
Matthias Koeppel, Berlin
Konrad-Adenauer-Stiftung, St. Augustin
Roland Kossack, Cottbus
Fred Kowasch, Berlin
Heinz Krabbes, Leipzig
Kraft Jacobs Suchard Erzeugnisse GmbH &
    Co. KG, Bremen
Kreisagrarmuseum Dorf Mecklenburg
Karin Kriegel, Berlin
Jurij Kubasch, Bautzen
Christoph Kuhn, Halle/Saale
Thilo Kühne, Leipzig
Kunstfonds des Freistaates Sachsen,
    Dresden
Regierungspräsidium Halle,
    Land Sachsen-Anhalt
Wolfgang Kupke, Halle/Saale
Marko Lakomy, Bremen
Landesarchiv Berlin
Landesbildstelle Berlin
Landkreis Lutherstadt Wittenberg
Ulf Langwagen, Wörlitz
Bernd Lasdin, Neubrandenburg
Lee Miller Archives, Burgh Hill House,
    Chiddingly East
Henning Lemmer, Berlin
Wolfgang Leonhard, Manderscheid/Eifel
Sieghard Liebe, Leipzig
Josef Liedke, Borsdorf
Heike Liese, Witzenhausen
Bernd Lindner, Leipzig
Maria Lindner, Elster/Elbe
Burckhard Mahlke, Halberstadt
Mahn- und Gedenkstätte Ravensbrück
Karl-Heinz Mai, Leipzig
Peter Makolies, Dresden
Märkische Oderzeitung, Frankfurt/Oder
Simone Massina, Leipzig
Matthias-Domaschk-Archiv, Berlin
Klaus Matwijow, Herzberg
Max-Film, Berlin
Markus Meckel, Berlin
Roger Melis, Berlin
Georg Meusel, Werdau
Militärhistorisches Museum der
    Bundeswehr, Dresden

Margit Miosga, Berlin
Louis Mitelberg, Frankreich
Mitteldeutscher Rundfunk, Leipzig
Dirk Moldt, Berlin
Jochen Moll, Berlin
Gert Mothes, Leipzig
Museum der bildenden Künste, Leipzig
Museum für Post und Kommunikation,
    Berlin
Museum Justizvollzugsanstalt Waldheim
Museum Schloss Moritzburg, Zeitz
Wolfgang Musigmann, Erfurt
Nationales Olympisches Komitee
Christa Natonek, Gleichen
Stefan Nau, Nagold
Martin Naumann, Großpösna
Neue Nationalgalerie, Staatliche Museen
    Preußischer Kulturbesitz, Berlin
Neue Sächsische Galerie, Chemnitz
Sabine Neumann, Rudolstadt
Thomas Neumann, Berlin
Ulrich Neumann, Berlin
NFP Animation Film GmbH, Wiesbaden
Berthold Niborn, Nordhausen
Antonio Carlos Nicolielo, Sao Paulo
Maria Nooke, Berlin
Norddeutscher Rundfunk, Hamburg
Akos Novaky, Leipzig
Ökumenischer Friedenskreis der
    Region Forst
Ostdeutscher Rundfunk Brandenburg,
    Potsdam
Helga Paris, Berlin
Harri Parschau, Stolzenhagen
Josef Partykiewicz, Rössrath
Richard Perlia, Berlin
Petra-Karin-Kelly-Archiv,
    Bornheim-Widdig
Philipp Holzmann Bau AG Süd, Stuttgart
Gina Pietsch, Berlin
Rui Pimentel, Lissabon
Sylvia-Marita Plath, Leipzig
Rigo Pohl, Dresden
Polizeiarchiv Leipzig
Polizeihistorische Sammlung, Berlin
Kurt Poltiniak, Berlin
Ulrike Poppe, Berlin
Potsdam-Museum
Progress Film-Verleih, Berlin

Personenregister

Abkürzungen

CDU Christlich Demokratische Union
CSU Christlich Soziale Union

DA Demokratischer Aufbruch
DFD Demokratischer Frauenbund
Deutschlands
DGP Deutsche Grenzpolizei
DP Deutsche Partei
DSF Gesellschaft für Deutsch-
Sowjetische Freundschaft
DSU Demokratisch Soziale Union

EGKS Europäische Gemeinschaft
für Kohle und Stahl
EKO Eisenhüttenkombinat Ost
EU Europäische Union
EURATOM
Europäische Atomgemeinschaft
EVG Europäische Verteidigungs-
gemeinschaft
EWG Europäische Wirtschafts-
gemeinschaft

FDGB Freier Deutscher
Gewerkschaftsbund
FDJ Freie Deutsche Jugend
FDP Freie Demokratische Partei

GST Gesellschaft für Sport und Technik

HO Handelsorganisation
HVA Hauptverwaltung Aufklärung

IM Inoffizielle Mitarbeiter

KOR Komitee zur Verteidigung der
Arbeiter
KPC Kommunistische Partei der
Tschechoslowakei
KPD Kommunistische Partei
Deutschlands
KPdSU Kommunistische Partei der
Sowjetunion
KSZE Konferenz über Sicherheit und
Zusammenarbeit in Europa
KVP Kasernierte Volkspolizei

LDP Liberal-Demokratische Partei
LPG Landwirtschaftliche
Produktionsgenossenschaften

MfS Ministerium für Staatssicherheit
MGB Ministerstwo Gosudarstwennoi
Besopasnosti (Ministerium für
Staatssicherheit)
MWD Mitglieder der Sicherheitstruppen
des Innenministeriums

NATO Nordatlantische
Verteidigungsorganisation
NDPD Nationaldemokratische Partei
Deutschlands
NKFD Nationalkomitee Freies
Deutschland
NOK Nationales Olympisches Komitee
NÖSPL Neues Ökonomisches System
der Planung und Leitung der
Volkswirtschaft
NVA Nationale Volksarmee

PCK Petrochemisches Kombinat
PDS Partei des Demokratischen
Sozialismus

RGW Rat für gegenseitige
Wirtschaftshilfe

SALT Strategic Arms Limitation Talks
SBZ Sowjetische Besatzungszone
SDI Strategic Defense Initiative
SDP Sozialdemokratische Partei
in der DDR
SED Sozialistische Einheitspartei
SfS Staatssekretariat für
Staatssicherheit
SKK Sowjetische Kontrollkommission
SMAD Sowjetische Militäradministration
in Deutschland
SPD Sozialdemokratische Partei
Deutschlands

Trapo Transportpolizei

VEB Volkseigener Betrieb

ZK Zentralkomitee

Kapiteleinstiegsseiten:

S. 30/31 Die Fahnen der alliierten
Siegermächte USA, Großbritannien,
Frankreich, Sowjetunion (v.l.n.r.)
S. 38/39 Fahnen und andere Gegenstände
der Massenorganisationen FDGB, FDJ,
DFD, DSF, Kulturbund (v.l.n.r.)
S. 50/51 Zeugnisse der Berlin-Blockade
1948/49, in der Mitte Teil eines
»Rosinenbombers«
S. 58/59 Teil der Tür des Bunkers auf dem
Gelände des Hauptquartiers der
Gruppe der Sowjetischen Streitkräfte
in Deutschland in Wünsdorf
S. 68/69 Rohr einer sowjetischen
Divisionskanone vor einem
Demonstrationsbild vom Aufstand
am 17. Juni 1953
S. 88/89 Schild von der innerdeutschen
Sektorengrenze in Berlin
S. 100/101 Selbst gebasteltes Fluchtflug-
zeug der Brüder Bethke (Teilansicht)
S. 116/117 Sonderausgabe der Prager
Zeitung »Jugendfront« vom
21.August 1968
S. 126/127 Propaganda-Transparent der SED
S. 144/145 Plattencover der Renft-Combo
und Flugblätter zur Beatdemonstration
am 31. Oktober 1965
S. 158/159 Bundeskanzler Helmut Schmidt
und Staatsratsvorsitzender
Erich Honecker in Helsinki auf der
»Konferenz für Sicherheit und
Zusammenarbeit in Europa« 1975
S. 166/167 Plastik »Schwerter zu Pflug-
scharen«, Foto und Schwert von der
»Schmiedeaktion« in Wittenberg 1983
S. 182/183 Überwachungsutensilien des
Ministeriums für Staatssicherheit
S. 188/189 Transparente von den
Demonstrationen im Herbst 1989
S. 200/201 Transparent von Hans Peter
Hain, getragen bei einer
Demonstration in Coswig
S. 206/207 Sicht auf Leipzig mit Blick auf
den Turm der Nikolaikirche

Bildnachweis

Associated Press, Frankfurt/Main: S. 70

Augustin, Manfred: S. 78

Bera, Wolfgang: S. 97

Bernharend, Paul: S. 81 oben links

Beyer, Achim: S. 72 unten

Bildarchiv Preussischer Kulturbesitz, Berlin: S. 57

Brüsewitz Zentrum, Woltersdorf: S. 168

Bundesbeauftragte für die Unterlagen des Staatssicherheitsdienstes der ehemaligen DDR (BSTU) Berlin: S. 65, 71, 119 oben, 162

Bundesarchiv, Koblenz: S. 47, 60 rechts, 79, 137 oben, 141 unten, 160

Deutsche Presseagentur (dpa): S. 41, 84, 179 unten, 210 links, 217

Deutsches Historisches Museum, Berlin: S. 85 rechts, 134 unten

Deutsches Landwirtschaftsmuseum, Markkleeberg: S. 86 unten

Deutsch-russisches Museum, Berlin-Karlshorst: S. 34

Driesel, Erich: S. 196

Edition Temmen: S. 118

Eldowy, Gundula Schulze: S. 208

Fricke, Karl-Wilhelm: S. 76 unten

Friedrich-Ebert-Stiftung, Archiv der Sozialen Demokratie, Bonn: S. 72 oben, 80, 169 oben rechts

Graf, Peter: S. 150 oben

Harre, Waltraud: S. 197 oben

Haus der Geschichte der Bundesrepublik Deutschland, Bonn/Axel Thünker, Michael Jentsch: S. 30/31, 43 oben, 48, 50/51, 54, 58/59, 66, 68/69, 88/89, 93 oben, 100/101, 104 Mitte links, 109, 116/117, 126/127, 144/145, 166/167, 185, 202

Hiss, Brigitte: S. 104 Mitte rechts

Jürgen Ost + Europa-Photo, Berlin: S. 135 unten

Keystone Pressedienst, Hamburg: S. 96

Kluge, Matthias: S. 174 oben rechts

Kühne, Thilo: S. 133 unten links

Landesbildstelle, Berlin: S. 112

Lasdin, Bernd: S. 215

Liebe, Sieghard: S. 176 unten

Liedke, Josef: S. 197 unten

Matthias-Domaschk Archiv, Berlin: S. 187 oben

Melis, Roger: S. 171

Museum der Bildenden Künste, Leipzig: S. 151 unten

Naumann, Martin: S. 194

Paris, Helga: S. 138 unten,

Plath, Sylvia-Marita: S. 121

Polizeipräsidium, Leipzig: S. 52

Presse- und Informationsamt der Bundesregierung, Bundesbildstelle, Bonn: S. 63, 158/159, 163 unten, 205

Punctum/ Kober, Bertram: S. 12, 13, 14, 17, 18, 21, 26, 29, 35, 38/39, 42, 44, 45, 46, 49, 53, 55, 56, 61, 62, 64, 67 oben links und unten rechts, 73 unten, 74, 75, 77, 81 unten, 82, 85 links, 86 oben, 87, 90 links, 91, 92, 93 unten, 94, 95, 98, 99, 102, 103, 104 oben links, 105 oben, 106 oben, 107 unten, 110, 111, 113 rechts, 114, 115, 123, 125, 128, 129, 130, 131, 132 oben, 133 oben, 134 oben, 135 oben, 136, 137 unten, 138 oben, 139 rechts, 140 oben, 141 oben, 142, 146, 147, 148, 152, 153, 154, 155, 156 unten, 157, 164, 165, 169 unten, 172, 173, 174 oben links und unten, 175, 176 oben, 177, 179 oben, 180, 181, 182/183, 186, 187 unten, 188/189, 192, 193, 195, 198, 199, 204, 209, 210 rechts, 211 oben, 212, 214, 216

Richter, Evelyn: S. 143, 150 unten

Röder, Hans-Jürgen: S. 190

Schätzlein, Gerhard: S. 90 unten

Stiftung Archiv der Parteien und Massenorganisationen der DDR im Bundesarchiv, Fotoarchiv, Berlin: S. 40, 76 oben links

Stiftung Museen Preußischer Kulturbesitz/ Nationalgalerie, Berlin: S. 67 oben rechts

Straube, Peter: S. 133 unten rechts

Taubert, Andreas: S. 203, 211 unten

Transit-Fotoagentur/Jehnichen, Martin: S. 206/207

Ullstein Bilderdienst, Berlin: S. 32, 33, 60 links, 73 oben, 106 unten,

Wittenburg, Siegfried: S. 140 unten

Worch, Katja: S. 132 unten,

Zeitgeschichtliches Forum, Leipzig/Foto Friedrich: S. 10, 27, 37, 83, 104 unten links, 105 unten, 113 links, 120, 161, 163 oben

Zeitgeschichtliches Forum, Leipzig: S. 7, 24, 25 43 unten, 81 oben rechts, 107 oben, 108, 119 unten, 122, 124, 149, 151 oben rechts, 156 oben links, 170, 191, 200/201

Ziegler, Werner: S. 139 links

© VG Bild-Kunst, Bonn 2001, für die Abbildungen Seite: S. 120 und 151 unten

Impressum:

Einsichten

Diktatur und Widerstand in der DDR

Herausgeber:	Stiftung Haus der Geschichte der Bundesrepublik Deutschland
	Zeitgeschichliches Forum Leipzig
Direktor:	Professor Dr. Hermann Schäfer
Leiter des Zeitgeschichtlichen Forums:	
	Dr. Rainer Eckert
Redaktion:	Dr. Anne Martin
	Dr. Barbara Hammerschmitt
Verlagslektorat:	Bert Sander
Bildredaktion:	Uwe Schwabe
	Dr. Anne Martin
Ausstellungsfotos:	Punctum-Fotografie Leipzig, Bertram Kober
	Haus der Geschichte, Michael Jensch und Axel Thünker
Gestaltung:	Julie August
	Franziska Neubert
Einbandgestaltung:	August +Neubert
	unter Verwendung von Fotos: Punctum/Bertram Kober (vorn, oben);
	Gerhard Gäbler (vorn, unten und hinten)
Reproduktion:	Medien Profis, Leipzig
Druck und Bindung:	Offizin Andersen Nexö, Leipzig
Gesamtherstellung:	Reclam Verlag Leipzig
© 2001	Stiftung Haus der Geschichte der Bundesrepublik Deutschland
	Reclam Verlag Leipzig

ISBN 3-379-00773-0